U0483690

城市文化空间样本考
——国内外轨道交通站内空间发展调研与分析

（国内版）

A study
on the sample
of urban cultural space

中央美术学院

城市文化空间样本考编委会

主　编：崔冬晖　郭立明　李亚铁
副主编：冯小敏　禄　龙　姜苏洋　毕媛媛　喻筠雅　王　哲
编　者：易　洋　虞奕然　徐　晴　徐　寒　牛　畅

前　言

随着城市化进程加快，中国城市轨道交通建设正进入全速发展阶段。目前，我国已成为世界上城市轨道交通建设里程最长、建设城市最多、载客量最大、建设速度最快的国家。站点数量庞大和覆盖密度极高的城市轨道交通线网系统也将成为城市文化系统的重要组成部分。

城市轨道交通公共空间由于其规模庞大的站点数量和运载量，成为人流聚集的城市公共空间的重要组成部分。它在居民公共生活中起着不可或缺的作用，并发挥着巨大的影响。然而，由于城市轨道交通公共空间主要用于交通目的，大多数处于地下空间，因此空间环境相对封闭压抑。为了提升乘客的出行体验，缓解他们疲惫焦虑的情绪，如何提升轨道交通车站的空间环境舒适度和艺术化程度，满足公众的视觉艺术追求成为一个重要议题。

本书在我国城市轨道交通高速发展建设的背景下开始撰写，汇集了众多国内外城市轨道交通建设的优秀案例。通过详细介绍国内外具有典型性和代表性的城市轨道交通公共空间的发展，对国内（如上海、深圳、广州、长春、青岛、西安、南京、武汉、天津）和国外（包括布达佩斯、莫斯科、伦敦、慕尼黑、纽约、巴黎、斯德哥尔摩）城市轨道交通发展史进行了充分调研，并按照时间脉络进行梳理。同时，结合当地城市发展概况和城市轨道交通发展趋势，归纳总结了不同城市在不同时期的具体特征。通过梳理和思考中国城市轨道交通建设多年来的成长和变化，为我国后续的城市轨道交通公共空间建设提供思考和借鉴。

我们越来越清晰地认识到，我国城市轨道交通建设需求已经从简单的"功能地铁"转向注重人文关怀的"人文地铁"。城市轨道交通公共空间将成为未来公共文化服务的重要阵地，是当前公共文化传播的重要渠道。进一步推进城市轨道交通公共空间的文化建设，使其成为有效承载城市形象和历史文化的空间载体。城市轨道交通公共空间应以文化为导向，通过艺术表现手法将城市的地域特色、发展特点和文化内涵紧密融合，展现城市的独特魅力和竞争力。城市轨道交通公共空间的文化艺术建设蕴含着巨大的价值和潜力。

总目录

国　内

上海 ········ 001
　　上海轨道交通发展概况 ········ 002
　　上海地铁线网特色 ········ 004
　　上海轨道交通"雏形期" ········ 014
　　上海轨道交通"探索期" ········ 016
　　上海轨道交通"高速发展期" ········ 018
　　上海轨道交通"网络完善期" ········ 022

深圳 ········ 041
　　深圳轨道交通发展概况 ········ 042
　　深圳地铁线网特色 ········ 045
　　总结 ········ 051
　　深圳轨道交通发展趋势调研小结 ········ 052
　　　　一期工程（1998—2004） ········ 052
　　　　二期工程（2007—2011） ········ 055
　　　　三期工程（2012—2020） ········ 058
　　　　四期工程（2018—2022） ········ 100
　　深圳轨道交通公共艺术发展总结 ········ 100

广州 ········ 103
　　广州轨道交通发展概况 ········ 104
　　广州地铁线网建设发展 ········ 106
　　广州地铁线网特色 ········ 108
　　广州轨道交通公共艺术发展概况 ········ 110
　　广州轨道交通艺术形式调研总结 ········ 131

长春 ········ 133
　　长春轨道交通发展概况 ········ 134
　　长春轨道交通规划时期 ········ 140
　　长春轨道交通建设时期 ········ 141
　　长春轨道交通运营时期 ········ 141
　　"长春记忆"——长春1号线 ········ 141
　　"时代脉动"——长春2号线 ········ 144
　　长春轨道交通公共艺术发展概况 ········ 150

青岛 ········ 155
　　青岛轨道交通发展概况 ········ 156
　　青岛轨道交通发展准备时期 ········ 157
　　城市文脉的传承——青岛3号线 ········ 158
　　空间与公共艺术品一体化设计——青岛2号线 ········ 162
　　"一站一景"的绿色设计——青岛11号、13号线 ········ 172
　　青岛轨道交通公共艺术发展概况 ········ 174

西安 ········ 179
　　西安轨道交通发展概况 ········ 180
　　西安轨道交通特征 ········ 181
　　西安轨道交通发展趋势 ········ 182
　　西安地铁1号线公共艺术发展概况 ········ 183
　　西安地铁2号线公共艺术发展概况 ········ 192
　　西安地铁3号线公共艺术发展概况 ········ 194
　　西安地铁4号线公共艺术发展概况 ········ 195
　　西安地铁机场城际线 ········ 197
　　总结 ········ 198

南京 ········ 201
　　南京轨道交通发展概况 ········ 202
　　南京地铁1号线公共艺术发展概况 ········ 204

南京地铁 2 号线公共艺术发展概况 ········ 211
　　南京地铁 3 号线公共艺术发展概况 ········ 214
　　南京地铁 4 号线公共艺术发展概况 ········ 216
　　总结 ······························· 220

武汉 223
　　武汉轨道交通发展概况 ··················· 224
　　武汉地铁线网特色 ······················· 226
　　武汉轨道交通公共艺术发展概况 ··········· 228
　　空间与公共艺术品一体化设计 ············· 236
　　武汉轨道交通艺术形式调研总结 ··········· 243

天津 245
　　天津轨道交通发展概况 ··················· 246
　　天津地铁公共艺术发展概况 ··············· 247
　　天津地铁各站装饰壁画 ··················· 252
　　　　1. 天津站 ··························· 252
　　　　2. 津湾广场站 ······················· 254
　　　　3. 红旗南路站 ······················· 256
　　　　4. 天拖站 ··························· 257
　　　　5. 志成站与直沽路站 ················· 258
　　新作瞩目——天津地铁 5 号线 ············· 262
　　总结 ······························· 265

国　外

布达佩斯 267
　　布达佩斯轨道交通发展概况 ··············· 268
　　　1896—1970 年初步发展：艺术发展趋势的带动
　　　　································ 271

　　　1970—2004 年过渡阶段：多元化的装饰艺术
　　　　风格 ···························· 274
　　　2004—2014 年成熟期：新世纪的创新发展 ···· 278
　　布达佩斯轨道交通公共艺术发展概况 ········ 285
　　布达佩斯轨道交通艺术形式调研总结 ········ 289

莫斯科 291
　　莫斯科轨道交通发展史 ··················· 292
　　莫斯科轨道交通发展概况 ················· 293
　　　1935—1953 年斯大林时期 ··············· 293
　　　1954—1964 年赫鲁晓夫时期 ············· 296
　　　1965—1994 年戈尔巴乔夫时期 ··········· 298
　　　1995—2010 年苏联解体后时期 ··········· 300
　　　2010 年至今新世纪发展时期 ············· 302
　　莫斯科轨道交通公共艺术线路调研 ········· 305
　　　M1—M12，M15 莫斯科轨道交通 ·········· 306
　　莫斯科轨道交通艺术形式调研总结 ········· 319

伦敦 321
　　伦敦轨道交通发展概况 ··················· 322
　　　1863—1927 年建设之初：实用主义 ······· 325
　　　1927 年至战前启蒙期：雕塑当道 ········· 326
　　　1931—1945 年停滞期：第二次世界大战期间 ···· 328
　　　1960—1970 年战后期：波普流行 ········· 329
　　临时性公共艺术
　　　——ART ON THE UNDERGROUND ······· 330
　　　2013 年：迷宫 ························· 332
　　　2016 年："艺术地图"项目 ············· 333
　　维多利亚线——座椅与公共艺术结合 ······· 334

伦敦轨道交通线网调研 ... 335
  传承与突破 ... 335
  多元化的艺术形式 ... 335
  公益性与公众参与 ... 335

慕尼黑 ... 343
慕尼黑轨道交通发展概况 ... 344
  1964—1979年准备期与奥运大发展期 ... 347
  1980—1989年艺术介入新发展期 ... 354
  1989—1996年艺术发展成熟期 ... 364
  1997年至今艺术主导新时期 ... 376
慕尼黑轨道交通公共艺术线路调研 ... 395
慕尼黑轨道交通艺术形式调研总结 ... 401

纽约 ... 403
纽约地铁发展概况和发展阶段 ... 404
关于系绳艺术博物馆艺术与设计
（MTA Art & Design）项目 ... 406
MTA公共艺术项目和作品 ... 406
  纽约第二大道地铁线69街站 ... 408
  纽约第三大道地铁线63街站 ... 410
  纽约第二大道地铁线83街站 ... 414
  纽约第二大道地铁线94街站 ... 417
MTA公共艺术品项目其他站点作品 ... 420
  34街（声音装置） ... 420
  23街（飘浮帽子） ... 422
  14街（艺术雕像） ... 424
  42街（波普艺术） ... 426
纽约最大地铁换乘中心 ... 428

巴黎 ... 433
巴黎地铁发展概况和发展阶段 ... 434
巴黎轨道交通发展趋势 ... 435
  1900—1968年初步发展：艺术发展趋势带动
  地铁空间装饰风格的发展 ... 436
  1980—1990年过渡阶段：多元化的装饰艺术
  风格 ... 444
  1990年至今再发展阶段：第二阶段文化活力
  计划、新世纪地铁创新 ... 448
巴黎轨道交通公共艺术发展概况 ... 456
  M1—M14巴黎轨道交通 ... 457
巴黎轨道交通艺术形式调研总结 ... 473

斯德哥尔摩 ... 475
斯德哥尔摩轨道交通 ... 476
斯德哥尔摩轨道交通公共艺术发展现状及趋势 ... 477
  1950—1959年初步发展时期：城市化发展，
  居民交通需求上升 ... 478
  1960—1974年快速发展：城市化进程加快，
  居民环境意识觉醒 ... 479
  1975年顶峰时期：城市交通问题加重，蓝色
  线路系统开通 ... 480
  1976—2013年平缓发展时期：城市经济、
  社会、人口发展保持稳定 ... 488
  2014年至今新公共艺术时期：城市增长迅速，
  以长期可持续的方式继续发展 ... 489
斯德哥尔摩轨道交通艺术形式调研总结 ... 494

结语 ... 495

城市文化
空间
样本考

上　海

城市文化空间样本考

上海轨道交通发展概况

截至2018年3月，上海地铁共计开通地铁线路16条（1-13号线、16号线、17号线和浦江线），磁悬浮1条，全网运营线路总长673千米，车站395座。运营里程居中国第一，居世界第一。主城区基本全覆盖，开始向周边城市发展。

上海地铁早期注重运营维护，后期开始注重地域文化的表达，确立了以线性手法控制全网的设计方式，展现海派文化现代、时尚的特色。时尚的"海派文化"成为上海地铁的象征，体现了上海的城市文化内涵，整体风格现代、简约、大气，视觉冲击力强，空间形态造型简洁，展现了上海国际大都会的形象。新线建设中开始注重文化表达及文化互动设计（图1）。

上海地铁文化特色吉祥物是一个来自未来，身穿红白相间服饰的蓝脸机器人"畅畅"，寓意"欢畅、畅通、畅想"，既表达了上海地铁给城市人民生活带来的欢乐，同时也反映了地铁在城市发展中所起到的必不可少的作用，有助于交通网络的进一步完善，呈现出了良好的状态，同时也更加反映出上海地铁对未来的进一步憧憬。地铁标识以"SHANGHAI METRO"的第一个字母"S""M"变形组合成一个圆形图案，直观地表示上海地铁环城行驶、四通八达。早在1958年上海就开始了地铁

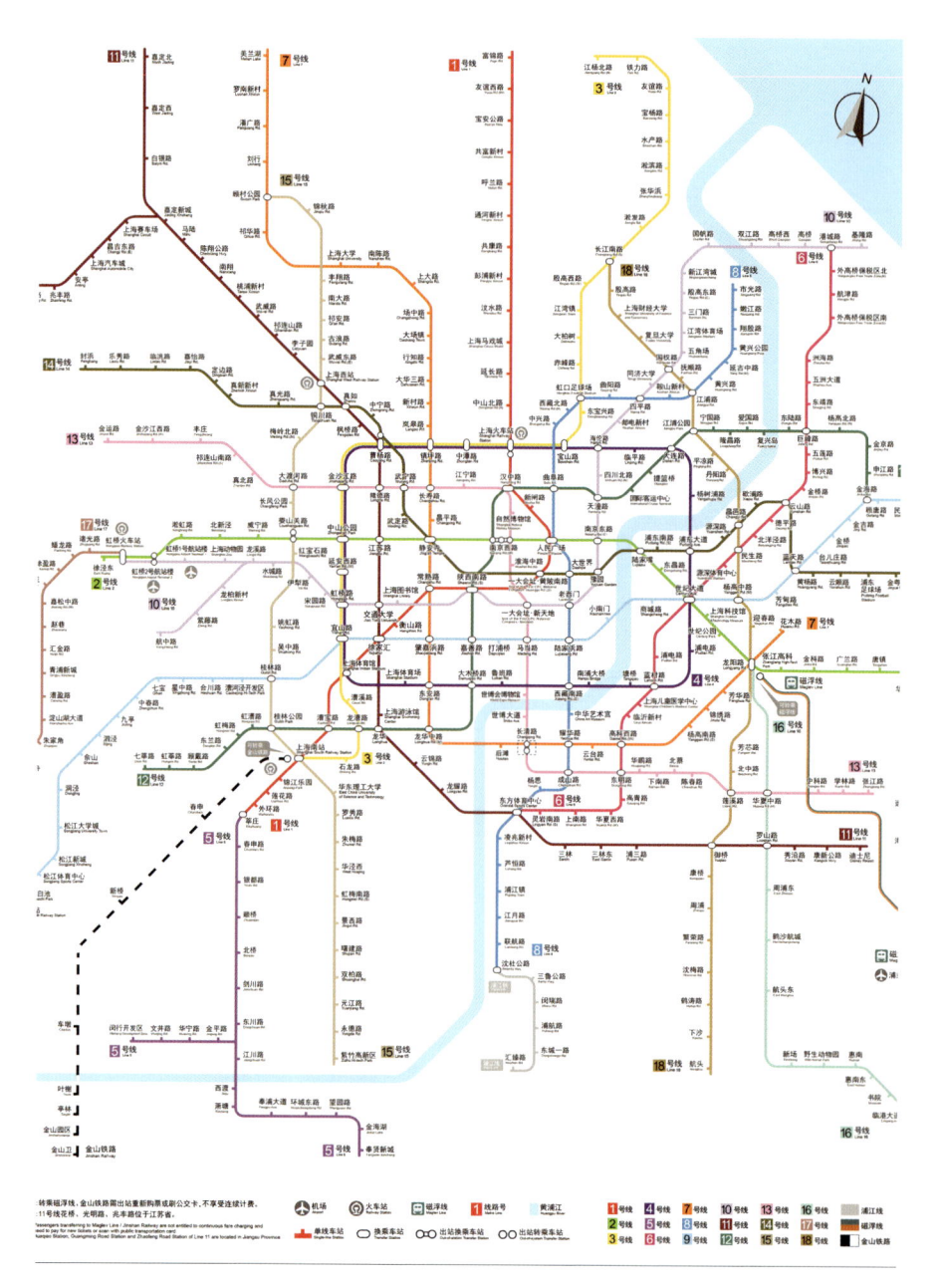

图1 上海轨道交通线路图

—002—

建设的前期准备。当时上海将工业化生产放在首要的位置，城市总体规划全面学习苏联的城市思想，而后改革开放到新计划经济阶段，上海成为全国经济发展的"后卫"。这段时间内上海地铁前期准备工作也随着城市的发展一波三折。20世纪90年代初邓小平南方谈话，伴随着社会主义市场经济初步建立，上海浦东开放、经济开始全面复苏、商业创新浪潮的高涨都同时带来了上海城市交通压力的增大，由此在1990年，国务院批准了上海地铁1号线的正式开工建设。

上海地铁线网的建设发展经历了一个从复杂到简单，再到更简单的发展建设思路，从10号线开始确立了以线性手法控制全网的设计方式，以线为主，整体轻巧通透。新的建设时期，线路开始半裸装风格，17号线较典型，重点站在建筑结构上做特殊设计，再结合装饰和艺术设计，整条线路风格统一又各具特色，是今后上海地铁线网建设的一条示范线（图2）。

1号线	2号线	3号线	5号线	6号线
8号线	9号线	10号线	11号线	12号线
13号线	17号线			

图2　上海轨道交通线路图

上海地铁线网特色

线网文化：上海地铁线网在设计风格上，体现了时尚的"海派文化"风情，中西结合，融入现代时尚，国际风貌和上海城市的发展一脉相承，上海地铁运营安全、平稳、有序、方便、快捷。

空间造型：尽可能提升空间高度，管线要求按照装修空间效果进行调整，对管线梳理要求较高。

色彩：重点站强调色彩的视觉冲击力；标准站以灰白为主色，局部点缀装饰色。

材料应用：天花板材料主要以铝通为主，重点站铝板的应用比例相对多些，墙面材料以烤瓷铝板为主，也有墙砖、艺术瓷砖的使用，地面主要是灰麻花岗岩石材，新建成的17号线地面应用仿石材地砖。

公共艺术主题多样，体现了上海本土文化、中国文化及国际文化，色彩绚丽缤纷，具有视觉冲击力，艺术表现形式有壁画、雕塑、橱窗、装置等。近期在一些站点引进了国外艺术团队进行艺术规划与创作，或是采用多媒体技术，结合灯光，呈现出具有现代科技感的艺术效果（图3）。

龙阳路站

城市文化空间样本考／上海

人民广场站

图3 上海轨道交通2号线公共艺术品

—005—

上海地铁最新建成的 17 号线将车站建筑与装饰艺术相结合。材料上，墙体、地面、柱面采用了艺术陶瓷，并在表现形式上进行了创新，每个站都接驳商业综合体。12 号线汉中路站艺术表达采用多媒体装置艺术，这是值得北京地铁借鉴的，建议参观 17 号线朱家角站、蟠龙路站、诸光路站；12 号线汉中路站与国客中心站（图 4）。

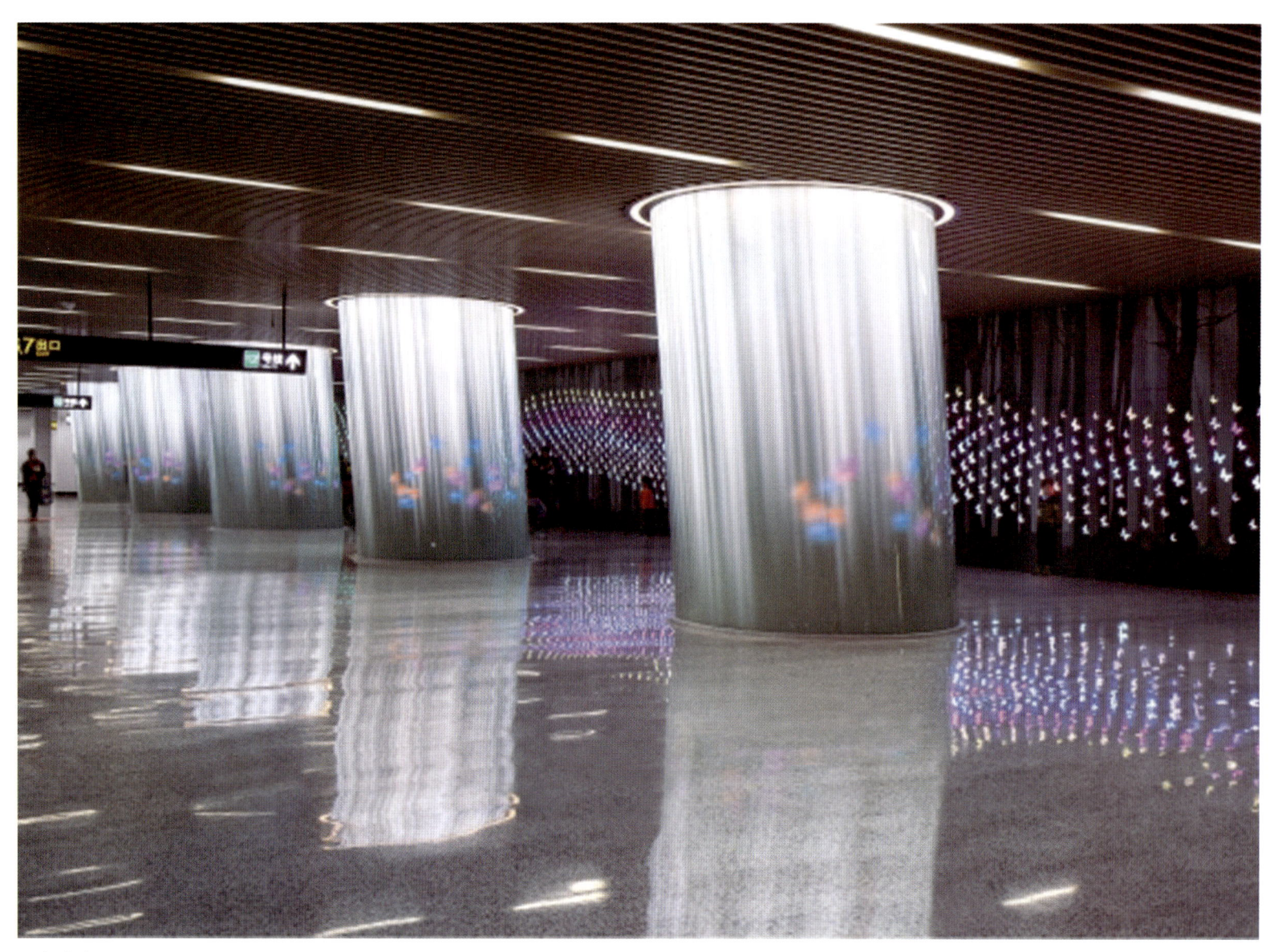

汉中路站

城市文化空间样本考／上海

蟠龙路站

城市 文化 空间 样本考

淀山湖大道站

—008—

城市文化空间样本考／上海

嘉松中路站

城市文化空间样本考

诸光路站

城市文化空间样本考／上海

城市"文化"空间样本考

朱家角站

图 4　上海轨道交通 12 号、17 号线公共艺术品

城市文化空间样本考／上海

上海轨道交通"雏形期"

随着1993年上海地铁第一条线路的投入运营，上海地铁也初步进入了"雏形期"。第一条线路为1号线南段（徐家汇站至锦江乐园站），1993年5月28日开始观光试运行，线路全长6千米，共设了5座车站。截至1999年，上海只有1号线和2号线两条线路开通运营（图5、图6）。

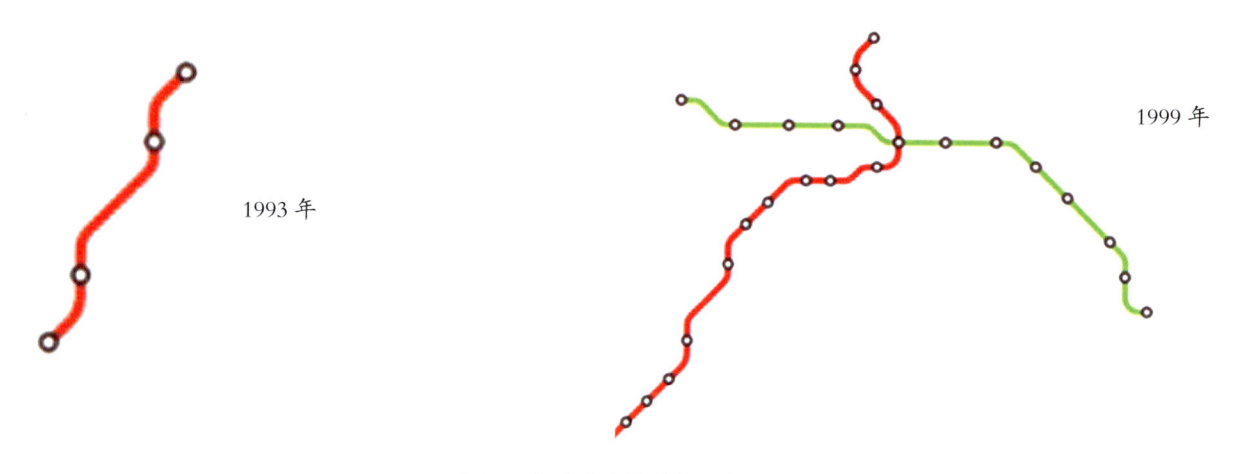

图5 上海城市轨道交通线路图

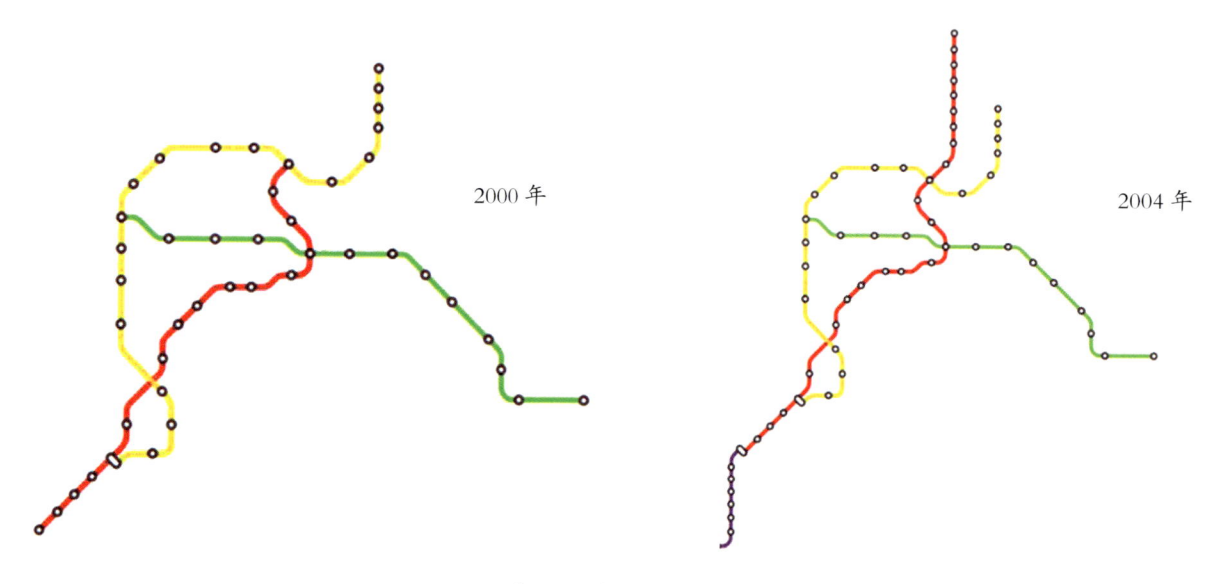

图6 上海轨道交通线路图

通过对1993年5月开放的1号线锦江乐园与漕宝路等站点的调研，我们可以总结出这一时期的车站建设还是着重强调车站的功能性，只有部分车站加入了少量浮雕、壁画等形式的公共艺术设计（图7）。

图7　上海城市轨道交通1号线漕宝路站、锦江乐园站、外环路站

1999年开放运营的2号线上海科技馆站的出入口为工业风的弦月形弧顶，站内还有一面"展览墙"。这面墙的位置比较难找，只有在地铁开走了它才会出现。这片壁画墙，按照标识的时间顺序一路看过去，就能发现上海的发展历程正在一点点地浮现于眼前，仿佛岁月流过的痕迹，飞速发展的自豪感油然而生（图8）。

图8　上海城市轨道交通2号线上海科技馆站

上海轨道交通"探索期"

　　在这一阶段的上海地铁虽然处于"探索期",然而实际地铁网络的发展并没有很明显的进度(图9)。2000年12月26日,上海轨道交通3号线一期工程试通车,设19座车站线路,线路总长达24.97千米。通车仪式在石龙路站举行。上海轨道交通5号线于2003年11月25日试运营,全长17.2千米,共设11座车站,北起闵行区莘庄站,南至闵行开发区站,是上海轨道交通第4条建成通车的线路。这一时期在上海地铁3号线和5号线两条线路建成之后,上海地铁运行里程一跃成为全国第一,而此时从站内装修来看,地铁站内设计风格趋向统一,除部分重点车站外,其余车站材料的运用基本保持一致(金属天花板、烤瓷铝板墙面、花岗岩地面)。

图 9　上海城市轨道交通 5 号线奉贤新城站

城市文化空间样本考／上海

上海轨道交通"高速发展期"

　　2006—2010年，受筹备2010年上海世博会的影响，城市交通逐渐增压，上海地铁开始进入新的发展阶段。到2010年，上海轨道交通已经初具规模，有了大致的网络形态。2005—2006年，4号线的半环建成了，3号线北延伸形成，2号线第一次西延伸也形成了；2006—2008年，地铁的飞速发展很明显，上海地铁6号线（港城路站—灵岩南路站）、8号线与9号线的一期工程都实现通车；2008—2010年，7号、10号、11号线也顺利建成，还有几条线路的延伸也已经完成，形成了完整的地铁网络（图10、图11）。

2007年　　　　　　　　　　　　　　　　2010年

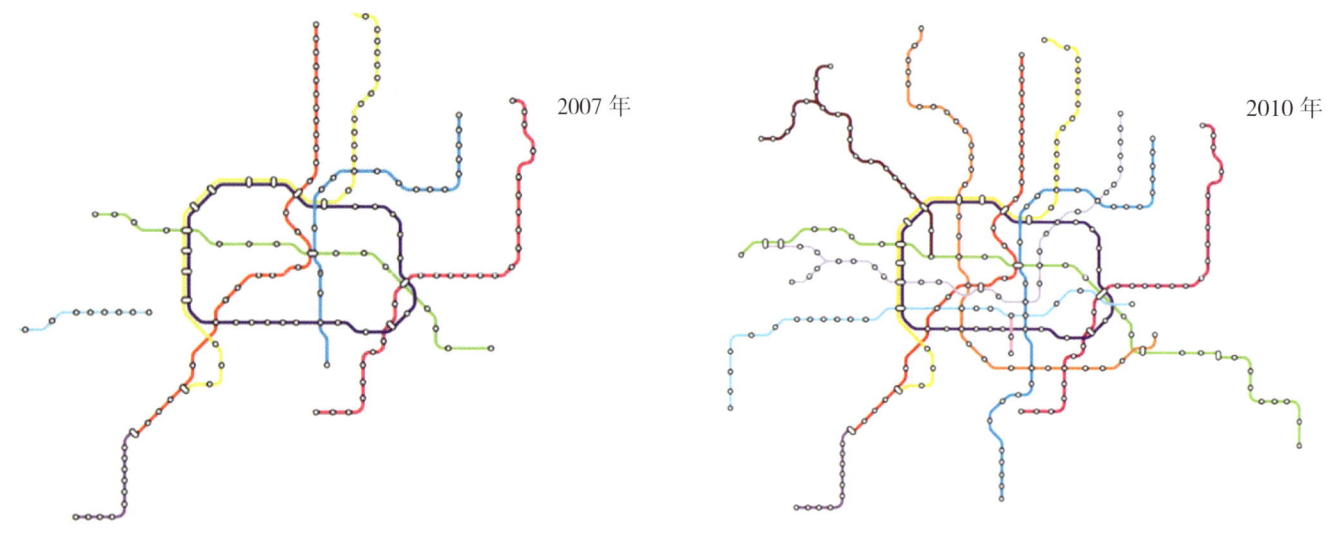

图10　上海轨道交通线路图

图11　上海轨道交通6号线外高桥保税北站（左图）和9号线金吉路站（右图）

上海地铁四平路站位于上海杨浦区与虹口区之间的四平路大连路，是 8 号线与 10 号线的地下换乘车站。8 号线于 2007 年通车，10 号线的车站也于 2010 年以侧式车站的形式被启用。在四平路站的换乘站厅中，有一幅以鲜花为主题的铜版画《生生不息》，其中将十朵鲜花作为中国传统二十四节气的代表，花朵形态各异，排列也很有讲究，表现了四季流转、生生不息的寓意（图12）。中国风花朵开满墙，活跃了换乘站厅的空间感。

图 12　上海轨道交通四平路站铜版画《生生不息》

10号线的上海图书馆站于2010年开通，站内的墙面公共艺术作品《书籍之窗》结合了古代书籍折本的样式，凸起的三角波浪纹墙面上装饰有各种古书籍，如同走在古籍展览馆中慢慢欣赏，感受中华文字的魅力，点明站点背景。侧面和正面看到的实景也是不一样的，有一种横看成岭侧成峰的视觉效果（图13）。在这件作品另一侧的站内空间中还设有一个地铁书店，不定期会有各种小型的展览会在地铁里举办，这个设定带给上海地铁乘客很好的地上地下空间的连贯感，同时也能汲取很丰富的精神文化。

在这个发展阶段，上海成为世界博览会的举办城市，通过这一机遇，地铁建设进一步加强，并且还以海纳百川作为设计主旨，对地铁设计加以全面的创新与重建，充分体现出时尚的"海派文化"的特点。这一时期的上海地铁，凭借优秀的公共艺术文化，使我国地铁进入了全新的发展阶段。采取的设计主题具有明显的多元化，通过多媒体、海报以及灯箱等不同载体分别将精神文明、公益爱心、反腐倡廉以及公共安全等作为主题来加以设计，得到了广大群众的一致认可与赞赏。除此之外，上海地铁还强调要表现地域文化特征，用艺术站名墙提高车站文化氛围，重点车站设置艺术墙。艺术品设计感强，与空间色彩联合突出车站特征，塑造一体化的空间氛围，材料统一，一线一景。

城市文化空间样本考／上海

图 13　上海轨道交通上海图书馆站《书籍之窗》作品

上海轨道交通"网络完善期"

上海地铁快速发展，此时地铁网络已经形成。在2010年代的后几年中，上海地铁的建设注重质量、提升效率，上海轨道交通的大格局并没有太大改变，继续完善着轨道交通网络，对前期的交通网络进行了不断修正和惯性增长的发展（图14）。通过将传统文化、西方文化以及现代化艺术审美的相互结合，最终形成了上海地铁独特的风景。新媒介形式的发展也延伸进了地铁空间中，灯光和新媒体技术的运用，也为地铁公共艺术与城市文化的紧密关联提供了载体，充分展现了魔都的时尚与新颖。2013年，4号线公共艺术站占比40%；到2015年，全网换乘枢纽站和30%标准车站已建成地铁公共文化车站。

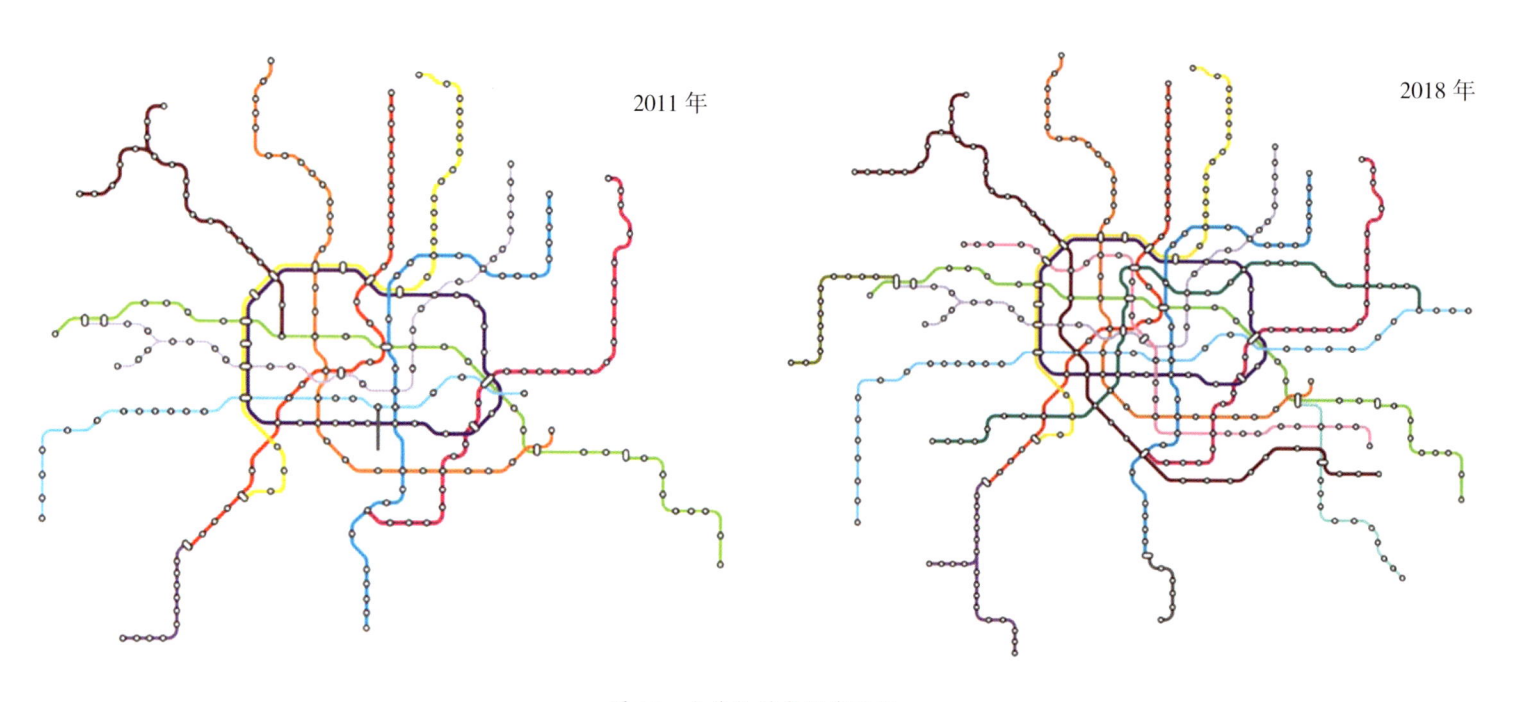

图14 上海轨道交通线路图

2015年之后，上海经济快速发展，GDP居国内第一，城市发展也取得了很大的成果。"十三五"规划实施以来，上海社会发展状况持续处于中等偏上水平，极大改善了社会民生，人民的精神文化需求也有了更高的标准。上海轨道交通的发展顺应着时代要求有了新的发展方向，认识到了轨道交通不可能无限建设，此时应充分发挥轨道交通的作用，以"地铁＋文化"的模式把轨道交通做精，这比做多更为重要。2017年4月起，上海地铁6条线路周末延时运营调整到零点；6月底首届上海地铁公共文化艺术节拉开了序幕，同时还组织开展了不少相关文化活动；除此之外，首批地铁上盖项目也开业使用（图15）。

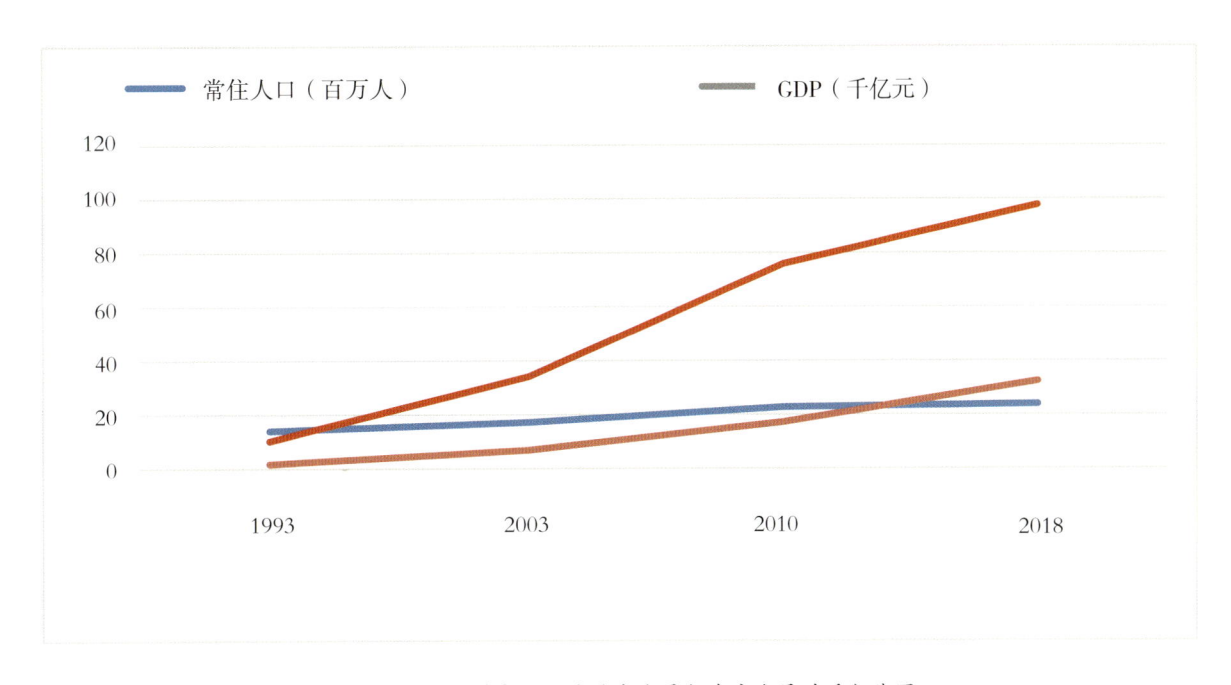

图15　上海轨道交通公共艺术发展与城市发展关系折线图

可以看到，上海作为全国文化、经济的中心城市，地铁网络经过20多年的建设，从雏形到快速建设，再到现在的平稳建设，经历了不同的阶段（图16），整体上进一步实现了交通网络的完善，促进了周边地区经济的发展，降低了老城区的发展压力，对实现现代化发展战略具有十分积极的影响。1号、2号、3号、5号线均强调一站一景，线路和车站个性分明，满足功能性上的需求，材料基本统一。4号、6号线以满足功能性为主，高架站站台无装修，材料基本统一。7号线更加注重线与线之间的换乘空间的导视，材料基本统一。8号线车站装修形式基本一致，以满足功能性要求为主，出入口运用线路色，材料基本统一。9号线注重车站功能性需求，车站装修形式基本一致，材料基本统一，车站统一艺术站名墙，重点车站采用艺术品设计。10号线更注重功能性、维护要求，车站吊顶统一采用圆通，部分车站吊顶裸装设计，重点车站进行艺术品设计。

南京东路站

城市文化空间样本考／上海

动物园站

豫园站

城市文化空间样本考／上海

城市 "文化" 空间 样本考

新天地站

城市文化空间样本考／上海

同济大学站

图16　上海轨道交通10号线公共艺术品

城市文化空间样本考／上海

11号线注重车站功能、维护要求，车站装修形式基本一致，运用灯光效果形成独特的线路特征，材料基本统一，车站统一艺术站名墙（图17、图18）。12号线注重车站功能性要求，装修设计一站一景，个性分明，材料基本统一。

图 17　上海轨道交通 11 号线设施

城市文化空间样本考／上海

城市文化空间样本考

迪士尼站

城市文化空间样本考／上海

陈春路站

南京西路站

图 18　上海轨道交通 11 号、12 号、13 号线公共艺术品

13号线装修采用局部吊顶形式，以满足功能性要求为主，材料基本统一，车站统一艺术站名墙（图19）。16号线注重车站功能性要求，车站更多采用裸装设计，装修形式基本一致，材料基本统一，便于后期运营维护。车站统一艺术站名墙的材料，将色彩作为车站特征，重点站设置艺术墙。共性设施设计，则各线基本保持一致。

淮海中路站

城市文化空间样本考／上海

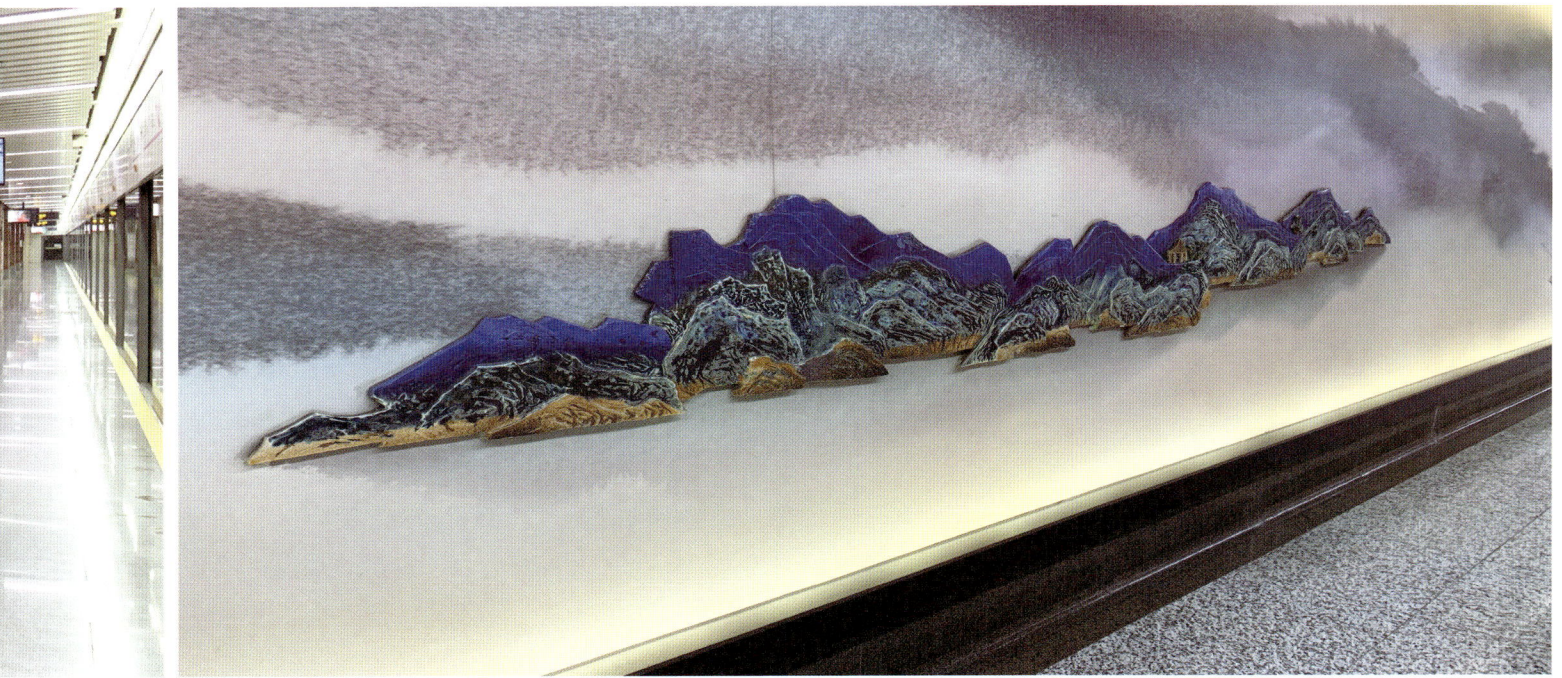

江宁路站

自然博物馆路站

  上海近年来的公共艺术站点艺术形式多样且丰富，场域空间运用界面的艺术墙、电子屏、与艺术结合的灯箱、艺术长廊、展览区等多种形式将公共文化建设项目展现出来，给乘客带来非常特别的感受，同时也能推广城市文化特色。

  上海地铁的良好发展和上海上行文件政策的合理规划也是密不可分的。2013年以来，上海进行了机制创新和文化探索，地铁公共文化作为上海地铁的重要工作被正式提出，并明确未来三年内的发展规划。其中指出，上海地铁成为公共文化发展的重要途径与窗口，也是实现创新的关键，更是社会公众文艺活动的构成关键之一。无论是从产品形态、基础设施还是设计主题方面，都要与不断发展的公众文化需求相适应，将地铁空间中的过多商业广告占地腾出来，着力实施"文化进地铁"项目，宁愿少收千万元广告费，也要打造公共文化新阵地。在潜移默化中对乘

图 19　上海轨道交通 13 号线公共艺术品

客进行艺术审美的熏陶与感染，从而推动城市文明的发展与建设，成为"上海文化"的新名片。

在第十三个《上海地铁公共文化建设发展规划》颁发之后，进一步推动了上海轨道交通公共艺术的发展。根据地铁网络现阶段的基本特征，实现了发展与管理理念上的彻底转变，加大了对地铁运营与管理信息化水平的重视程度。上海轨道交通的建设与发展今后会更注重绿色环保和人性化，引入预制构件、太阳能和变频等技术减少环境污染，与此同时还会对自动扶梯、无障碍设施、公厕等设施定下高于国家标准的建设目标。鼓励社会各界都能够共同参加到公共文化建设当中，集思广益，实现设计形式的突破与创新，体现出城市文化特色，提升地铁空间的艺术品位与内涵，让乘客体验到更加多元化的文化。

城市文化空间样本考

深 圳

城市文化空间样本考

深圳轨道交通发展概况

深圳地铁第一条线路于2004年12月28日正式开通运营，由此深圳成为中国大陆地区第5个拥有地铁系统的城市。据2017年9月深圳地铁官网信息显示，深圳地铁在建线路共有13段，共189.4余千米。到2020年，深圳地铁将形成16条运营线路与总长596.9千米的轨道交通网络（图1）。

线路名称	首段通车日期	起点站	终点站	长度（千米）
1号线（罗宝线）	2004年12月28日	罗湖	机场东	41.0
2号线（蛇口线）	2010年12月28日	赤湾	新秀	36.0
3号线（龙岗线）		双龙	益田	42.0
4号线（龙华线）	2004年12月28日	福田口岸	清湖	20.5
5号线（环中线）	2011年6月22日	前海湾	黄贝岭	40.0
7号线（西丽线）	2016年10月28日	西丽湖	太安	30.1
9号线（梅林线）		红树湾南	文锦	25.3
11号线（机场线）	2016年6月28日	碧头	福田	51.7

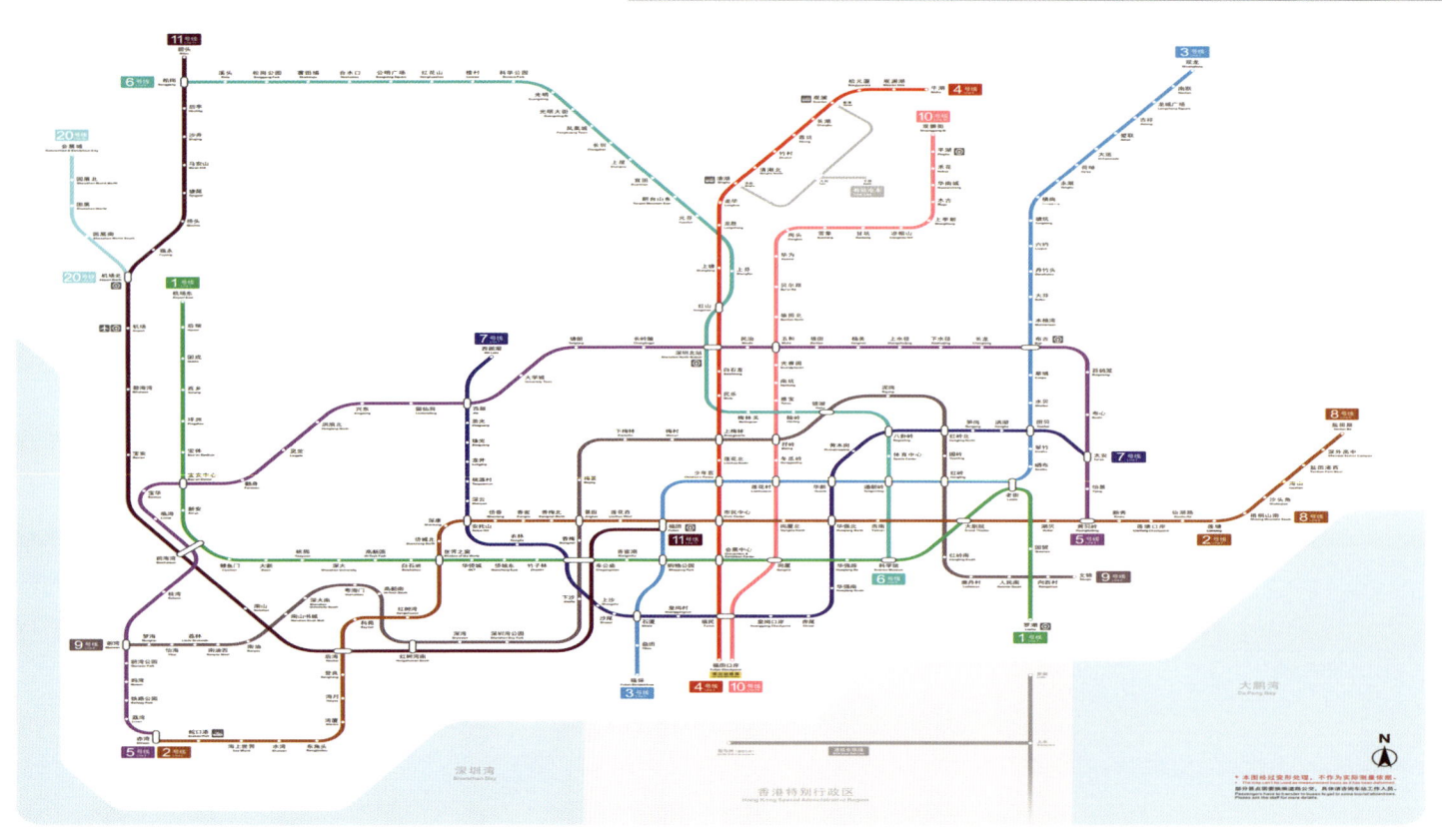

图1　深圳轨道交通线路发展图

深圳地铁文化特色。一是地铁标识（图2），深圳地铁标志和香港地铁标志非常相似，设计造型如出一辙。深圳地铁是希望和香港地铁有联系，上半圆代表深圳，下半圆则代表香港（中间隔了深圳河），中间两条竖线代表把深圳和香港连接起来，未来深圳与香港的地铁将直接相通。二是吉祥物（图3），深圳地铁卡通形象为牛，其名称叫作"骋骋"，它有着乖巧、憨厚的寓意。深圳地铁卡通牛的创意构想来源于"俯首甘为孺子牛"的精神本意。埋头苦干的"卡通牛"寓意深圳地铁不断向前奋力奔跑、勇于开拓、大胆创新、奋力耕耘的精神。

深圳地铁线网建设发展史经历了三个阶段：从复杂到简单再到更简单。第一阶段满足使用功能，手法上以"面"为主；第二阶段重点在于功能与标准化；第三阶段注重功能与半裸装体系，手法上以"框架"为主，在四期建设开始重点站要求艺术化设计（图4）。

图2　深圳地铁标识

图3　深圳地铁卡通形象

城市文化空间样本考

第一阶段代表线路：1号线	第二阶段代表线路：2、3、4、5号线	第三阶段代表线路：7、9、11号线
1号线	2号线	7号线
1号线	2号线	9号线
1号线	4号线	11号线
1号线	5号线	11号线

图 4　深圳轨道交通阶段代表路线

—044—

深圳地铁线网特色

线网文化：生态文化、科技文化与商业文化的体现。
空间造型：通过标准模块的几何体的平面化组合，形成半裸装风格，透空率高。
色彩：标准站色彩以灰白为主，在柱面采用不同色彩体现识别性；重点站色彩应用面积较大。
灯光效果：灯光标准化设计，重点站灯光结合天花板造型设计。
材料应用：天花板材料以铝通、铝板为主，墙面以烤瓷铝板、搪瓷钢板为主，地面材料以灰麻花岗岩为主。

深圳地铁通过对深圳本土文化的挖掘，结合现代文化的体验及产业文化（如大芬村油画产业）的繁荣，将空间文化塑造出极佳效果。

深圳地铁三期建成的7号、9号、11号线采用半裸装设计，在平面参数化和灯光设计方面进行了大胆创新。车公庙站采用清水混凝土材料，是值得北京地铁借鉴的，建议参观7号线茶光站、车公庙站与深湾南站；9号线人民南站；11号线车前海湾站（图5）。

城市文化空间样本考／深圳

茶光站

城市「文化」空间　样本考

车公庙站

—046—

城市文化空间样本考／深　圳

人民南站

城市文化空间样本考／深圳

—049—

前海湾站

图 5　深圳轨道交通 7 号、9 号、11 号线公共艺术品

城市发展概况	时间	地铁发展趋势
• 改革开放政策加之特殊的地缘环境，造就了深圳成为新兴的移民城市，形成独特的移民文化。深圳人口和机动交通工具的增加，使城市地面交通问题日益凸显。	1984 年	早期规划决定从建设轻轨地铁系统到重轨地铁线，提出九条线网的交通网络愿景，这为深圳地铁网络建立了基本的框架。
• 1995 年 12 月，国务院发布"暂停批准城市快速交通项目"，暂停批准北京、广州等中国城市的轨道交通项目。	1999 年	深圳地铁项目被推迟。
• 1999 年 4 月，地铁项目可行性研究报告才获得国家批准。	2004 年	深圳地铁 2004 年 12 月 28 日正式开通营业。一期工程开通的线路包括 1 号线（世界之窗 – 罗湖）和 4 号线（福民 – 少年宫）。2004—2007 年，这期间很少或是没有活动项目，地铁缺乏政府等官方的关注度。
• 2007 年 1 月 17 日，深圳赢得 2011 年大运会的举办权。在竞标中，深圳承诺在赛前完成 155 千米的地铁线路。	2007 年	深圳地铁于 2011 年大运会前夕增加到超过 100 个运营地铁站。这一扩张使轨道交通在公共交通总出行中的比例从 6% 增加到 29%。
• 深圳作为经济特区、全国性经济中心城市和创新性城市，对全国城市具有引领作用。加快建成现代化国际化城市，努力成为具有世界影响力的创新创意之都。	2011 年	深圳市城市规划和国土资源委员会提出了建设计划（第三阶段）、第四阶段扩建计划，2016 年，提出更完善的总体规划，将之前计划的 20 条线扩大到 32 条。新计划预计到 2030 年公共交通将占到深圳所有机动交通的 70% 以上。

图 6　深圳轨道交通发展时间轴

总结

　　深圳作为经济特区、全国性经济中心城市和创新性城市，对全国城市建设和发展具有引领作用。加快建成现代化国际化城市、努力成为具有世界影响力的创新创意之都，是新时代下深圳市的城市发展目标。

深圳轨道交通发展趋势调研小结

一期工程（1998—2004）

深圳地铁开通较晚，一期工程（1998—2004）开通之后一直处于低迷状态。随着城市经济文化等各方面发展，2011年成为其井喷式增长的一年。随之往后，四通八达的深圳地铁将贯通众多大型交通枢纽与居民区，并连接众多卫星城，让深圳交通正式踏上新的台阶，从而推动深圳建设现代化国际化城市的发展（图7）。

图7　深圳地铁一期工程线路图

1998年12月28日，深圳地铁一期工程的实验站点市民中心站的围护结构工程与市中心区其他五大工程同时开工。2004年4月，首列车到达车辆段，并在进行调试以及试运营。2004年12月28日17时，深圳地铁一期工程开通试运营。一期工程开通的线路包括1号线（世界之窗－罗湖）和4号线（福民－少年宫）（图8）。

城市文化空间样本考／**深圳**

1号线罗湖站　2004年12月启用

1号线大剧院站　2004年12月启用

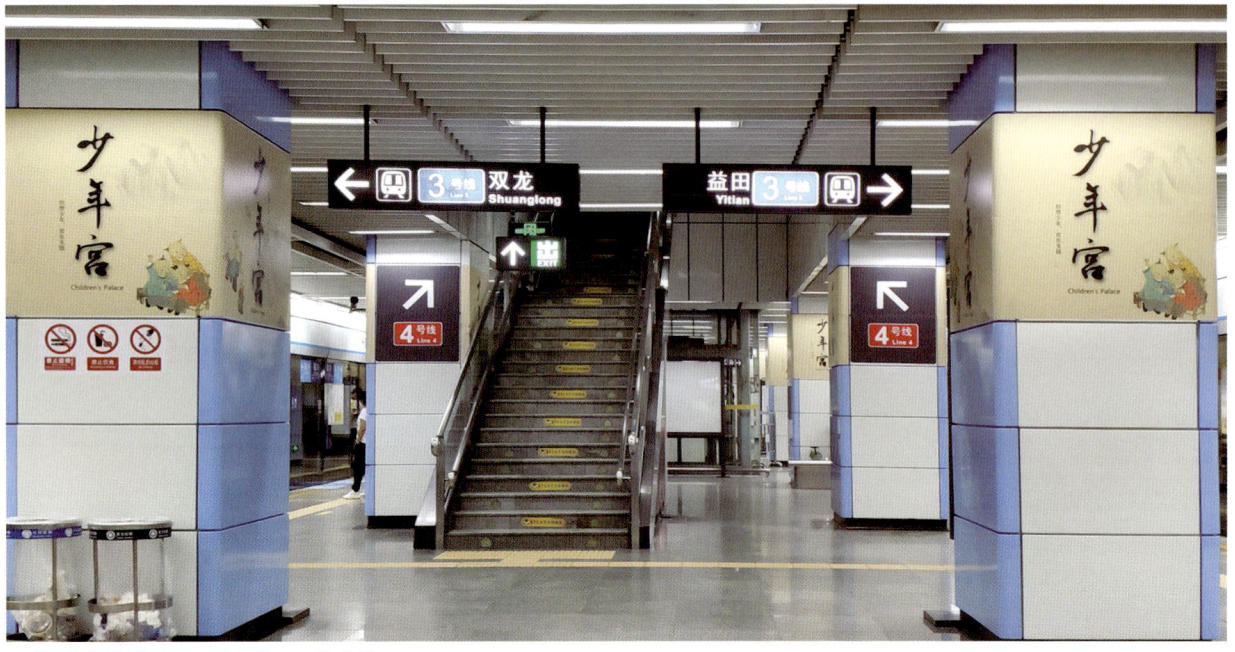

4号线少年宫站　2004年12月启用

4号线福民站　2004年12月启用

图 8　深圳地铁一期工程站点

二期工程（2007—2011）

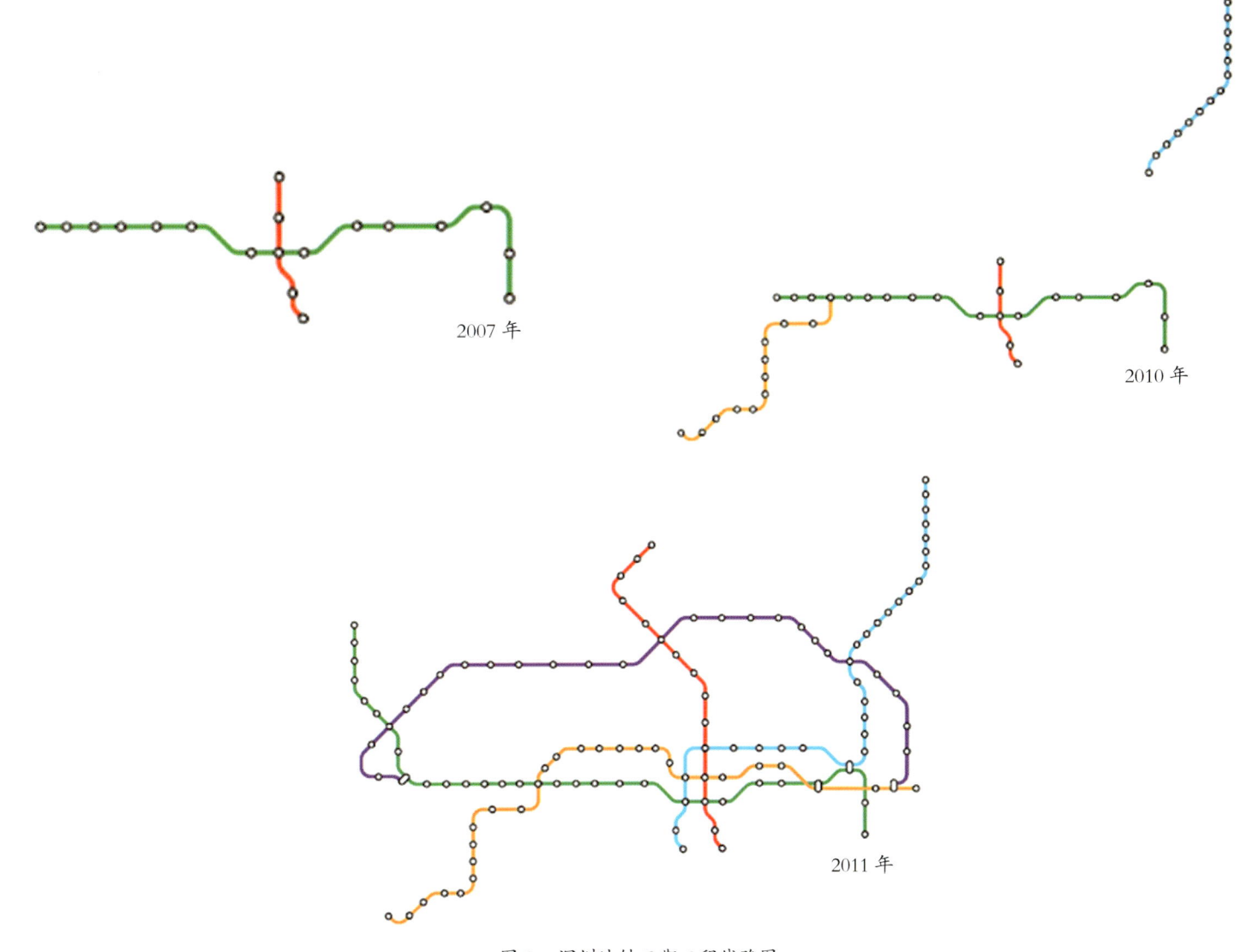

图 9　深圳地铁二期工程线路图

　　二期工程2007—2011年，从2004年到2007年，由于对地铁建设重视不足，以及拆迁受阻、前期工作延误等原因，在接近三年的时间里，没有任何线路建设或开通（图9）。2007年1月17日，深圳获得2011年世界大学生夏季运动会的举办权。2011年6月，二期工程的五条线路相继全线开通运营：1号线续建段6月15日开通；4号线二期工程6月16日开通；5号线6月22日开通；2号线东延段和3号线西延段6月28日开通（图10）。

2号线海上世界站　2009年6月启用

2号线华强北站　2009年6月启用

5 号线前海湾站　2011 年 6 月启用

5 号线铁路公园站　2011 年 6 月启用

图 10　深圳地铁二期工程站点

城市文化空间样本考／深圳

三期工程（2012—2020）

深圳地铁三期工程2012—2020年，包括6号、7号、8号、9号、11号线，共5条线路。新建线路总长度为169.5千米，新增车站95座，总投资约1256亿元。三期工程建成后，深圳市轨道交通线路将达到11条，通车里程约350千米。

2013年，深圳市进行了地铁三期建设规划修编工作，增加了三期工程的线路。修编后的三期建设规划新增10号线（原16号线），并将2号、3号、4号、5号、6号、9号线延长，共新增里程83.6千米，合计三期工程的总里程为254千米（图11）。

2012年　　　　　　　　　　　　　　2016年

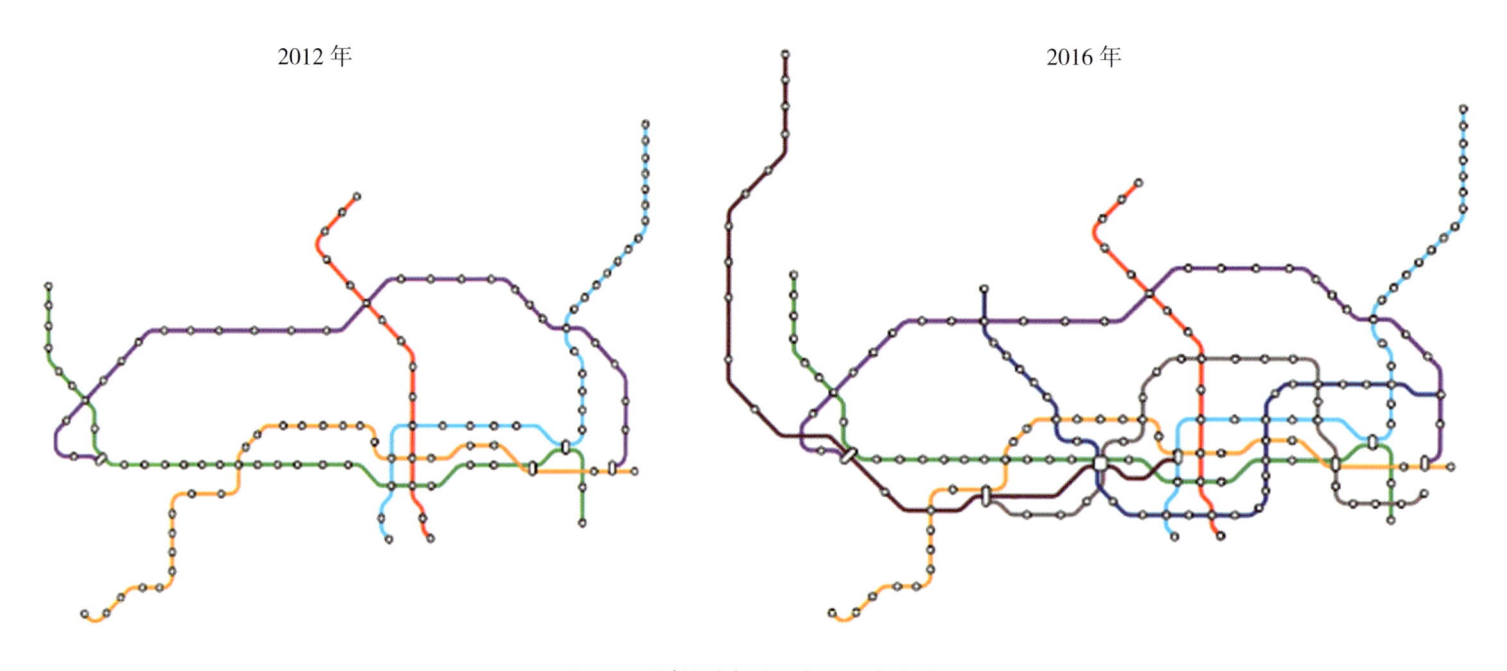

图11　深圳轨道交通三期工程线路图

深圳地铁7号、9号、11号线是地铁三期工程，总共63个站点，其中50个站点中设置了53个艺术墙空间（含4个流动艺术橱窗空间），这是深圳市公共艺术中心（深圳雕塑院）策划执行团队历经两年的辛苦努力，通过公开征集、专家评审、公众评议、协同创作等开放的方式与态度，邀请50多位来自全国各地及保加利亚、以色列、法国等国家的艺术家和制作团队共同完成的一次公共艺术项目活动（图12至图14）。

城市文化空间样本考／**深 圳**

龙井站

城市文化空间样本考

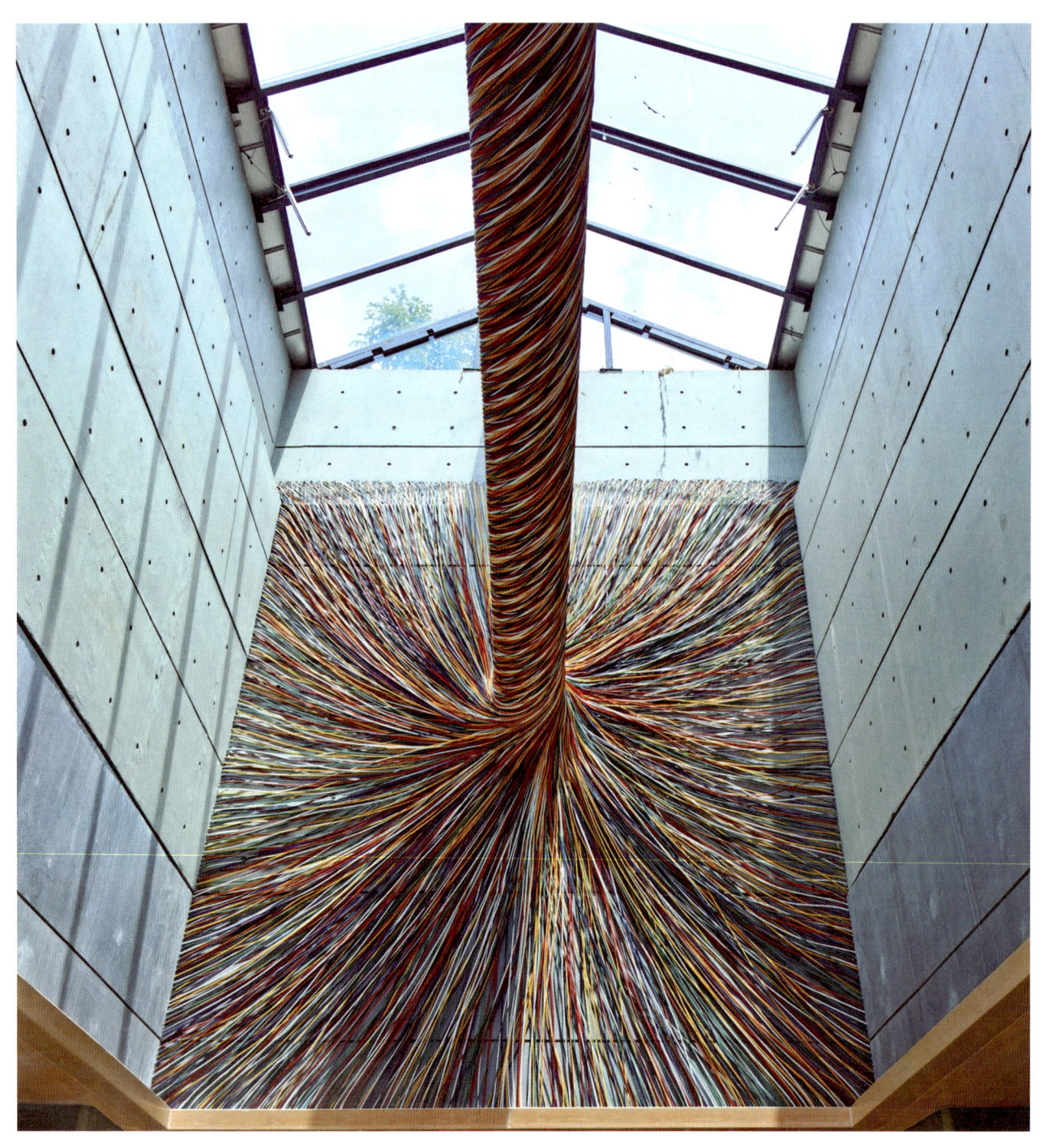

皇岗口岸站

田贝站

沙尾站

城市文化空间样本考／深圳

—061—

城市 文化 空间 样本考

黄木岗站

—062—

城市文化空间样本考／**深 圳**

珠光站

图 12 深圳轨道交通 7 号线公共艺术墙

城市文化空间样本考／**深圳**

城市文化空间样本考

红树湾南站

城市文化空间样本考／深 圳

城市 文化 空间 样本考

梅景站

城市文化空间样本考／**深圳**

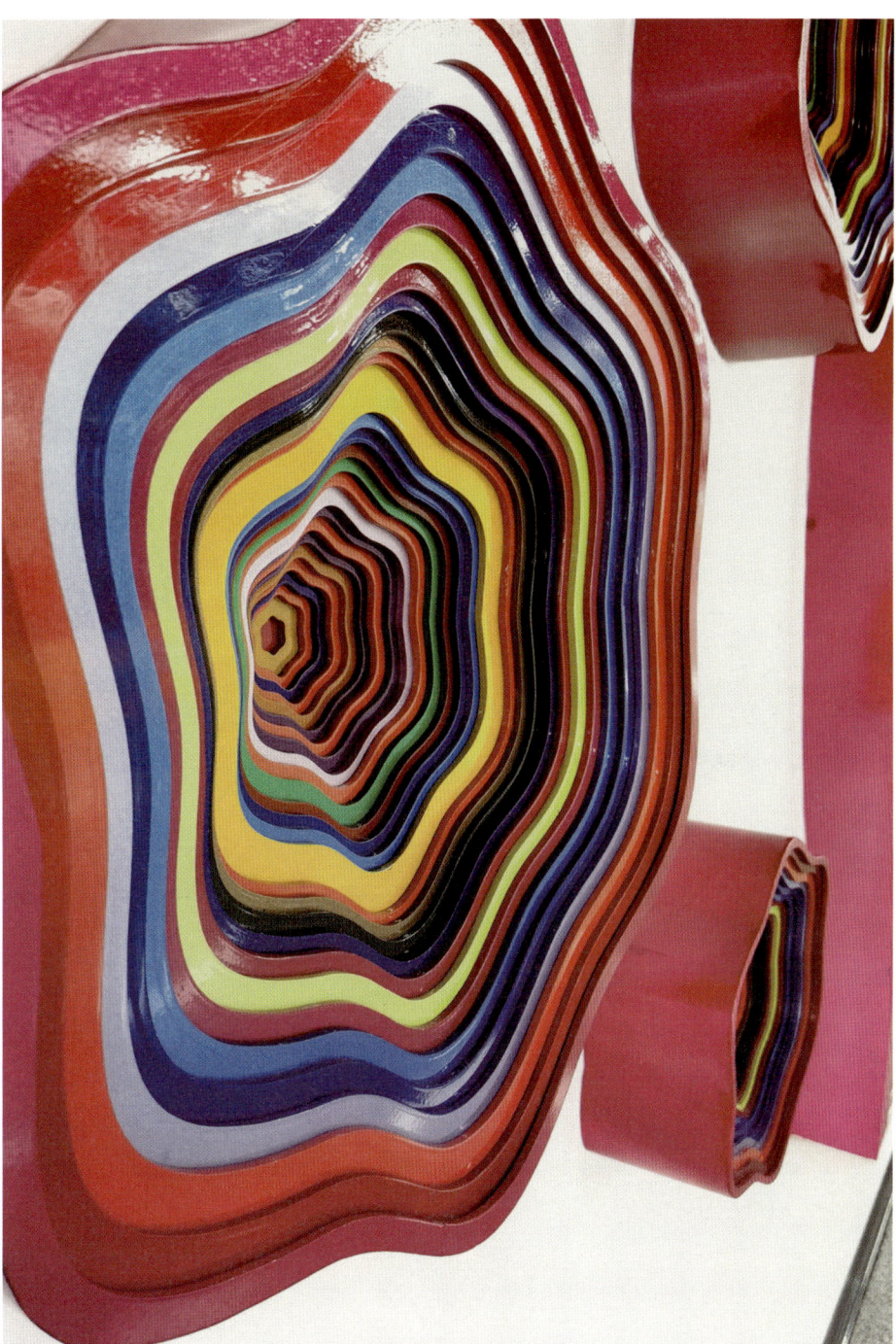

—069—

城市文化空间样本考

梦海站

城市文化空间样本考／深圳

城市 文化 空间 样本考

泥岗站

城市文化空间样本考／**深 圳**

城市 文化 空间 样本考

深大南站

城市文化空间样本考／**深圳**

—075—

城市　文化　空间　样本考

文锦站

城市文化空间样本考／**深圳**

城市 文化 空间 样本考

下梅林站

城市文化空间样本考 / **深 圳**

城市 文化 空间 样本考

向西村站

图 13 深圳轨道交通 9 号线公共艺术墙

城市文化空间样本考／**深　圳**

宝安站

城市文化空间样本考／**深圳**

城市文化空间样本考

碧海湾站

城市文化空间样本考／**深 圳**

城市文化空间样本考

碧头站

城市文化空间样本考／**深圳**

城市 文化 空间 样本考

福永站

城市文化空间样本考／**深 圳**

—089—

城市 文化 空间 样本考

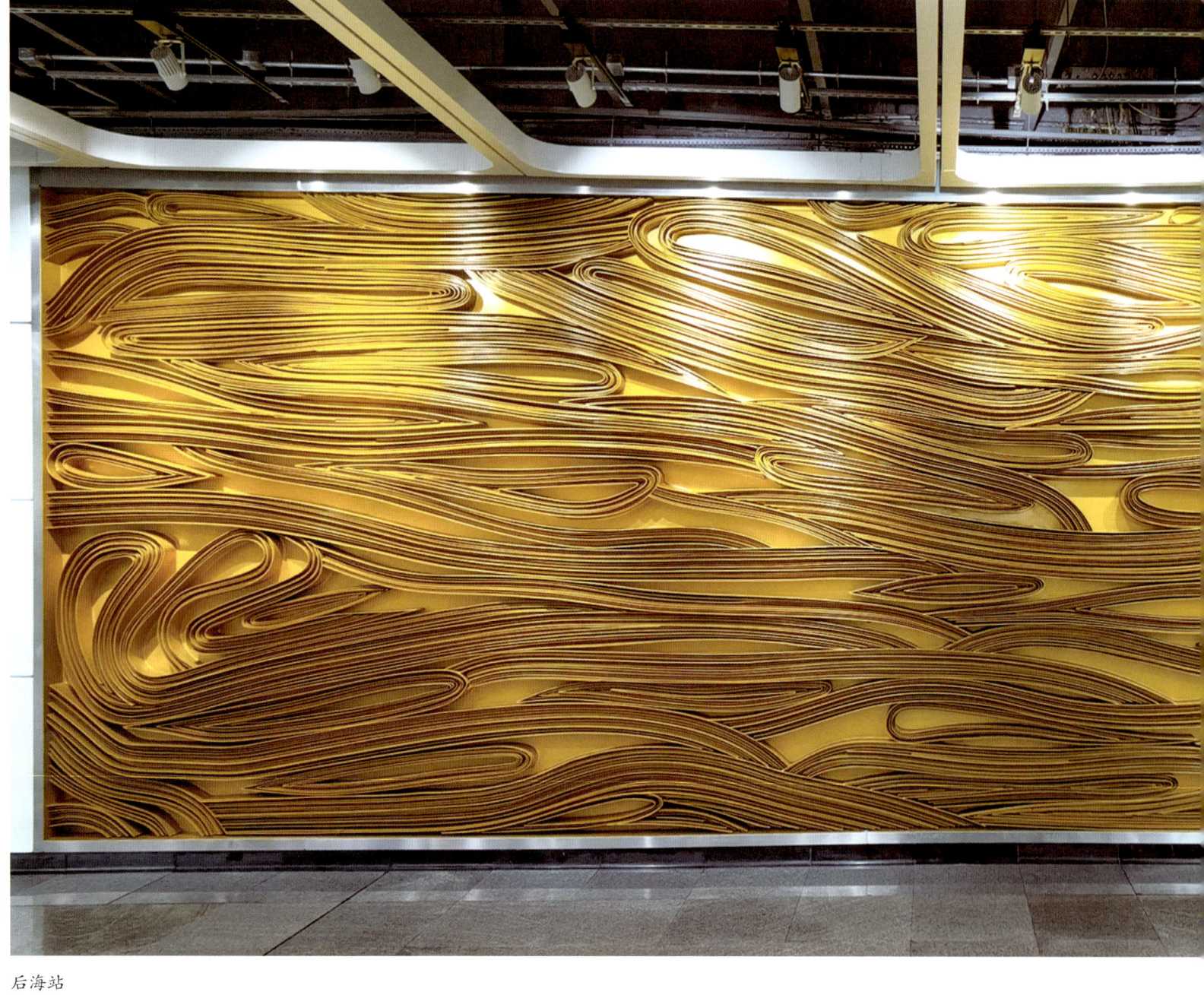

后海站

城市文化空间样本考／**深　圳**

—091—

城市"文化"空间样本考

后亭站

城市文化空间样本考／深圳

城市文化与空间样本考

机场北站

城市文化空间样本考／深圳

城市 文化 空间 样本考

机场站

城市文化空间样本考／**深 圳**

南山站

图 14 深圳轨道交通 11 号线公共艺术墙

城市文化空间样本考／深圳

该项目包括固定艺术展示墙展示、流动艺术墙展示，以及三条地铁线站名的"小百科"词条整理和艺术设计。这三大块内容共同构成一个全新的概念——地铁"美术馆"，意在把当代城市公共空间的地铁站转化为艺术空间，并将艺术话语权交予公众，是一次大胆的探索。线路落成后，观众可以搭乘地铁游览地铁"美术馆"的固定或流动艺术展。

四期工程（2018—2022）

深圳市城市轨道交通四期工程于2018年1月10日于14号线四联站召开。四期工程开工线路共5条，包括12号线、13号线、14号线、16号线及6号线支线。按照规划，四期工程将于2022年建成。届时，深圳的轨道交通线路网将有15条线路，总长约586千米。地铁四期工程的建设将对深圳中心城区以外区域带来深远影响，不仅连接了深圳中心城区与周边区域，并规划在将来与周边东莞、惠州等城市的城市轨道交通系统互联。

深圳轨道交通公共艺术发展总结

深圳作为中国现代化国际化城市，地铁发展与艺术的发展密不可分。地铁艺术性的发展与城市经济实力成正比关系（图15）。

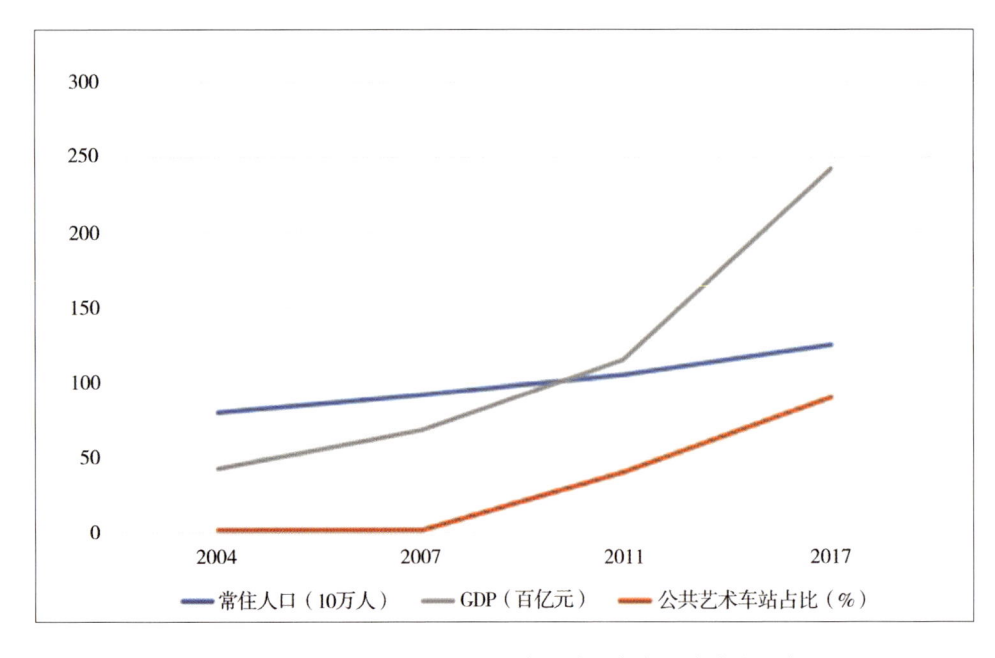

图15　深圳轨道交通公共艺术发展与城市发展关系折线图

2011年是深圳地铁发展的转折点。地铁空间建设受到高度重视，但艺术形式因交通建筑的性质而受限，大部分还是以平面形式为主，重要节点车站做空间类的艺术化处理。值得一提的是，地铁站内空间出现公共艺术展等多元形式的表达，提高了公众的空间参与度（图16）。

年代＼艺术形式	平面类	空间类	装置类
2004—2007			
2007—2011			
2012年至今			

图16　深圳轨道交通公共艺术品形式类型

城市文化空间样本考

广 州

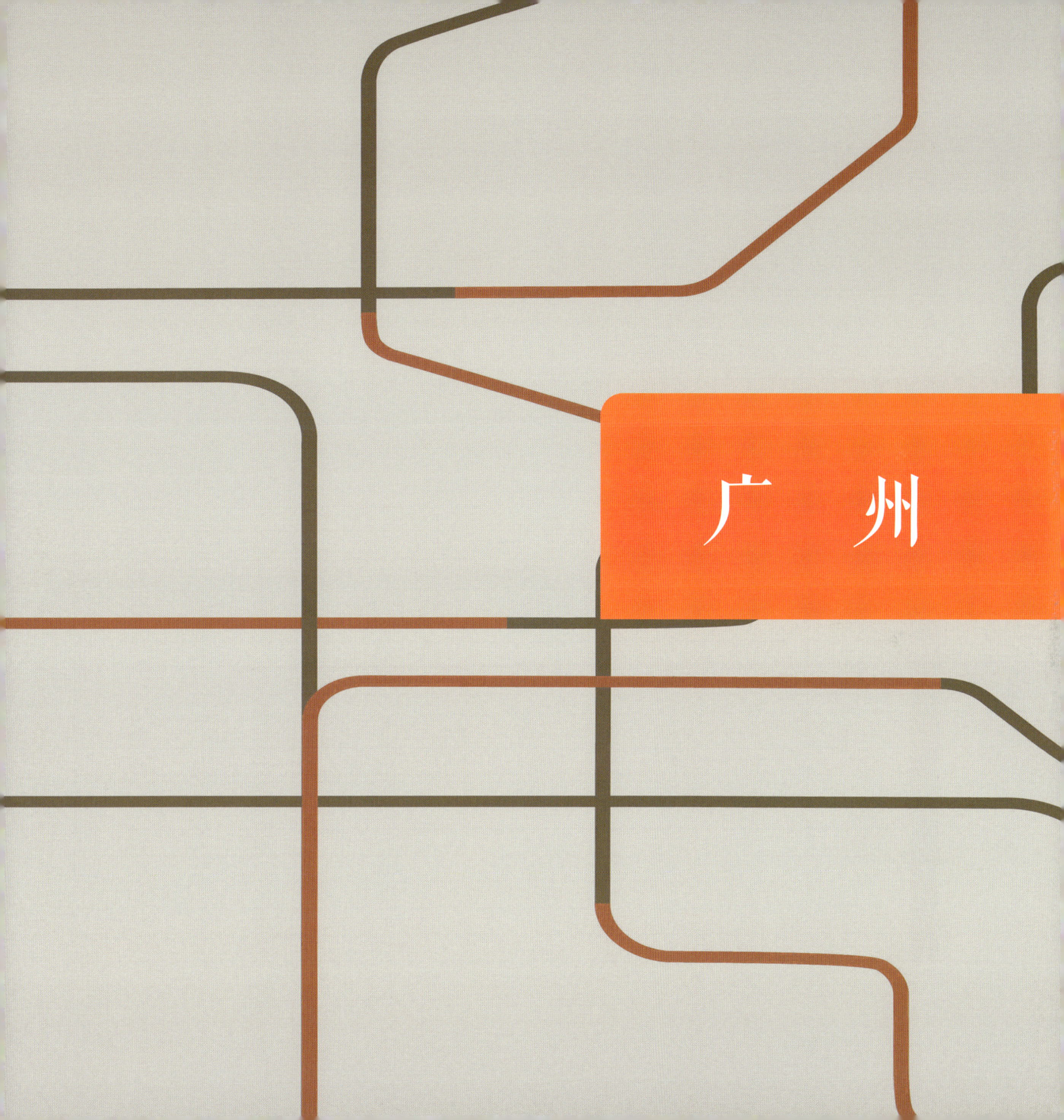

广州轨道交通发展概况

1992年6月28日，广州市地下铁道总公司成立，为广州地铁集团有限公司的前身。1993年12月28日，广州地铁1号线正式开工建设。1998年7月28日，广州地铁2号线正式开工建设。2001年12月26日，广州地铁3号线正式开工建设。2004年5月28日，广州地铁5号线正式开工建设。2017年3月15日国家发展改革委批复《关于广州市城市轨道交通第三期建设规划（2017—2023年）》。截至2019年12月，广州地铁运营线路共14条，分别为1号、2号、3号（含3号线北延段）、4号、5号、6号、7号、8号、9号、13号、14号（含知识城支线）、21号、APM线和广佛地铁，共设车站257座，运营里程478千米；截至2019年11月，广州地铁在建线路共有13条（段），在建总里程共421.2千米。

截至目前，广州地铁共有14条营运路线，总长为476.26千米（见下表），共224座车站（图1）。

线路名称	首段通车日期	起点站	/ 终点站	车站数	长度（千米）
市区地铁路线					
1号线	1997年6月28日	西塱	广州东站	16	18.5
2号线	2002年12月29日	嘉禾望岗	广州南站	24	32
3号线	2005年12月26日	番禺广场	机场北	30	65.31
			天河客运站		
4号线	2005年12月26日	南沙客运港	黄村	23	56.25
5号线	2009年12月28日	滘口	文冲	24	31.9
6号线	2013年12月28日	浔峰岗	香雪	31	41.7
7号线	2016年12月28日	广州南站	大学城南	9	21.1
8号线	2002年12月29日	万胜围	凤凰新村	13	15.0
9号线	2017年12月28日	高增	飞鹅岭	11	20.1
13号线	2017年12月28日	鱼珠	新沙	11	28.3
14号线	2017年12月28日	嘉禾望岗	东风	13	54.3
		新和	镇龙	9	22
21号线	2018年12月28日	增城广场	镇龙西	9	26.2

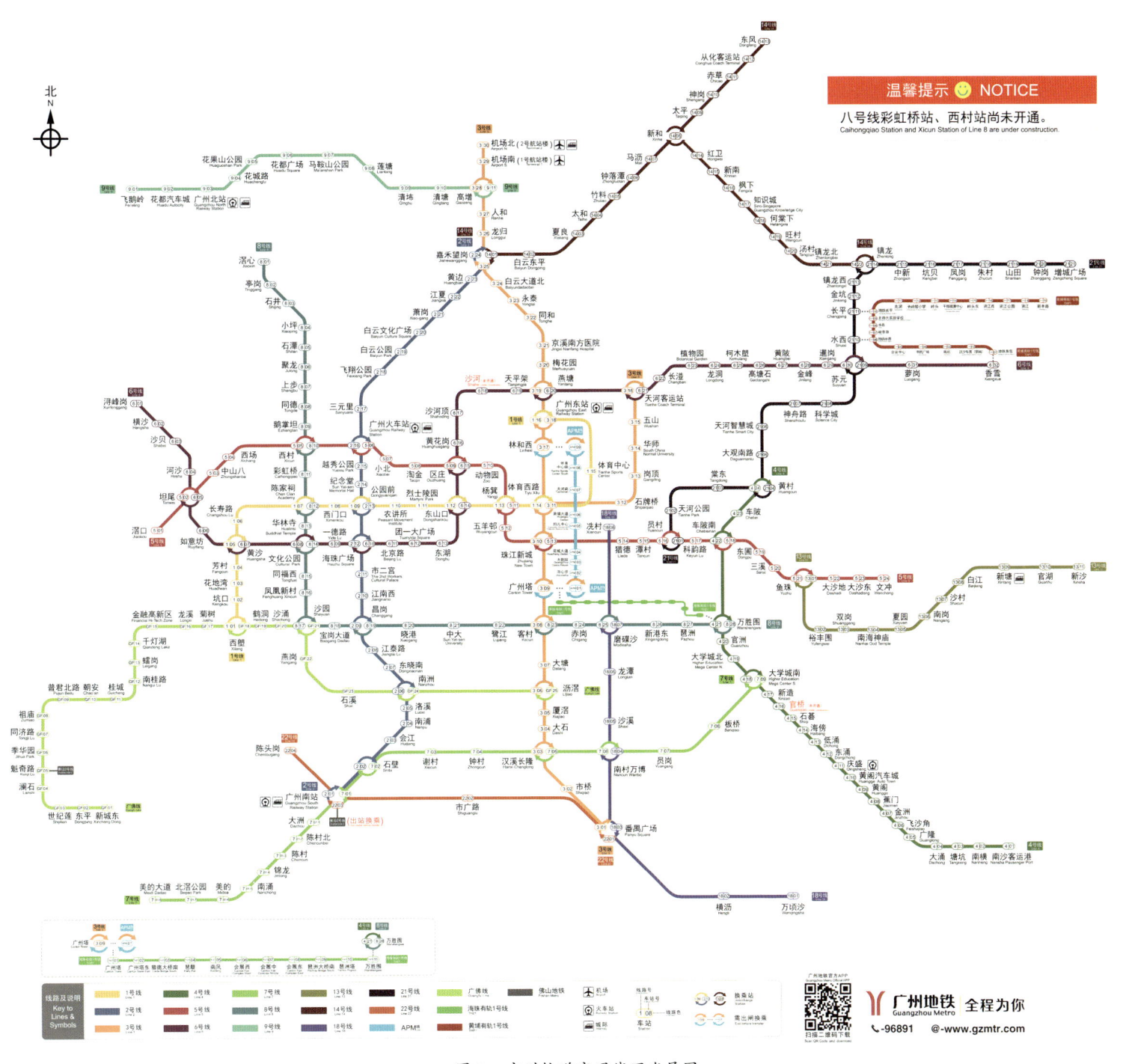

图 1 广州轨道交通线网发展图

广州地铁线网建设发展

广州地铁线网建设发展史，经历了从复杂到简单，再到更简单的发展历程，确立了以龙骨框架体系控制全网和线面结合的装饰方法。随着工艺水平及材料的发展，新线以曲线为主，重点站追求艺术化空间和强烈的视觉效果。最新建成的13号线和4号线南段在文化表达与空间一体化方面，进行了大胆创新，应用了大量的不锈钢材料（图2）。

4号线	4号线	5号线	5号线
6号线	7号线	7号线	9号线
13号线	13号线	13号线	13号线

图 2　广州轨道交通线路发展

城市发展概况	时间	地铁发展趋势
· 广州，国际综合交通枢纽，国家综合性门户城市，首批沿海开放城市，是中国通往世界的南大门，是粤港澳大湾区，泛珠江三角洲经济区的中心城市以及"一带一路"的枢纽城市。	1987 年	1987年，准备引入法国资本进行地铁兴建，后来改为引入德国资本。
· 1954年全国行政区域调整时改为省辖市，由于生产与城市发展，广州行政区域经过多次扩展。	1993 年	1993 年 12 月 28 日，地铁 1 号线正式开工。
· 改革开放后至1990年以前进入新计划经济和商品经济阶段，广州作为沿海开放城市之一，起到了交通枢纽与对外促进经济贸易发展的作用。	1997 年	1997年广州成为中国内地继北京、天津、上海之后第四个建成地铁的城市。1号线正式对市民开放。1999年年底地铁1号线全线（西朗至广州东站）正式开通运营。
	2006 年	2006 年 12 月 30 日，地铁 3 号线一期全线、4 号线开通试运营。
· 2016年"十三五"规划提出，把创新强省作为推动发展的新战略，赋予广州最大的政策红利和发展机遇，正以创新驱动经济转型发展，不断激发创新创业活力。打造"一带一路"创新之都。轨道交通建设成为拉动广州经济发展的必要条件。	2016 年	2016年广佛线魁奇路至新城东段，7号线首期和6号线二期开通试运营。
		2017年4号线金州至南沙客运港段、9号线首期、13号线首期和14号线知识城支线开通试运营，创下亚运会后，一年同步开通线路数和里程数的新纪录，艺术品也呈现蓬勃的发展，主题多样，造型丰富的特点。
	2018 年	2018年3号线机场北站正式启用，9号线清塘站正式启用。14号线首营，21号线镇龙西至增城广场段和广佛线燕岗至沥滘段开通试运营，至此，广州成为市辖区全区通地铁的城市。

图 3 广州轨道交通发展趋势时间轴

广州地铁目前已开通14条线路，总长为476.26千米，共224座车站，是大中华区仅次于北京、上海的第三大城市轨道交通系统。按照目前世界城市地铁里程排名，广州地铁排名第三。作为全国文化、经济的中心城市，地铁网络经过多年的建设，从雏形到快速建设，再到现在的平稳建设，经历了不同的阶段，整体上极大地提升了整个广州的交通状态，带动了近郊的经济建设，减轻了老城区的市政压力，在推动广州城市化上发挥着日益显著的作用。

广州地铁线网特色

线网文化：岭南文化，传统与现代结合。

空间造型：空间平面化，造型简单，在龙骨框架体系内进行几何图形的变化，线网共性较强。

色彩：各线路都大胆使用颜色，色彩面积较大，强调色彩的识别性。

灯光效果：标准化灯光设计，便于维护。

材料应用：天花板材料以铝通、铝板和铝微孔板为主；墙面采用搪瓷钢板，以玻璃为主，广佛线采用了陶土板，13号线采用轻质陶瓷板；地面材料以灰麻花岗岩为主，13号线采用瓷砖。

公共艺术主题基本以体现广州本土历史文化为主，体现岭南文化和海上丝绸之路文化，艺术表现形式较为单一。以文化艺术墙为主要表现形式，个别重点站采用空间艺术一体化设计（图4）。

图 4 广州地铁站点空间图

广州轨道交通公共艺术发展概况

1997—2010 年发展概况。2006 年 12 月 30 日，广州地铁 3 号线一期全线（广州东站至番禺广场、天河客运站至石牌桥）、4 号线（新造至黄阁段）开通试运营。同日起 3 号线行车线路更改为：天河客运站－番禺广场；广州东站－体育西路。从广州东站前往番禺广场方向的乘客，需要在体育西路站换乘。4 号线新造至黄阁段亦成为广州地铁第一条高架行驶的路线。

2011—2018 年发展概况（图 5）。2017 年 6 月 28 日，未能随 6 号线二期开通的植物园站与柯木塱站正式启用。2018 年 4 月 26 日，3 号线机场北站正式启用；2018 年 6 月 30 日，9 号线清塘站正式启用。2018 年 12 月 28 日，14 号线首期、21 号线镇龙西至增城广场段和广佛线燕岗至沥滘段开通试运营。至此，广州成为市辖区全区通地铁的城市。

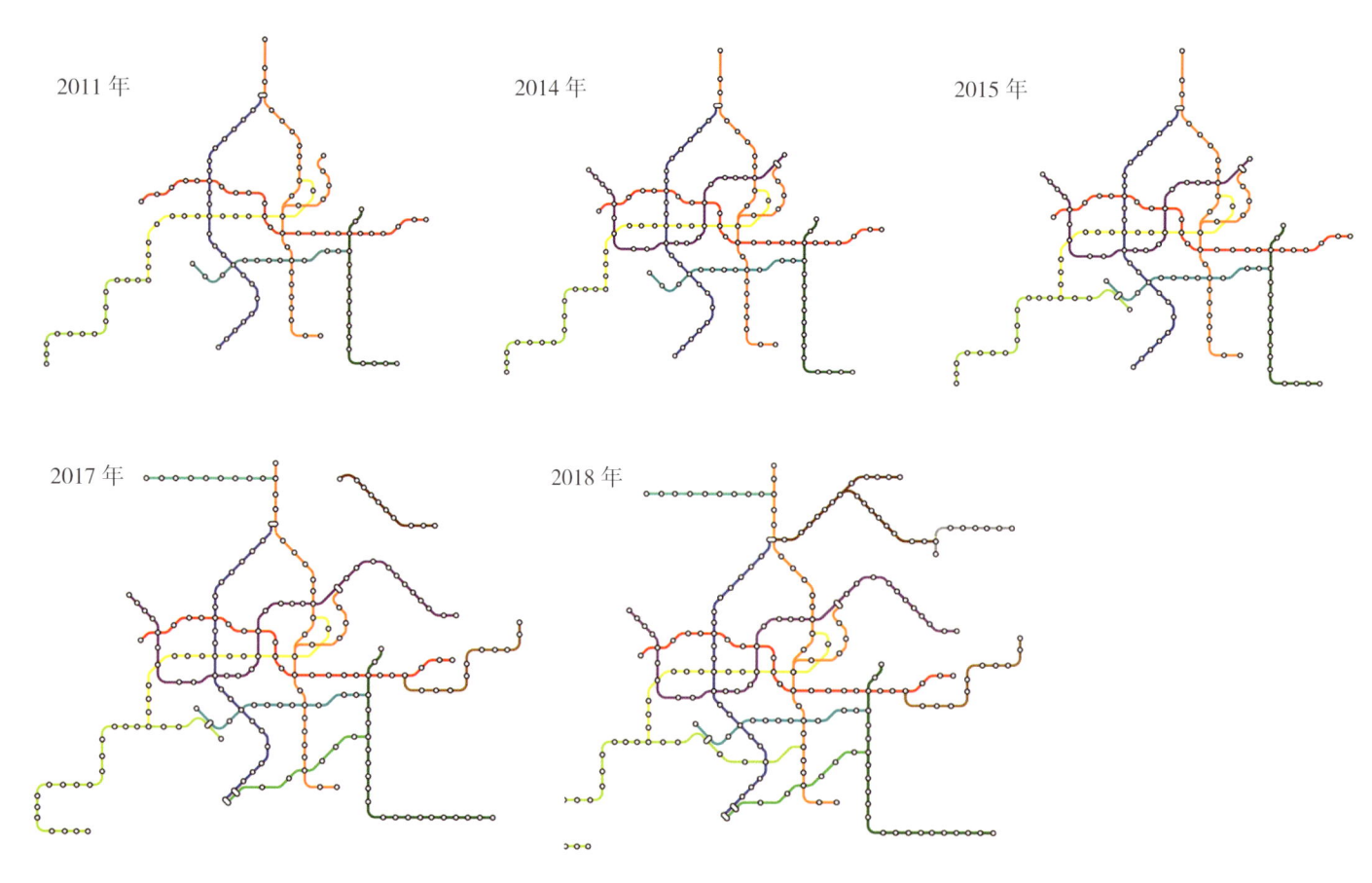

图 5　2011—2018 年广州轨道交通线路发展图

4号线南延段南沙客运港站重点突出了文化性和空间一体化的表现。岭南文化主题站的设计非常具有冲击力，作为海上丝绸之路的起点，南沙客运港站全站以"一带一路"为主题，站内设计融入海洋、宝船、海鸥等文化元素，重现了广州海上丝绸之路的历史盛景。沉浸在"蔚蓝大海"中的南沙客运港地铁站，以蓝色为基调，不规则的天花板设计与照明巧妙结合，灯具配合主题，运用抽象化的海鸥形态，与光洁如水的地面形成对应，好像漫步在海洋之中。一艘木船形态的艺术装置停靠在中央，与整个主题完美结合，全景视觉仿佛置身海洋风光之中，其公共艺术设计与车站装修、空间色调共同构成了统一的艺术风格（图6）。

城市文化空间样本考／广州

城市 文化 空间 样本考

—112—

城市文化空间样本考／广州

城市 文化 空间 样本考

城市文化空间样本考／广州

图 6　岭南文化主题站

115

城市文化空间样本考

地铁5号线的设计元素与广州轨道交通车站整体简洁明快的风格一脉相承。24个车站的装修颜色各有不同，可以清晰分别出站点。5号线动物园站因紧邻广州动物园，所以这一站被装饰成"动物世界"。该站是第一座双层往返线换乘的地铁站点。该站内大厅有三层之高，当中有两个Y形支柱，造型犹如一对鹿角，柱身涂上动物的彩绘，非常切合动物园站的主题（图7）。

城市文化空间样本考／广州

图7 动物园站主题站

—117—

城市文化空间样本考

　　6号线东山口站以"印象东山 西韵情怀"为主题。东山口地处广州老城区，人文气息浓厚，满满是老广州特色，因此东山口站也着重体现老广州文化。6号线团一大广场站，地处共青团第一次全国代表大会的旧址，具有十分浓厚的红色文化特色（图8）。

图8 东山口站"印象东山 西韵情怀"主题

城市文化空间样本考／广州

城市文化空间样本考

广州地铁 7 号线 9 座车站的文化概念主要为水乡，全线采用蓝绿色系来表达水乡的优美风光。在统一的色系下，每个车站既有相同的元素，又有不同的特点，达到了能够让乘客通过车站颜色识别车站的效果。其次，选取了人文历史底蕴浓厚的石壁站、汉溪长隆站、南村万博站以及大学城南站这四座车站，在站厅站台的立柱上，以玻璃丝印的方式，展示该站周边独特的文化内涵。芭蕉叶、趟栊门、铁艺拼花的传统窗户，表现了浓厚的岭南建筑文化气息。而在石壁站、南村万博站和大学城南站这三座车站中，又根据各站点独特的文化背景，在站厅层的墙面上增加了大幅的文化墙，从多角度诠释岭南的水乡文化（图 9 至图 11）。

城市文化空间样本考／广州

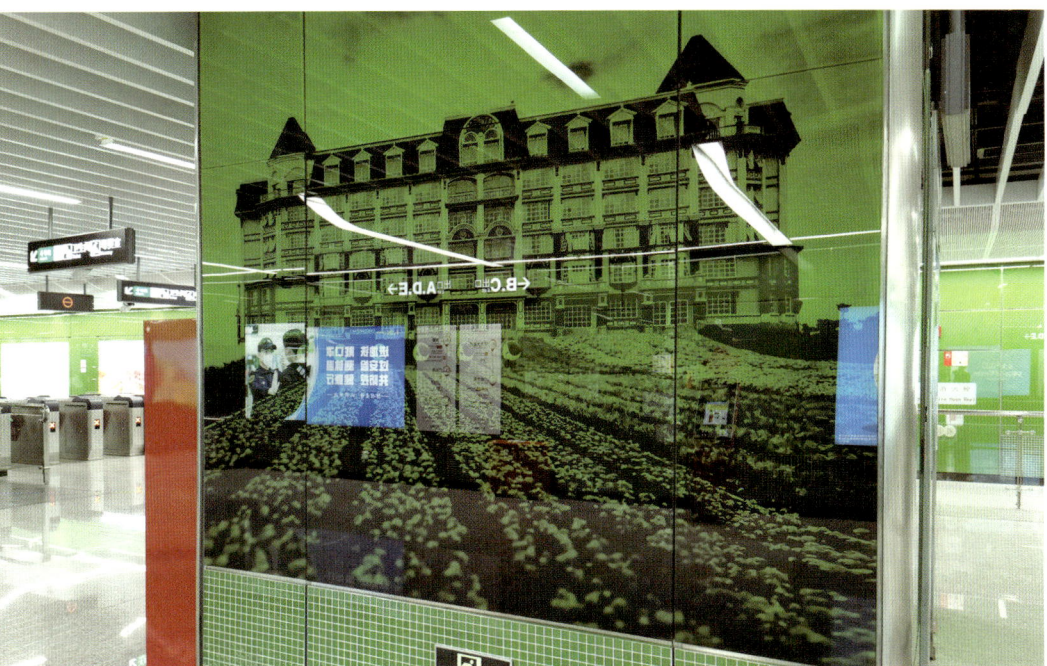

图 9 玻璃丝印

城市 文化 空间 样本考

城市文化空间样本考／广州

图10　文化墙

7号线石壁站

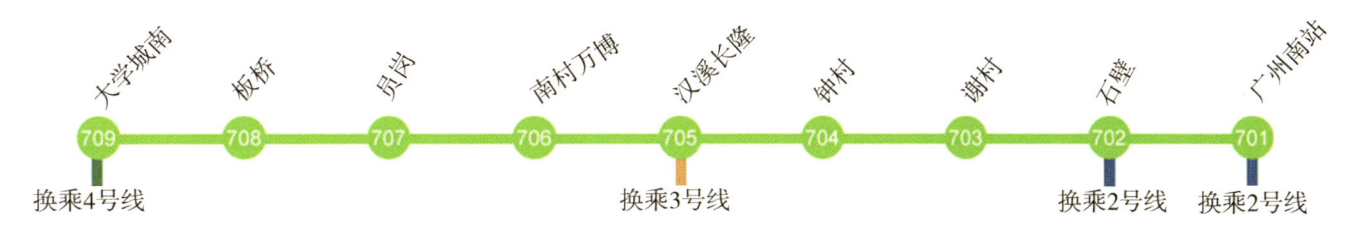

城市文化空间样本考／广州

7号线南村万博站

图11 广州地铁7号线和站点

—125—

知识城线的知识城站，以"智·荟·知识"为主题，运用"纸张""现代建筑""文字"等传统或现代的元素为表达载体，营造出极具艺术与设计感的智慧之城（图12）。

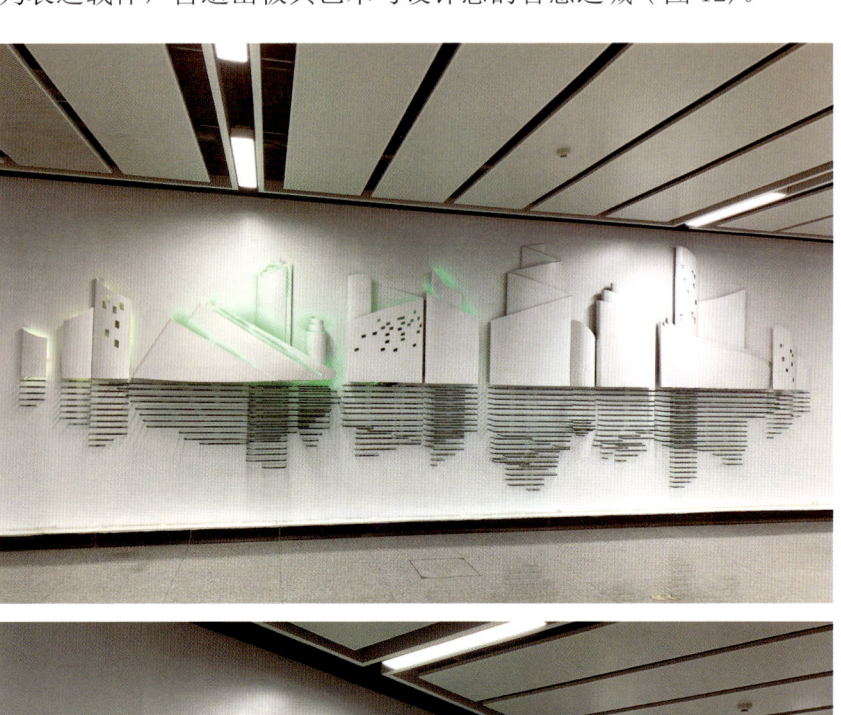

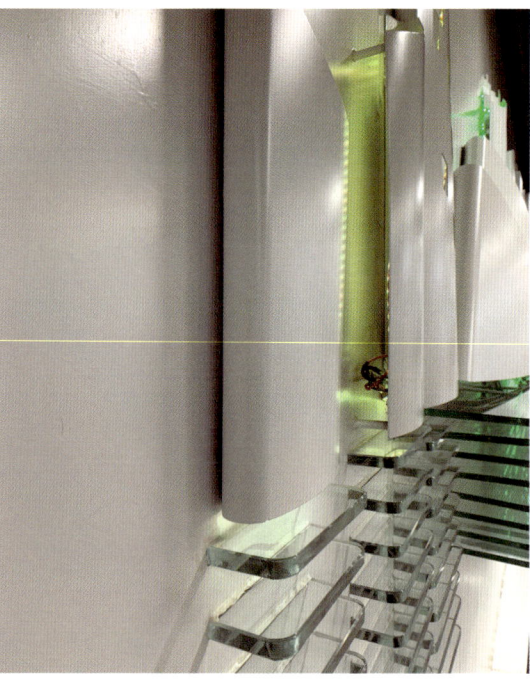

图12　知识城站的主题"智·荟·知识"

地铁9号线（图13）广州北站采用"狮舞南粤"的主题，展现了广东最出名的民间体育艺术。岭南文化墙的整体结构以广州城市剪影和珠江为背景，将"醒狮"作为设计主体。该站文化墙采用艺术性与设计感相结合的表现手法，生动形象地营造出狮子的刚毅和威猛，背景选用镂花的施工工艺，挑选出不同颜色的人造石拼贴出城市的剪影和珠江的河流，能在视觉感官上给人以强大冲击力（图14）。

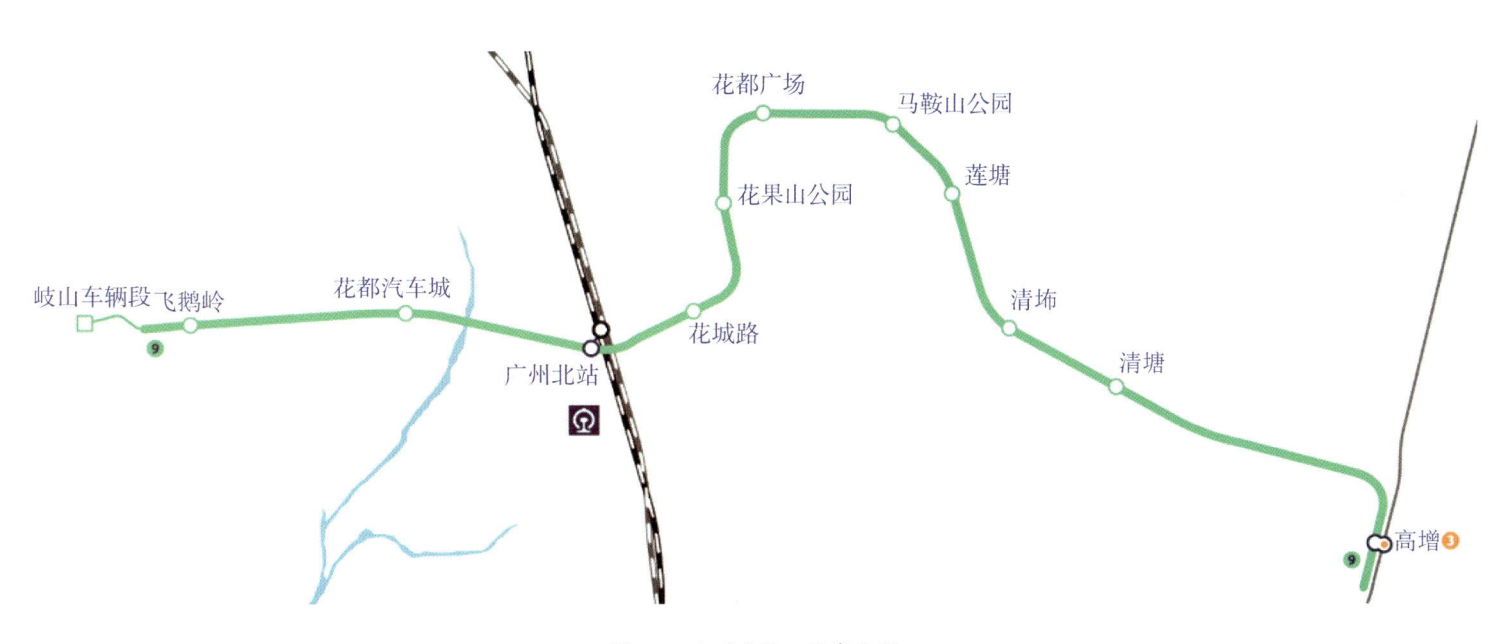

图13　广州地铁9号线路图

城市 文化 空间 样本考

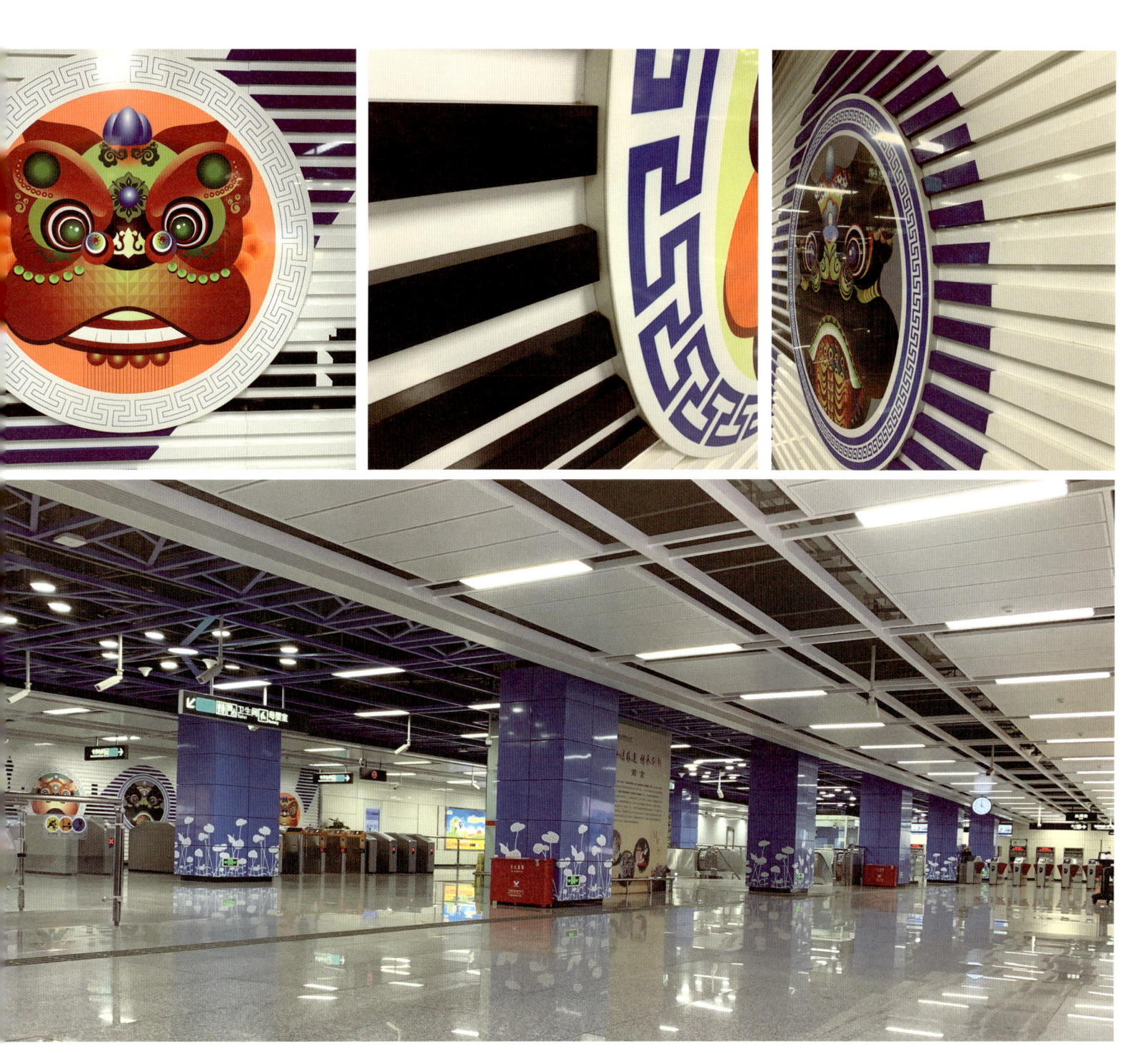

图 14　9号线广州北站"狮舞南粤"主题

城市文化空间样本考／广州

13号线南海神庙站以"历史之景"为主题，突出岭南文化历史悠久的特征。采用一体化的设计手法，营造出山水石的意境，展现古代海上丝绸之路发祥地的历史风貌。设计以典雅精致的复古红贯穿整个地铁站，地面上贴有流水纹路的线条与顶端的白炽灯光相呼应，呈现出流水蜿蜒、富有动感的情景。以空间一体化的处理手法，将公共艺术同室内设计和灯光照明结合起来，凸显出蜿蜒的流动感，使天花板与地面的空间界面相互协调（图15）。

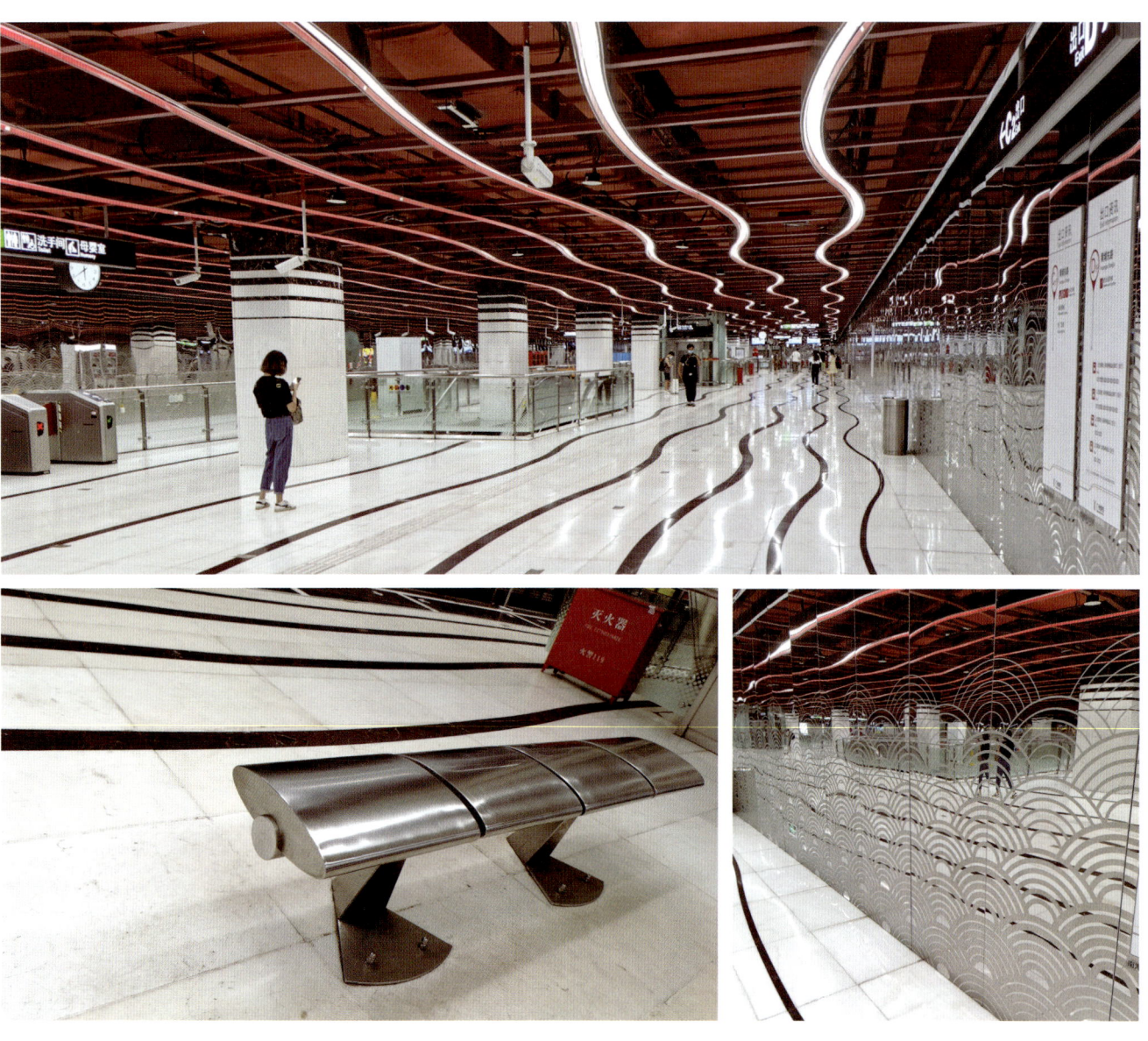

图15　13号线南海神庙站"历史之景"主题

广州轨道交通艺术形式调研总结

广州地铁空间的艺术形式与内容丰富多样，在文化、空间、艺术三位一体的"一体化"理念下，整体考虑规划，探索相互关联融合的城市地铁公共空间一体化设计。浮雕墙、插画、雕塑、文化站墙、艺术灯箱、一体化设计空间等二维、三维艺术形式多样，但艺术形式因交通建筑的形式而受限，部分还是以平面形式为主，重要节点车站做空间类的艺术化处理，但在空间类艺术处理中部分车站进行了较大胆的尝试（图16）。

年代 \ 艺术形式	平面类	空间类
1997—2010		
2011—2018		

图16　广州地铁不同年代的艺术形式类型

城市文化
空间
样本考

长 春

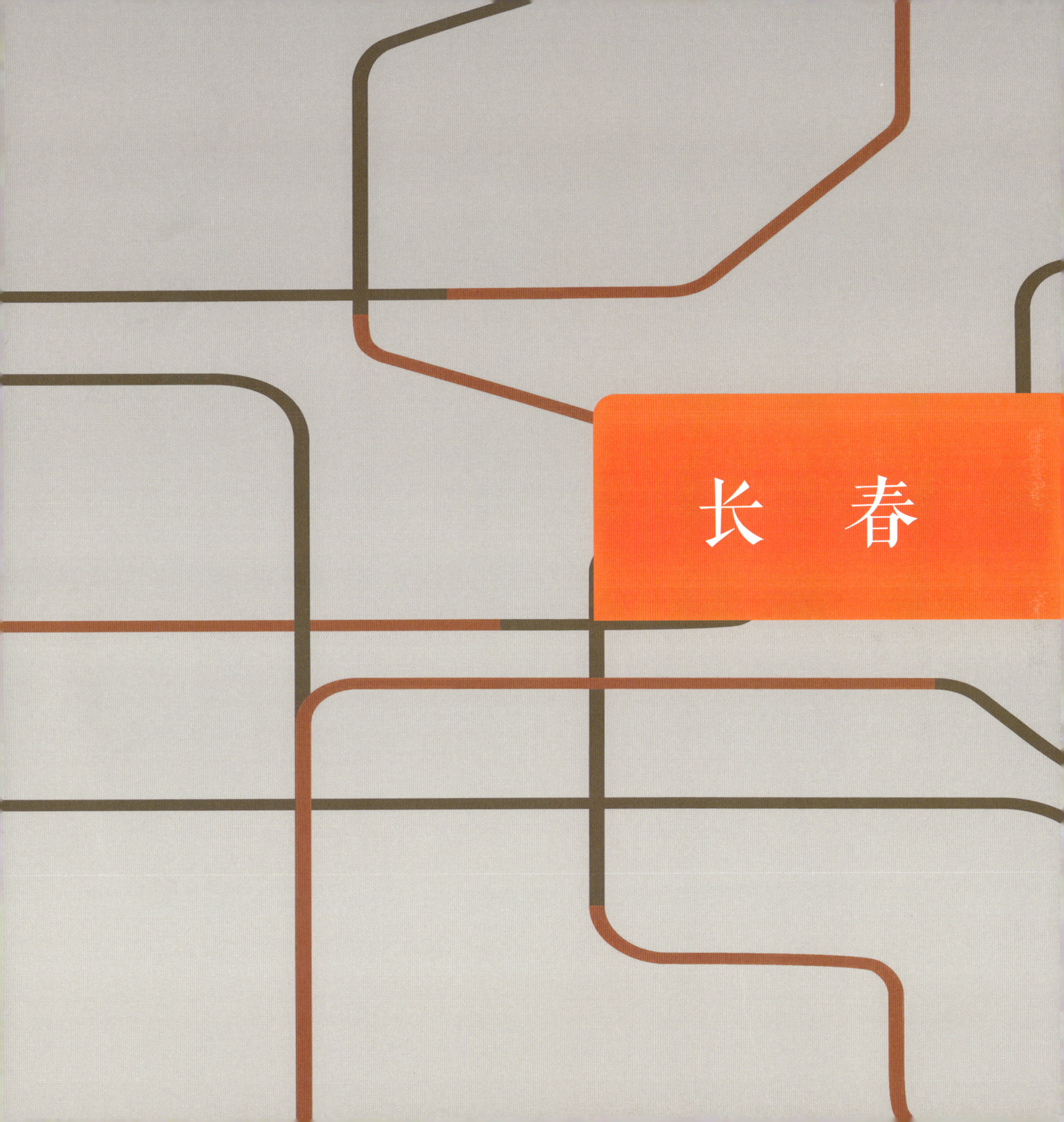

长春轨道交通发展概况

1998年7月，长春市轨道交通有限责任公司注册成立。2000年5月27日，长春轨道交通3号线一期工程试验段开工建设。2001年12月28日，长春轨道交通3号线一期工程试车成功，标志着中国大陆的第一条轻轨线路竣工。2010年10月10日，国务院正式批准《长春市城市轨道交通近期建设规划》。2015年6月11日，国家发展改革委批复《关于长春市城市轨道交通近期建设规划（2010—2019年）调整方案》，新增线路长度28.7千米，预计到2019年，形成5条运营线路、总长119.1千米的轨道交通网络。2018年11月30日，国家发展改革委批复《关于长春市城市轨道交通第三期建设规划（2019—2024年）》，同意建设2号线东延、3号线南延、4号线南延、5号线一期、6号线、7号线一期、空港线一期工程等7个项目，规划期为2019—2024年。截至2019年11月，长春轨道交通运营线路共有5条，包括长春轨道交通1号、2号、3号、4号、8号线，共设车站94座、运营里程100.14千米。截至2019年9月，长春轨道交通在建线路共有4条（段），包括长春轨道交通6号、9号线，以及2号线西延线、3号线东延线。至2025年，长春市轨道交通线网将由10条线路组成，线网总长度达341.62千米（表1）。

表1 长春轨道交通线路

线路名称	首段开通日期	起点站/终点站	车站数	长度（千米）
长春轨道交通1号线	2017年6月30日	北环城路站—红嘴子站	15	18.14
长春轨道交通2号线	2018年8月30日	双丰站—东方广场站	18	20.5
长春轨道交通3号线	2002年10月30日	长春站—长影世纪城站	33	31.9
长春轨道交通4号线	2011年6月30日	长春站北站—车场站	16	16.3
长春轨道交通8号线	2018年10月30日	北环城路站—广通路站	12	13.3

长春轨道交通是服务于中国吉林省长春市的城市轨道交通，长春轨道交通采取"一线一景"与"一站一景"相结合的形式，最大限度展现长春城市历史与人文情怀，艺术般的车站成为长春市地下艺术空间，凝聚了长春厚重的文化底蕴。发展到现在，长春轨道交通的线路总长达到了100千米，共有94座营运车站。其中1号、2号线（5号、6号、7号线规划中）为地铁线路，3号和4号线、北湖快轨为轻轨，双阳线、空港线为市域快轨，8号线为快轨。在长春地铁全网"春风承运，生生不息"的设计理念主题下，长春轨道交通1号和2号线一纵一横，贯穿整个市区，是城市空间体系的两条核心轴线。全站共设94座车站，其中1号线15个站点设置公共艺术，2号线18个站点设置公共艺术（图1）。

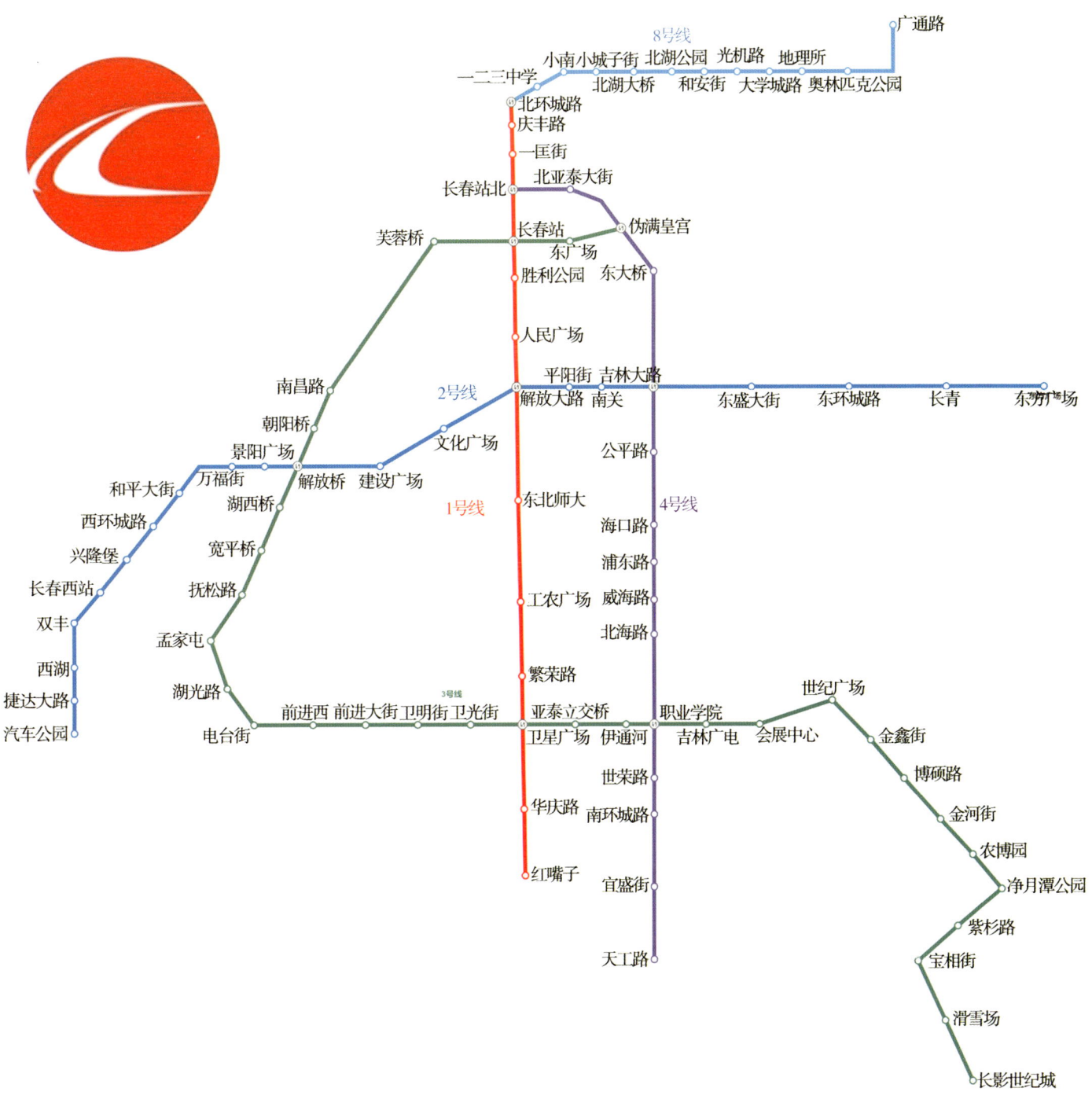

图 1　长春轨道交通线路图

城市 文化 空间 样本考

作为重要的工业基地和交通枢纽，长春是中国最早应用有轨电车的城市之一。来来往往的电车是很多长春人记忆中最熟悉的画面。万福街站的公共艺术"金色回忆"则采用开放式构图，配合地铺装饰，用拼贴手法表现了在富有怀旧气息的金秋时节，电车在落叶中徐徐驶来的场景，打造出身临其境的全景式视觉体验。"有轨电车"也呼应了"地铁" 场景，新旧今昔对比中，既能触动市民心底的美好记忆，又能展现城市交通的巨大发展（图2）。

城市文化空间样本考／长 春

图 2　长春地铁万福街站

—137—

长春一汽是中国汽车工业的摇篮，改革开放以来，长春一汽又自主研发了一系列新型解放汽车，成为国内卡车行业的领航者。作品选取解放卡车的经典形象，将其关键部件进行艺术化的重构演绎，打造出兼具未来感和科技感的视觉效果。同时又重温了当代汽车工业的荣耀时代，并且也突出强调了现代化制造产业的荣誉感。长春轨道交通站点公共艺术品不是站点空间简单的装点品，它强调地上文化与地下文化相互呼应，地铁空间和公共艺术之间相互呼应，与空间相互影响。长春地铁用公共艺术来讲述城市故事，用地域文化绽放城市精神，打造城市品牌（图3）。

城市文化空间样本考 / 长 春

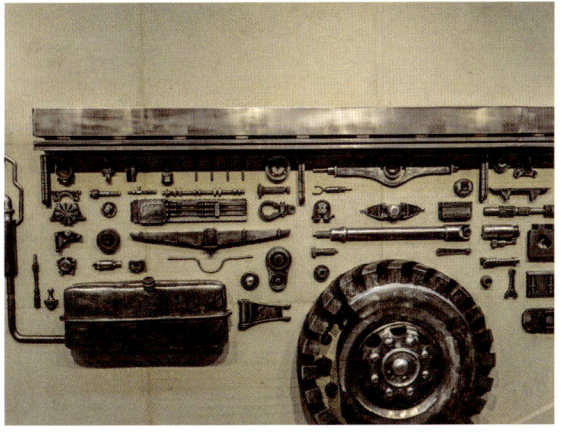

图 3 长春地铁景阳广场站

长春轨道交通规划时期

　　1913年长春是中国第一个有地铁规划的城市，改革开放后至1990年以前进入新计划经济和商品经济阶段。1992年，国家计委将长春市列为沿边开放城市，享有沿海开放城市同等的优惠政策，长春市政府将长春轨道交通3号线一期工程列入"九五"规划。1999年9月，国务院正式批准长春轻轨工程立项。2002年长春是中国大陆地区第五个开通轨道交通的城市。轨道交通3号线一期工程试车成功，标志着中国大陆的第一条轻轨线路竣工。10月7日，长春轨道交通4号线正式开工建设（图4）。

城市发展概况　　时间　　地铁发展趋势

1939年
1913年，长春是中国第一个有地铁规划的城市。2002年，长春是中国大陆地区第五个开通轨道交通的城市。

- 改革开放后至1990年以前进入新计划经济和商品经济阶段。1992年，国家计委将长春市列为沿边开放城市，享有沿海开放城市同等的优惠政策。

长春市轨道交通筹建办公室正式成立。

1994年

长春市政府将长春轨道交通3号线一期工程列入"九五"规划。

1997年 1999年9月，国务院正式批准长春轻轨工程立项。

2002年 2002年，长春轨道交通3号线一期工程试车成功，标志着中国大陆的第一条轻轨线路竣工。

- 长春是近海沿边开放城市，处于长吉图开发开放先导区核心区域。

编制完成《长春市快速轨道交通建设规划（2010—2016年）》。

2008年 同年10月7日，长春轨道交通4号线正式开工建设。

2012年 2012年，长春轨道交通4号线全线正式运营。1号线解放大路站全面开工，这是中国东北高寒地区最大规模的地铁暗挖乘车站。2号线正式开工。

- 2016年长春"十三五"期间，将加快建设东北亚区域性中心城市和吉林中部创新转型核心区，加快新兴产业的发展。随着国家政策的不断优惠，新兴产业的不断发展，轨道交通的扩建需求也在日益增大。

2015年 长春轨道交通3号线东延工程（辽宁路站—伪皇宫站）正式开工，2016年5月21日，长春轨道交通8号线正式开工。长春轨道交通9号线正式开工。长春轨道交通1号线一期工程开通试运营。公共艺术品主题多样，形式丰富。

- 近年来，长春经济率先在东北地区从低速增长区间回到合理区间，经济增速持续领跑东北四市，经济结构不断优化，被盛誉为"世界工业城市楷模"。轨道交通建设条件也在日益优化。

2018年 长春轨道交通完成3号、2号线一期工程开通试运营。车站公共艺术品种类增多，形式新颖时尚。
8号线一期工程开通试运营。

图4　长春轨道交通发展趋势时间轴

长春轨道交通建设时期

2012年，长春轨道交通4号线全线正式运营。1号线解放大路站全面开工，这是中国东北高寒地区最大规模的地铁暗挖换乘车站。同年2号线正式开工，3号线东延工程（辽宁路站—伪皇宫站）正式开工。2016年5月21日，长春轨道交通8号、9号、1号线一期工程开通试运营。车站公共艺术品主题多样，形式丰富。

长春轨道交通运营时期

2018年，长春轨道交通完成3号、2号线一期工程开通试运营。车站公共艺术品种类增多，形式新颖时尚。8号线一期工程开通试运营。在最近几年当中，长春经济快速回升，产业结构逐步开始优化，同时还带动了周边地区经济的发展，在东北地区经济发展中占有非常关键的地位，成为世界领先的工业城市代表之一。轨道交通建设条件也在日益优化。长春是中国重要的工业基地和综合交通枢纽，运营线路共有5条，共设车站92座、其中换乘站7座，运营里程100.17千米。预计到2023年，其交通网络将全面完成，线路总长将超过340千米以上。艺术品车站的数量、经济结构不断增长，从2012年开始数量与种类逐渐增多。

"长春记忆"——长春1号线

长春1号线设计上采用的是"长春记忆"这一主题，主要是对其城市发展历史的回顾与重温。各个车站都结合地域文化设计了主题文化墙，主题依次定位为"生活记忆、汽车记忆、工业记忆、地铁记忆、城市记忆、童年记忆、青春记忆、绿色记忆、冰雪记忆、生命树、雕刻长春、时尚记忆、光影记忆"等，乘客不但能够享受到便捷的交通网络，感受现代化科技发展的魅力，同时还能体会到城市独特的文化气息与民风民俗。根据这一主题，主要选择的是城市中心发展地区的周围沿线，来对其发展历程进行重塑，让人们能够领域老长春特有的精神风貌与文化特色，共同领略其翻天覆地的变化。而地铁1号线是长春市轨道交通线网中一条贯通南北的轨道交通主干线，北起北环城路，南至红咀子，途经庆丰路、一匡街、南湖大路、繁荣路、卫星广场、南环路、CBD（南部新城中央商务区）等，全部为地下站，一期工程共设15个站点，线路总长18.5千米。线路全长34.6千米。

在铁路空间中所陈列的艺术作品，包罗了国内外 400 多位艺术家的艺术作品，主要是以雕塑的方式来呈现长春这座城市独特的文化风采。通过这一主题形式，向乘客展现出，在地区政府的带领下，长春市实现飞速发展并且正逐步实现国际化发展目标的重要发展趋势，借助雕塑作品，让更多的人感受其东西方文化的交融（图5）。

图5　南环路站公共艺术品"雕刻长春"

自由大路站选择青春记忆作为主题，不仅因为在地理位置上临近多所高校，更因为在当代社会，几乎所有人都有过懵懂的豆蔻年华和身为学子的青春记忆。某种程度上，附近的这些学府也是承载着每一个学子、乃至一个国家和民族的梦想和希望，将最大限度激发欣赏者的共鸣（图6）。主要选择的是长春非常具有特色的城市规划，并且将其取名为长春结。通过不同颜色的玻璃相互交叠，展现出一个具有张力的视觉效果，以独特的发散性图像，象征着地铁的四通八达，也暗喻长春的未来光芒，辐射东北地区，甚至全国。

图6　自由大路站公共艺术品"青春设计"

城市文化空间样本考

"时代脉动"——长春 2 号线

长春 2 号线一期共 19 座站点，按照室内设计、公共艺术、灯光照明、设备设施的一体化设计理念，在尊重城市历史和城市文化、满足地铁功能性的同时，把握好"空间、功能、文化"三者之间的关系，运用多样化的公共艺术品展现了长春城市文化，提升地铁公共空间品质，打造具有当代性、唯一性的公共艺术空间，增强地铁建筑的艺术感。

在整个充满科技氛围和现代感的地铁 2 号线中，各站结合各自的文化特色，以"时代脉动"为主题，着重表现了对长春城市发展愿景的展望。除长春西站外，其余 18 座设置了 19 件公共艺术作品，让乘客在乘坐地铁的同

时也可以欣赏到别样的艺术品。

  如西环成路站以空间一体化的处理手法，凸显金属感、科技感和未来感，呈现出不断前行的中国航天飞船的内部结构。其公共艺术设计以科技创新产业为建设重点，体现了长春作为"中国宇航员的摇篮"，所打造的一个充满想象力的太空舱空间。长春培养了很多优秀的宇航员，其中就包括杨利伟、聂海胜等著名的航天英雄，他们在我国航天事业发展中做出了卓越贡献。因此，将太空舱作为设计的主题，来展现浩渺的星空，让乘客犹如置身于满天星辰中，通过独特的空间设计，使乘客体验到一种科技感与未来感（图7）。

图7 西环站公共艺术作品"太空之旅"

兴隆堡站的"摩登时代",同样从一体化的角度出发,充分运用装配站特有的空间结构和色彩基调,将整个站厅层做成一个女士提包的内部。顶层混凝土设计勾勒出了拉链的形状,贯穿整个站厅层空间,利用横纵的线条增强空间的纵深感。站厅层的艺术设计与站台层主题、风格和色调相呼应,构成了统一的艺术风格。以充满想象力的空间重构,现成品放大的形式,兼顾了公共艺术品的审美价值和实用功能(图8)。

图 8 兴隆堡站公共艺术作品"摩登时代"

城市文化空间样本考

　　建设广场站也是装配站，整体风格，欧式古典，典雅大气。呼应着建设广场周边戏曲、艺术院校众多的区域特点，设计时将西洋乐器的造型进行了夸张变形，与站厅特色相得益彰。作品的结构张力和金属质感带来很强的视觉冲击力，仿佛奏响了长春继往开来的时代交响曲。

　　"春风承运，生生不息"。长春地铁空间的艺术形式与内容丰富多样，浮雕墙、插画、雕塑、文化站墙、艺术灯箱、

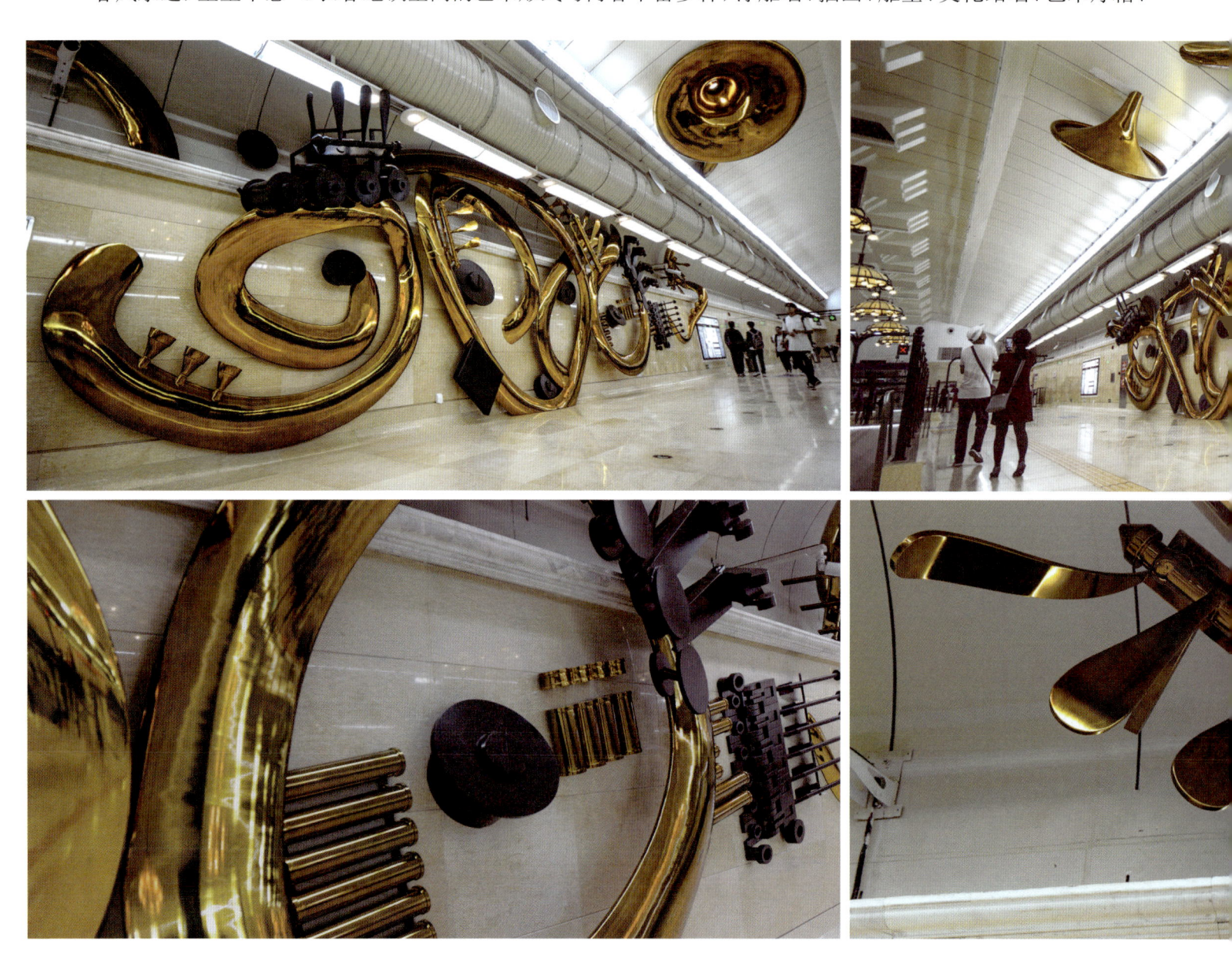

一体化设计空间等二维、三维艺术形式多样，但艺术形式因交通建筑的形式而受限，大部分还是以平面形式为主，重要节点车站做空间类的艺术化处理。18件地铁公共艺术作品共同体现出了时代脉动这一主题，并且用多元的艺术语言展现了长春在新时代语境下砥砺前行的城市风貌以及对美好发展的展望（图9）。

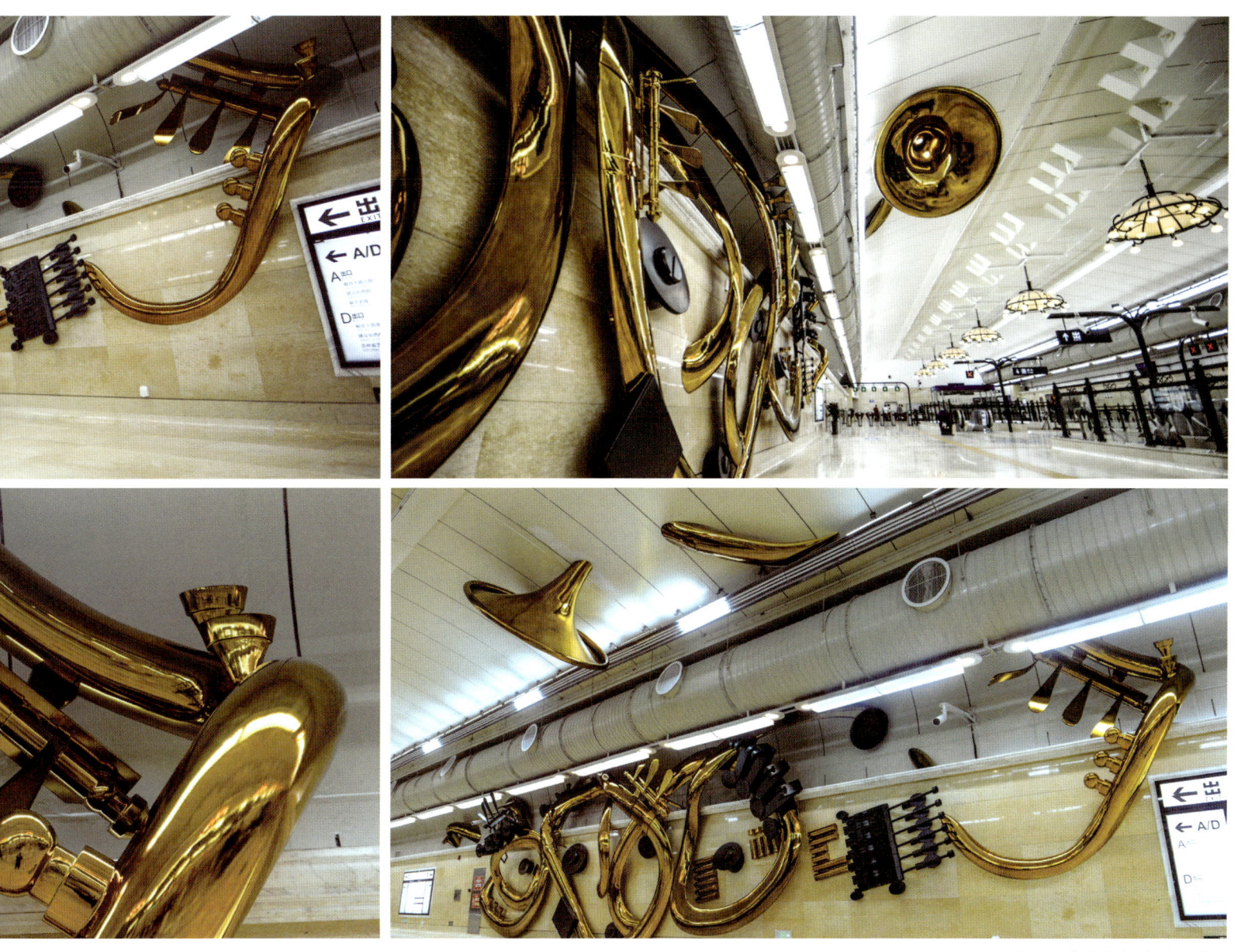

图9 建设广场站艺术作品

城市"文化"空间样本考

长春轨道交通公共艺术发展概况

长春1号线在公共艺术创作中以"长春记忆"为主题，形成了对长春城市发展历程的回溯（图10）。

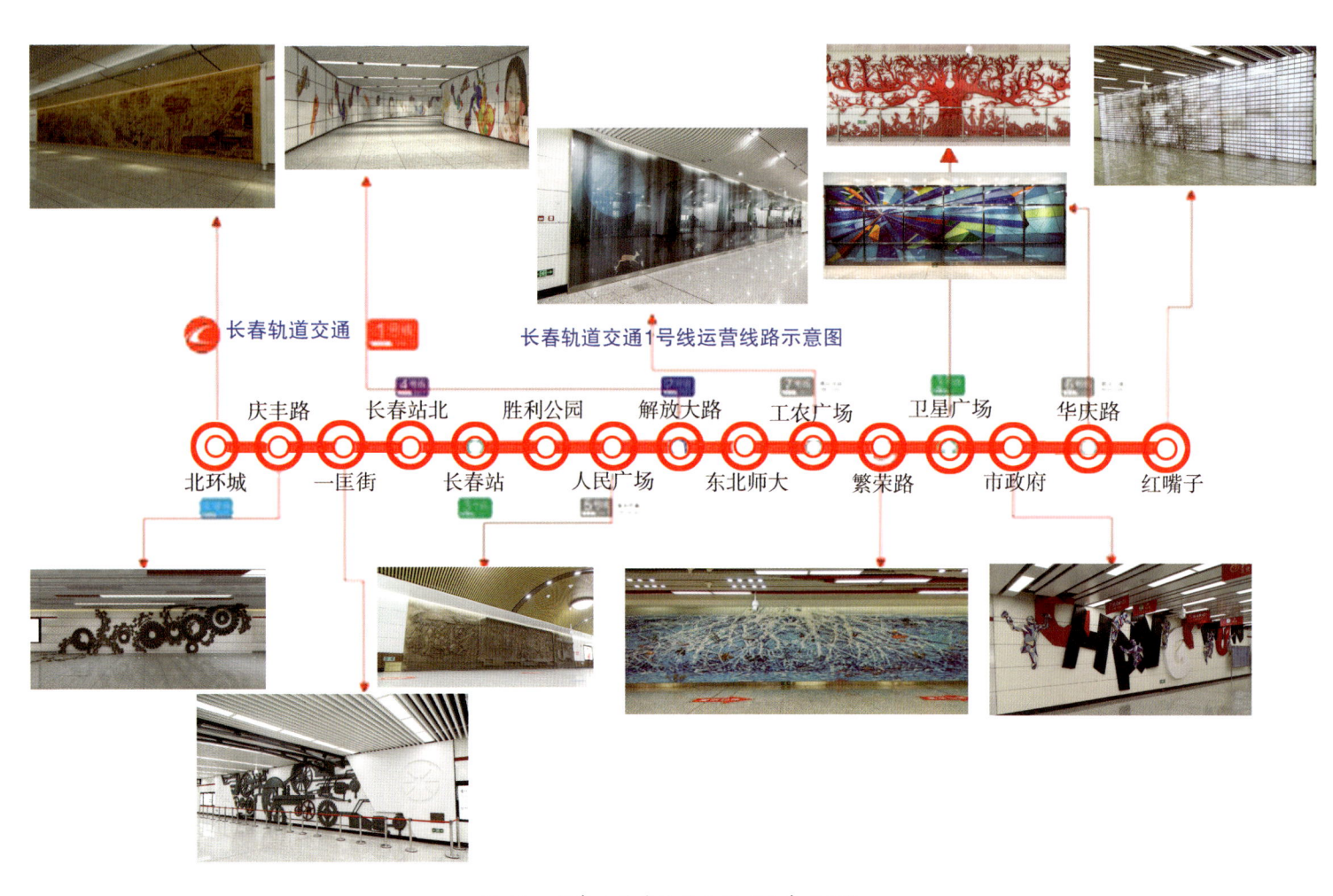

图10　长春1号线地铁主题"长春记忆"

—150—

长春2号线一期共有19座站点，途经多个不同的城市功能区，结合各个城区的特色，以"时代脉动"为主题，着重表现对长春城市发展愿景的展望。除长春西站外，其余18座设置了19件公共艺术作品，让乘客在乘坐地铁的同时也可以欣赏到别样的艺术品（图11）。

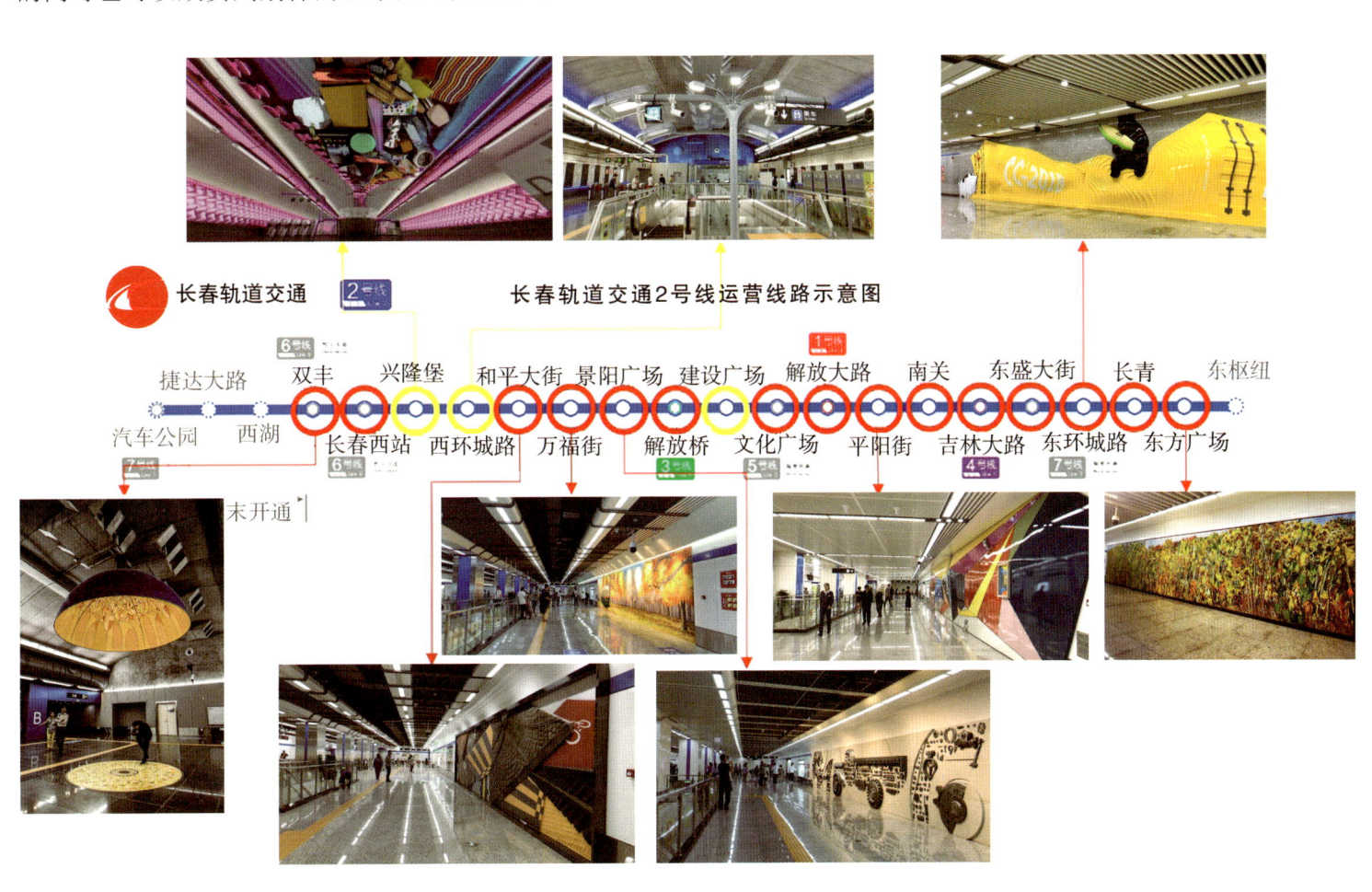

图11 长春2号线地铁主题"时代脉动"

长春作为重要的工业城市，城市发展与艺术的发展密不可分。随着城市经济实力的增强，艺术性的发展，地铁公共艺术的设计也与地上联系紧密，甚至呈现井喷式发展（图12）。

图12　长春轨道交通公共艺术发展与城市发展关系折线图

长春地铁空间艺术形式与内容丰富多样，浮雕墙、插画、雕塑、文化站墙、艺术灯箱、一体化设计空间等二维、三维艺术形式多样，但艺术形式因交通建筑的形式而受限，大部分还是以平面形式为主，重要节点车站做空间类的艺术化处理（图13）。

年代 \ 艺术形式	平面类	空间类
2002—2008		
2008—2012		
2012—2018		
2018 至今		

图 13　长春轨道交通公共艺术类型汇总图

从图 13 中可以看出，长春轨道交通公共艺术发展与城市发展关系密切，大致可以分为三个阶段，2012 年之前的所有线路站点没有公共艺术品，自 2012 年至 2016 年公共艺术品数量比重迅速上升至百分之百，2016 年之后的轨道交通空间公共艺术品稳步在百分之百的占比率。长春轨道交通在文化、空间、艺术三位一体的"一体化"理念下，串连起长春的过去、现在和未来。让市民在出行的同时，不仅体会到地铁交通带给人们的便利，更能通过地铁公共艺术的视觉效果，让乘客无论是从视觉上还是心灵上，都能体会到这座城市的艺术之美。传承长春城市文脉，发扬长春城市精神，地上地下映射互动——地铁公共艺术肩负着长春城市文化建设的重任。

城市文化
空间
样本考

青 岛

青岛轨道交通发展概况

1935年，青岛城市交通规划在中国最早提出建设地铁。1989年编制完成市区线网规划，1991年，国家计委对青岛地铁一期工程批准立项。1994年，青岛市地下铁道公司正式组建。1994年12月，一期工程试验段项目和青岛火车站地铁站点开工建设。2000年，青岛地铁1号线工程试验段竣工验收。2012年8月，国家发展改革委批复了《青岛市城市轨道交通近期建设规划（2009—2016年）》，同意建设青岛市地铁2号线一期工程，线路全长29.7千米，共设车站27座。2013年11月28日，《青岛市城市轨道交通近期建设规划（2013—2018年）》获国家批复，同意建设1号、4号、6号线一期工程3个项目，全长约109.1千米。截至2019年12月，青岛地铁开通运营线路共有4条，共设车站83座，全长171.8千米，在建线路共有6条，预计到2021年，形成8条运营线路、总长332千米的地铁网络（图1）。

线路名称	起点站	终点站	长度（千米）	车站数
2号线	芝泉路站	李村公园站	20.422	18
3号线	青岛站	青岛北站	24.472	22
11号线	苗岭路站	鳌山湾站	57.686	22
13号线	井冈山路站	董家口火车站	66.813	21

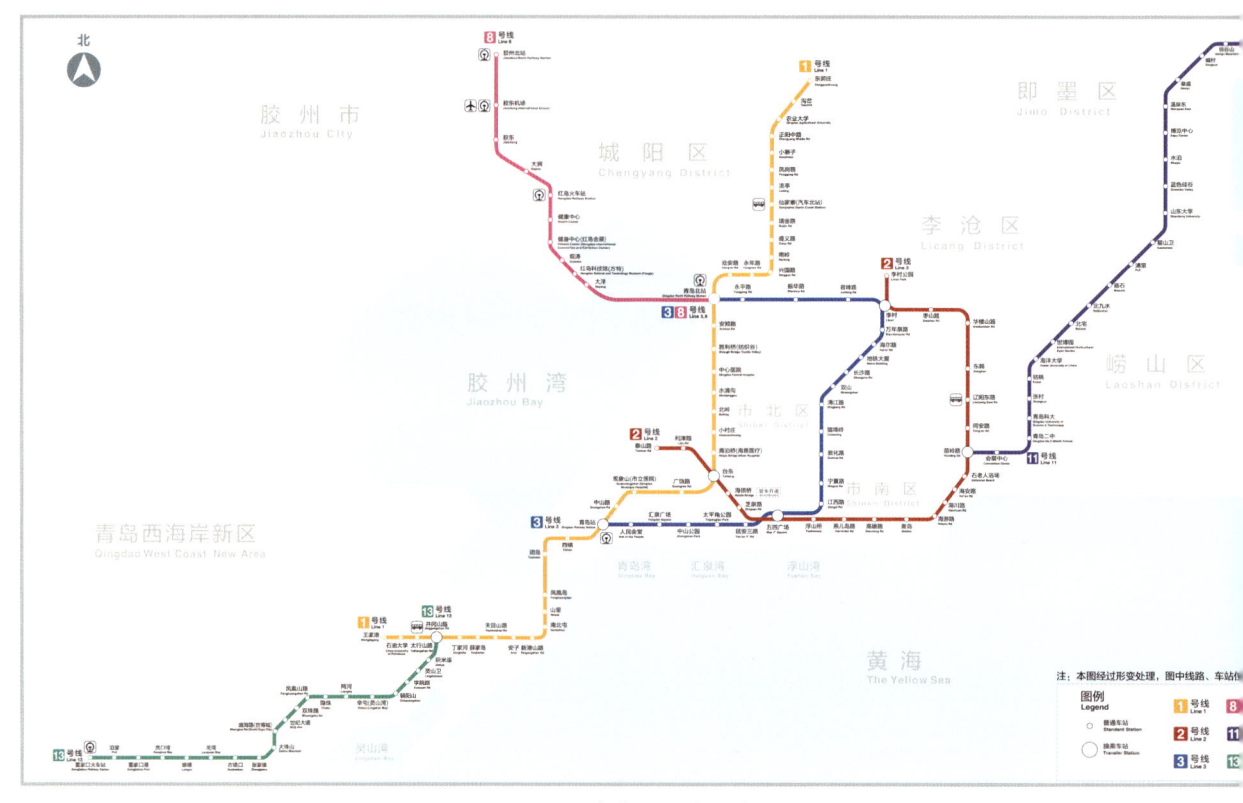

图1 青岛轨道交通线路图

青岛轨道交通发展准备时期

　　1984年5月4日，国务院正式决定，青岛市成为全国14个沿海开放城市之一。1990年以前进入新计划经济和商品经济阶段。青岛轨道交通建设于1987年开始正式规划和可行性研究工作，并于1994年部分开建。随后在次年，国务院办公厅关于暂停审批城市地下快速轨道交通项目的通知，国办发〔1995〕60号。此期间青岛地铁建设因国家政策的改变而停滞。2005年青岛经济发展进入增质期，第三产业占比、研发投入强度、市场化指数等领先全国的程度在逐渐扩大。城市经济的发展带动了轨道交通建设的需求。2009年11月30日，地铁建设再度启动。在此前的10余年时间里仅做规划设计。2013年中央美术学院受青岛地铁集团委托，为青岛地铁全网装修进行了完整的科学的概念性规划工作，这也是全国首次在地铁"零公里"城市实施全网装修概念性规划，为后期地铁建设起到了良好的统筹作用。目前，青岛地铁已建和在建线路都严格执行总网装修概念规划。

　　截至2018年12月，青岛地铁在建线路共有6条。预计到2021年，形成8条运营线路、总长332千米的地铁网络。青岛受制于历史上形成的城市布局和功能定位，南强北弱曾是青岛市区呈现的"旧常态"。地铁开通后带来的流动和交换，极大地促进了区域发展再平衡。得天独厚的地理条件和沿海开放城市的政策促进了轨道交通建设的持续发展(图2)。

城市发展概况　　时间　　地铁发展趋势

- 1984年5月4日，国务院正式决定，青岛市成为全国14个沿海开放城市之一。1990年以前进入新计划经济和商品经济阶段。

- 1995年，国务院办公厅关于暂停审批城市地下快速轨道交通项目的通知，国办发〔1995〕60号。

- 2005年，青岛经济发展进入增质期，第三产业占比、研发投入强度、市场化指数等领先全国的程度在逐渐扩大。城市经济的发展带动了轨道交通建设的需求。

- 2008年北京奥运会和第13届残奥会帆船比赛在青岛举办。

- 2016年"十三五"规划提出，把创新强省作为推动发展的新战略。轨道交通建设成为拉动经济发展的必要条件。
  青岛是"一带一路"新亚欧大陆桥经济走廊主要节点城市和海上合作支点。

1987年 / 1994年 青岛轨道交通建设于1987年开始正式规划和可行性研究工作，并于1994年部分开建。

2009年 后因国家政策的改变而停滞。2009年月11月30日，地铁建设再度启动。此前的10余年时间里仅做规划设计。

2015年 首条线路，青岛地铁3号线于2015年12月16日开始区间试运营，使青岛成为中国内地第22个拥有地铁的城市。

2017年 青岛地铁2号线一期东段于2017年12月10日开通试运营。地铁站空间呈现一体化的设计趋势，公共艺术品设计与空间融为一体，种类丰富，手法现代新颖。

2018年 青岛地铁11号线一期于2018年4月23日开通试运营。13号线于2018年12月26日开通试运营，公共艺术品设计手法成熟，主题多样。

图2　青岛轨道交通发展趋势时间轴

城市文脉的传承——青岛 3 号线

青岛地铁首条线路为 3 号线，于 2015 年 12 月 16 日开始区间试运营，使青岛成为中国内地第 22 个拥有地铁的城市。青岛地铁 3 号线线路全部为地下线；共设置 22 座车站，全部为地下车站。主要体现的是城市文脉发展，发展城市精神以及地上地下相映射的主题，同时还体现了独特的东方文化魅力（图 3、图 4）。

图 3　青岛地铁 3 号线青岛北站

图 4　青岛地铁 3 号线君峰路站

青岛地铁3号线的公共艺术也充分融入了青岛本土的元素,如在青岛站的艺术作品展示中,最显眼的作品是《纹脉》,这个作品主要采取四边镶铜的形式展示。在这个作品中,我们可以看到青岛整体发展的轨迹,同时也能看出青岛的历史文华底蕴,将青岛百年的积淀展现得完美无瑕,其中作品《八大关》,展示在大厅的最中央,主要利用了车站的空间,用艺术语言展现青岛文化,整个作品在色调上也搭配得比较完美,尤其是在人文理念方面以及青岛

图5 青岛地铁3号线青岛站公共艺术

的海滨风情，展现的淋漓尽致，在中山公园有一幅非常重要的作品，名为《青岛，行迹与发现》，展现了青岛市百年来的历史积淀以及文化轨迹，从整体上体现了青岛的魅力（图5）。另外，还有太平角公园中的作品《海洋公园》，也是非常完美的作品，作品展示了整体的青岛海洋文化，并且在作品中能够体现其文字艺术，同时在色调的舒适度上更加强调艺术感，给予人们海洋色彩感（图6）。

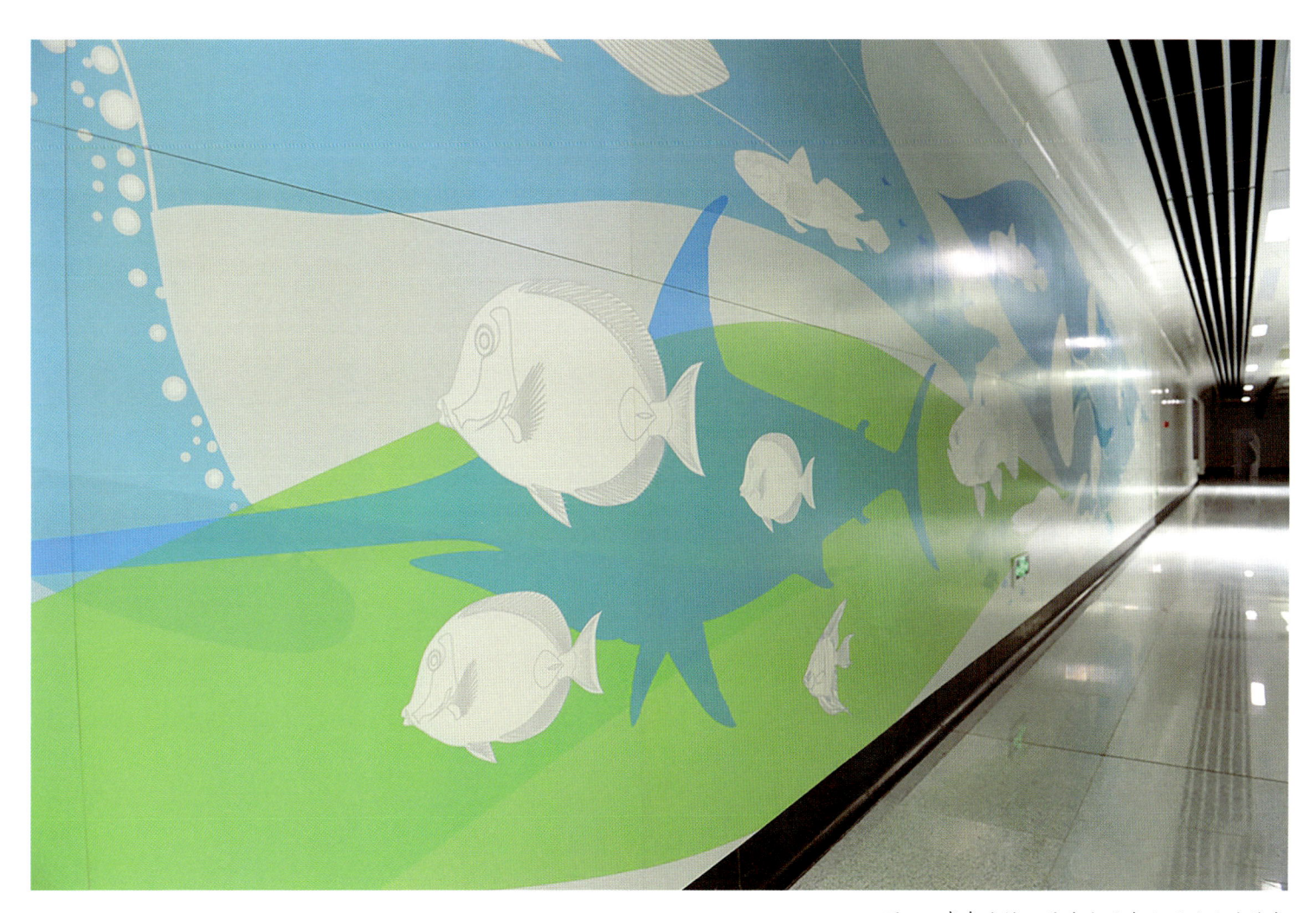

图6　青岛地铁3号线太平角公园站公共艺术

空间与公共艺术品一体化设计——青岛2号线

2016年"十三五"规划提出，把创新强省作为推动发展的新战略，轨道交通建设成为拉动经济发展的必要条件。而作为"一带一路"新亚欧大陆桥经济走廊，青岛此期间地铁开启了新时期的建设。青岛地铁2号线一期东段于2017年12月10日开通试运营，地铁站空间呈现一体化的设计趋势，公共艺术品设计与空间融为一体，种类丰富，手法现代新颖。可以说，2号线通过一体化设计形成了公共艺术空间，让乘客在穿行城市的过程中，感受到城市深厚的文化底蕴。在一体化的总设计原则下，标准站的设计中，凸显空间的舒适感、秩序感。并且使用BIM手段梳理地铁设备管线，天花板局部裸露，融合天花板装饰造型，提高了车站的净高，相较以往，给人更为舒适轻松的乘车体验。2号线用色彩表达区段特点，选取红、黄、蓝为主题色贯穿老城区、新城区、商业区、沿海景区，使用不同色彩装饰，以天花板墙体为载体进行蔓延创造更为丰富公共乘车空间。

重点站设计，东段选取李村站、辽阳东路站、石老人浴场站、海游路站、浮山所站、燕儿岛路站6座车站作为重点站，彰显公共空间一体化设计的特点，更系统化地统筹设计车站装饰装修、公共艺术、导向标识、商业开发、设施设备等。

青岛地铁2号线的重点站打破了公共艺术和装修的界面，艺术激活地铁公共空间，站厅层墙面、梯排、站台三角房等区域设置公共艺术品，艺术品画面与车站装修设计和空间色调共同构成了统一的艺术风格，蓝色的几何色块由画面发散蔓延至天花板、立柱及地面，使空间各界面与墙面壁画形成相互的协调与呼应，给市民更为艺术化的乘车环境。

以海游路站为例，该站的周边分布着很多高校，比如中国海洋大学等，因此具有浓郁的文化氛围，海游路站就是以此为设计主题，彰显了海洋文化和高校文化。该站主要的设计元素呈现出曲线和流动性的特征。从一体化的角度出发，曲线的公共艺术设计贯穿整个空间并与天花板、照明完美结合，在大厅的天花板上，通过曲形方通和铝板的结合，营造出了波涛汹涌的感觉，整个建筑结构似乎在流动（图7）。

城市文化空间样本考／青岛

图7　青岛地铁2号线海游路站

石老人浴场站的公共艺术品《海风》是青岛地铁2号线空间艺术设计一体化设计的重要组成部分，作者以抽象表现的艺术手法，大胆、概括、抽象地运用色彩与材质，并以独特的视觉元素把石老人地区的人文历史传说转化为气势磅礴的画卷，与室内空间设计所呈现的色调与空间构造形成了有机的融合，突显了石老人站的艺术特色，使之与石老人地区的自然与人文景观联系在一起（图8）。

城市文化空间样本考／青 岛

图 8　青岛地铁 2 号线石老人浴场站

图9 青岛地铁 2 号线燕儿岛站艺术作品《燕岛秋潮帆影拍岸》

燕儿岛站的室内公共艺术作品《燕岛秋潮帆影拍岸》由六幅大型釉下彩瓷板壁画组成。艺术作品与室内设计及空间色调构成统一的艺术风格，蓝色的几何色块由画面发散蔓延至天花板、立柱及地面，使空间各界面与墙面壁画形成相互的协调与呼应（图9）。

城市 文化 空间 样本考

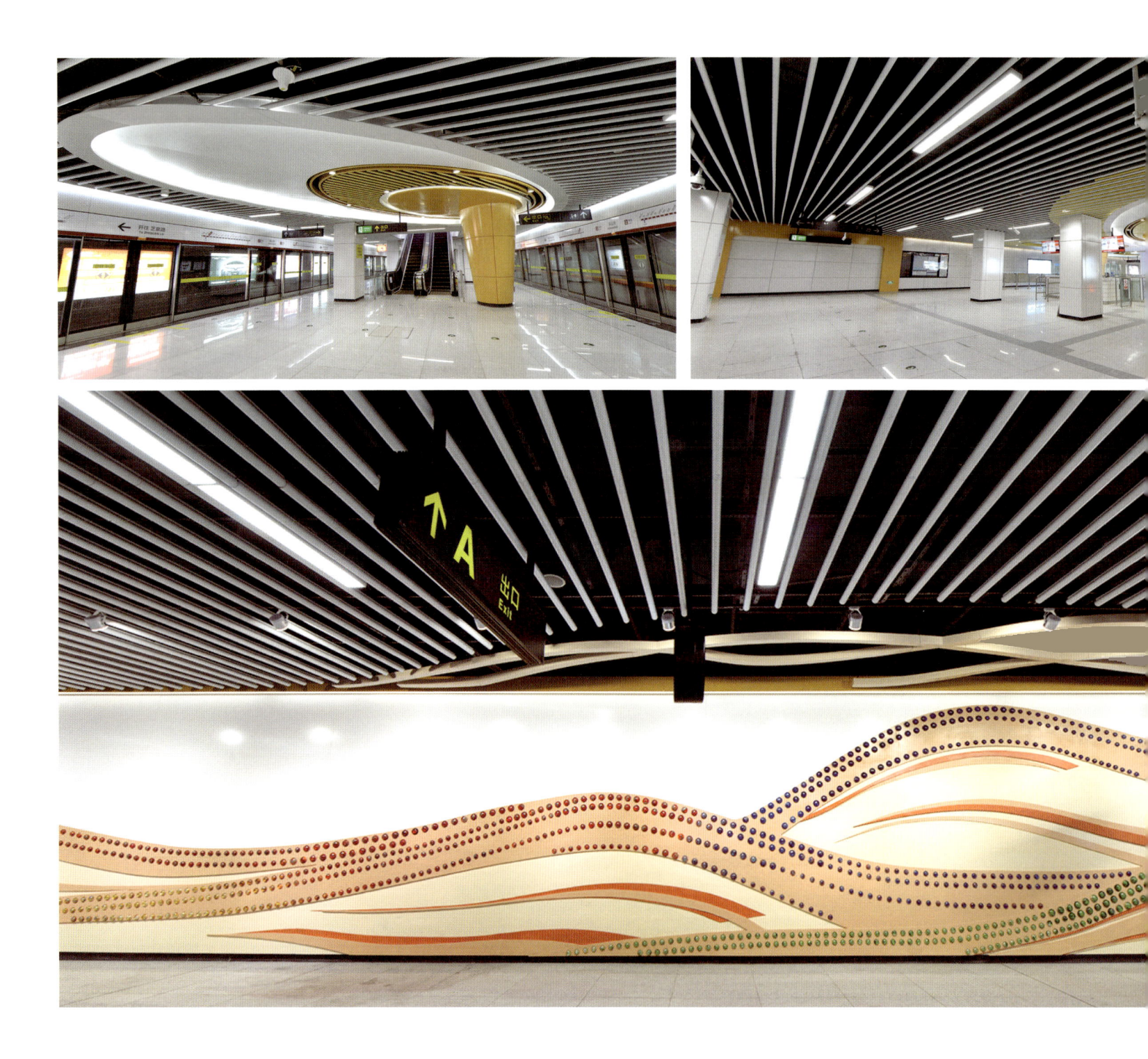

浮山所站位于沿海区域，是青岛高端商业综合体的聚集地。本站将"时尚"与"商业"作为此站的文化主题。提取各种富有韵律动感的元素，层层叠加，表现青岛浮山所站的商业繁华和现代时尚的气息（图10）。

图10 青岛地铁2号线浮山所站

辽阳东路站作为青岛东部新城发展区的主要交通枢纽之一，承担了重要的客流中转功能。所以在设计中将此站结合其交通枢纽的属性，提取海面旋涡的自然形态。将"汇聚"与"旋转"的设计理念植入进去，体现出辽阳东路站功能的中心地位（图11）。

城市文化空间样本考／青岛

图 11　青岛地铁 2 号线辽阳东路站

"一站一景"的绿色设计——青岛11号、13号线

青岛地铁11号线一期于2018年4月23日开通试运营，13号线于2018年12月26日开通试运营。公共艺术品设计手法成熟，主题多样。青岛地铁11号线呈现出了较高的设计品质，将景色与站厅设计融合在一起，其中北九水站，一共五层，游客在地铁上就可以看到崂山的绝美风光。

而地铁13号线建设则坚持创新绿色的创新理念，高标准规划建设，充分发掘西海岸新区丰厚的文化底蕴，每一站的公共艺术品都能看到当地的文化基因。尤其是高架站的外型设计，灵感取自古琅琊的航海文化，同时又赋予新时代的内涵——古港新航，全线有五个车站采用清水混凝土设计，免于装修，节省大量建筑材料，体现了绿色建设的理念（图12、图13）。

图12 青岛地铁13号线灵山卫站的清水混凝土试点

图13 青岛地铁13号线贡口湾站的高架清水混凝土试点

井冈山路站以雨滴的形态为设计元素，站厅采用黑白灰为主要配色，通过明显的对比关系，增强了整个站厅的视觉层次感（图14）。4月大珠山的杜鹃花开得漫山遍野，蔚为壮观，珠山秀谷里涌起花海人潮。大珠山站以"花"为设计元素进行艺术化处理，加上浓郁的色彩、冷暖的色调变化，使整体空间更具层次感，给人以清新秀丽、气象万千之感（图15）。

图14　青岛地铁13号线井冈山路站

图15　青岛地铁13号线大珠山站的"杜鹃花"设计

青岛轨道交通公共艺术发展概况

2号线：一期工程共设置车站 22 座，全部为地下站。截至 2017 年 11 月，开通区段为一期东段（李村公园站—芝泉路站），共计 18 站（图 16）。

3号线：截至 2016 年 12 月，青岛地铁 3 号线路全部为地下线；共设置 22 座车站，全部为地下车站。以"传

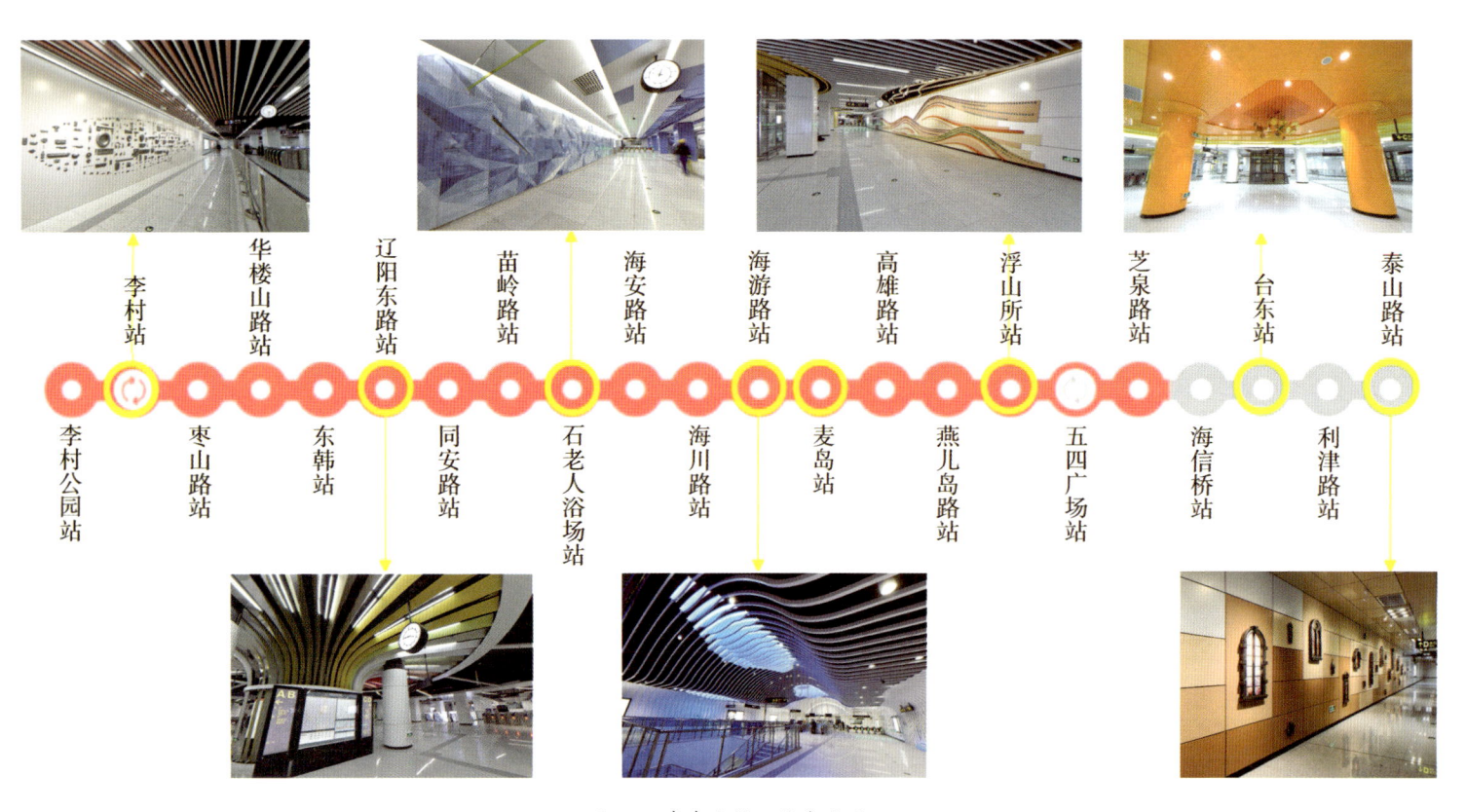

李村公园站　李村站　枣山路站　华楼山路站　东韩站　辽阳东路站　同安路站　苗岭路站　石老人浴场站　海安路站　海川路站　海游路站　麦岛站　高雄路站　燕儿岛路站　浮山所站　五四广场站　芝泉路站　海信桥站　台东站　利津路站　泰山路站

图 16　青岛地铁 2 号线路图

承青岛城市文脉，发扬青岛城市精神，地上地下映射互动"作为青岛地铁公共艺术创作主旨，以"海岸节拍"作为3号线公共艺术品设计主题，用兼容并蓄的东方文化和欢畅旖旎的海洋文化将各站点进行文化归类，提出了3号线艺术品创作设计意向（图17）。

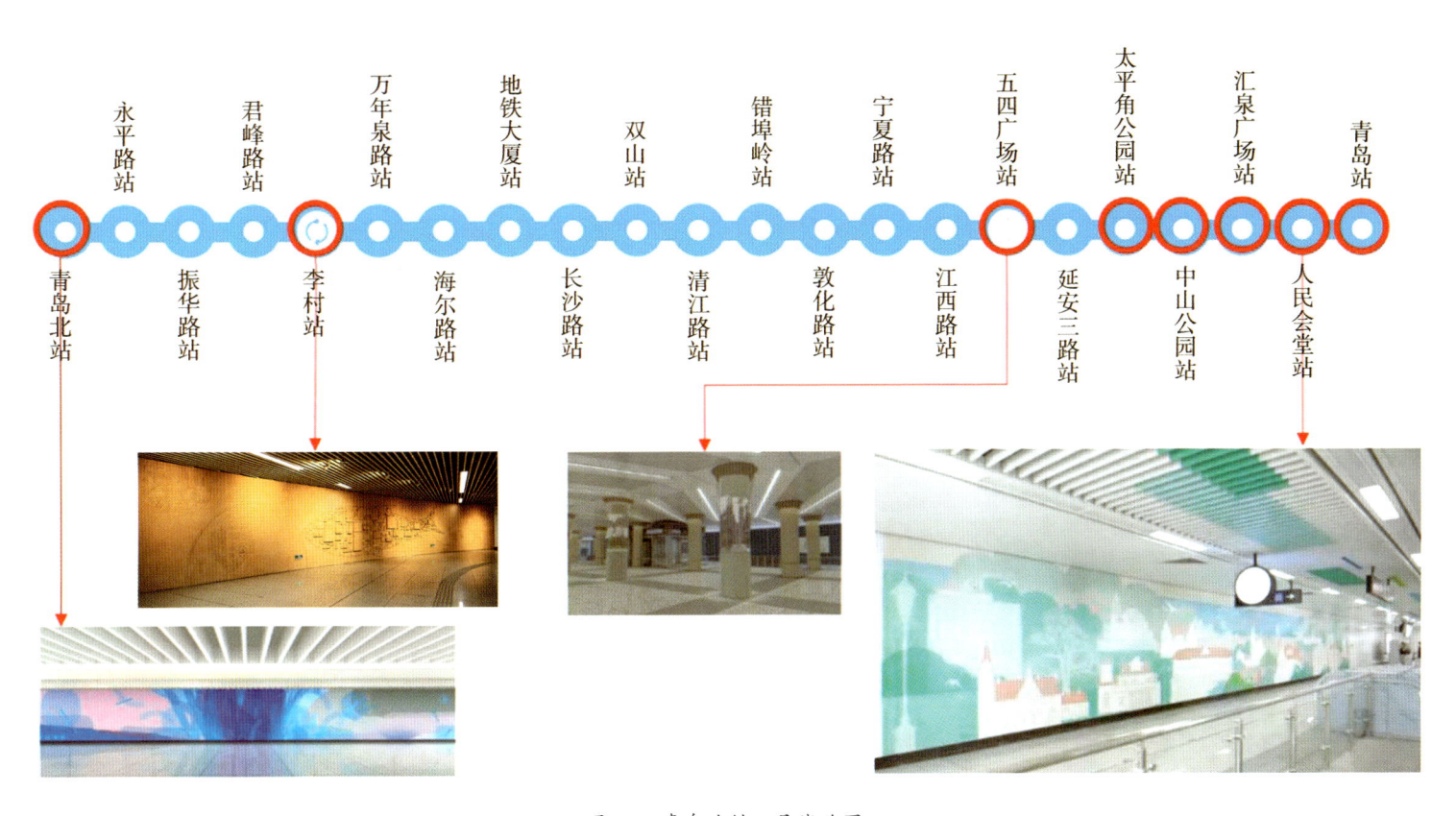

图17　青岛地铁3号线路图

13号线：截至2019年1月，青岛地铁13号线共设置车站23座，其中地下站9站，高架站14站（图18）。

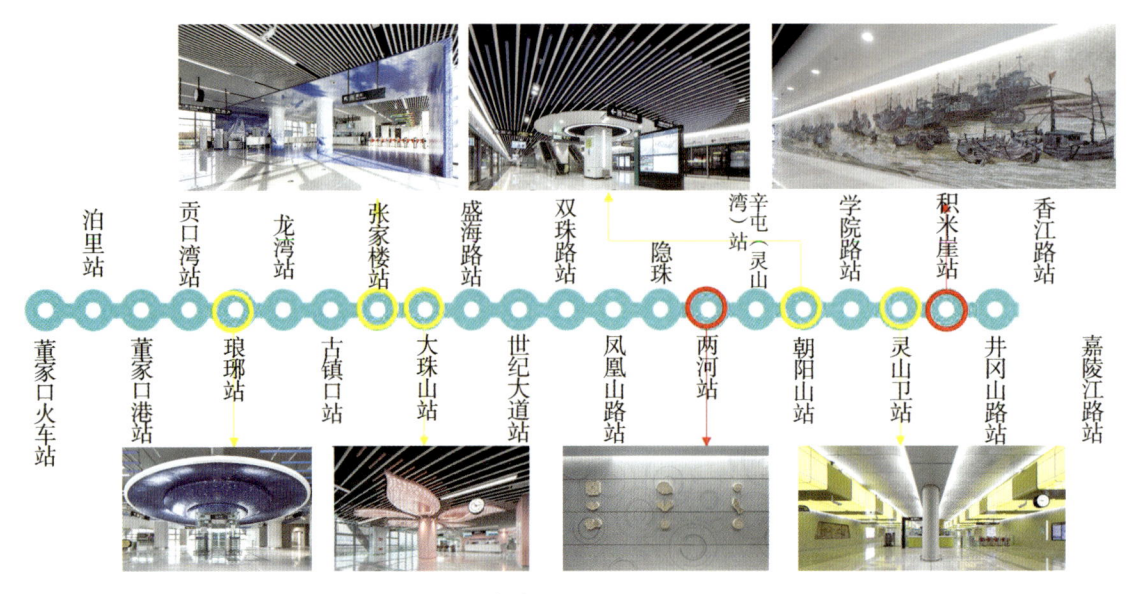

图18　青岛地铁13号线路图

青岛作为沿海开放城市，政策影响下的城市发展与地铁公共艺术的发展密不可分。随着城市经济实力的增强，地铁公共艺术的设计也与地上联系紧密，共同发展（图19）。

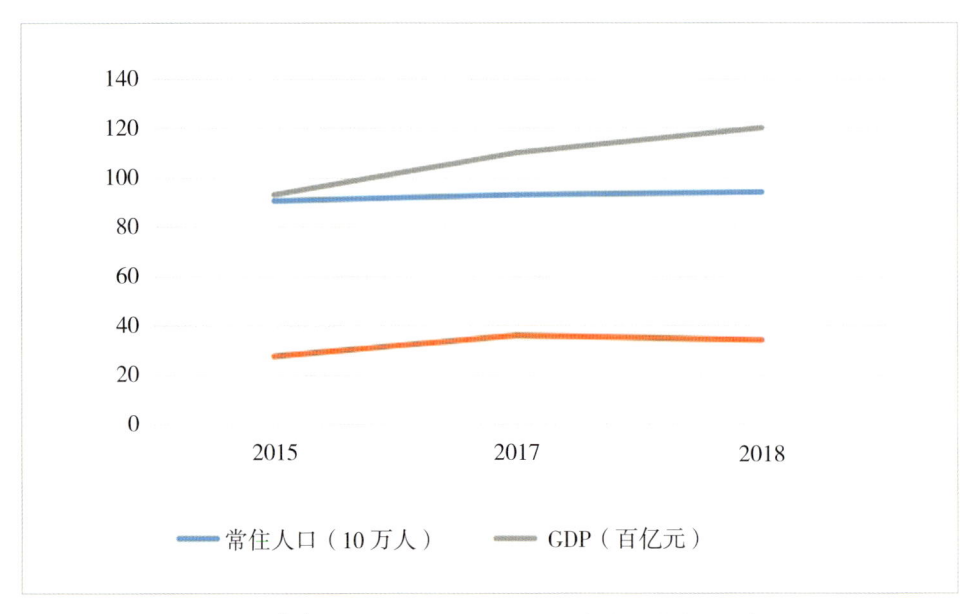

图19　青岛轨道交通公共艺术发展与城市发展关系折线图

从公共艺术方面的整体发展趋势来看，青岛地铁空间的艺术形式与内容丰富多样，浮雕墙、插画、雕塑、文化站墙、艺术灯箱、一体化设计空间等二维、三维艺术形式多样，但艺术形式因交通建筑的形式而受限，大部分还是以平面形式为主，重要节点车站做空间类的艺术化处理（图20）。

年代 \ 艺术形式	平面类	空间类
1997—2010		
2011—2018		

图20　青岛轨道交通公共艺术形式

综上分析，青岛地铁在国内首次使用一体化招标方式，将装修设计、公共艺术品、方案设计及BIM系统集成统一招标，方便管理，同时设计团队在制订方案阶段便于沟通对接，从而形成完整统一的空间设计风格。青岛地铁进行了一次将装饰设计、导向设计、商业广告、公共艺术创作融入同一体系，整体考虑规划，相互关联融合的城市地铁公共空间一体化设计尝试和探索，极具前瞻性的真正实现城市地铁公共空间装饰设计、导向设计、商业广告与公共艺术创作的"四位一体"，强调实用功能，实现视觉统一，更好地体现青岛城市文化特色，以此开创中国城市地下轨道交通公共空间设计创新的全新纪元。

城市文化
空间
样本考

西安

西安轨道交通发展概况

西安地铁是指服务于中国陕西省西安市的城市轨道交通，其第一条线路于2011年9月16日开通试运营，使西安成为中国西北地区第一个开通地铁的城市。截至2020年3月，西安地铁在建线路共有12条，分别为1号线三期、5号线一期、5号线二期、6号线一期、6号线二期、9号线（临潼线）一期、8号线、2号线二期、10号线一期、14号线、16号线一期。预计到2025年，形成12条线路运营、总长423千米的轨道网（图1）。

西安是西北地区首座拥有地铁运营线路的城市，同时也成为中国大陆第十个拥有地铁运营线路的城市。西安作为世界四大古都之一，具有深厚的历史文化底蕴，在西部大开发和"一带一路"建设的发展下经济不断发展，旅游人口数量逐年增多，带动着轨道交通的建设与发展，以深厚的文化底蕴不断丰富地铁公共艺术品的内涵与主题，打造具有西安特色的轨道交通文化。

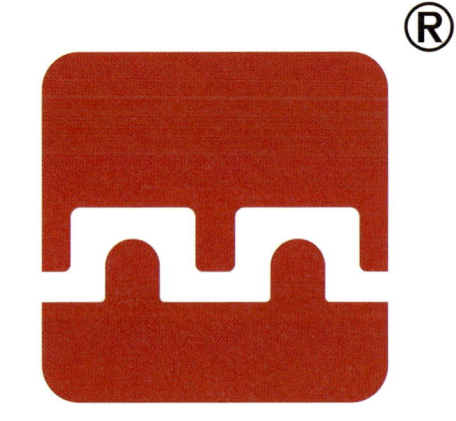

线路	两端终点站	车站数
1号线	后卫寨—纺织城	19站
2号线	北客站—韦曲南	21站
3号线	鱼化寨—保税区	26站
4号线	航天新城—北客站（北广场）	28站

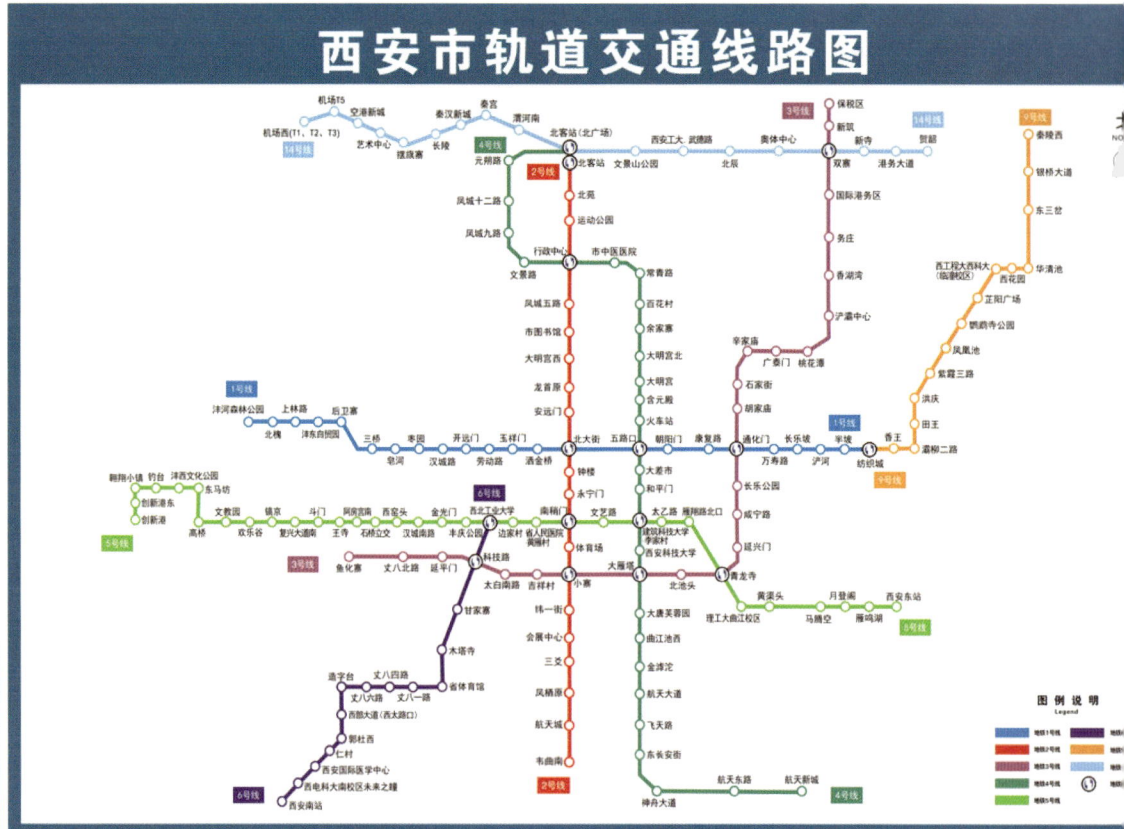

图1 西安轨道交通线路图

西安轨道交通特征

西安地铁是全国唯一的每一座车站都有独立车站标识的城市轨道交通系统，所有车站标识都采用颜体书法书写。每站的logo结合各车站特色采用"城墙章"式的矩形图案设计，安排在车站立柱、屏蔽门盖板、导向牌等车站显著位置（图2）。矩形"城墙章"图案配合颜体楷书字的站名出现，方便乘客识别具体车站，打造传统文化与流行文化结合的新型轨道交通视觉表现形式，呈现出具有标志性的视觉体验。

西安地铁内部的天花板设计都采用中国传统的宫灯形式，在力求通风、照明等现代需求的同时，营造出浓浓的中国风味。除此之外，每座车站均设置大量浮雕、文化墙等，有金属工艺、现代工艺、陶瓷、花岗岩等材质，均采用一句成语做主题，多与地铁站所处的区域有关。

图2　西安地铁1号线、2号线和3号线车站标识

西安轨道交通发展趋势

西安地铁的起步可以追溯到 20 世纪 70 年代，当时西安市政府打算效仿北京地铁，将西安城墙拆除，以墙址所留的壕沟建设西安地铁 1 号线，后来随着城市发展理念和文物保护观念的进步而止步。2006 年西安地铁首条线路——西安地铁 2 号线（北客站至会展中心段）开工建设。地铁 1 号线（试验段金花路站） 2008 年开工建设。2012 年地铁 3 号线一期工程全面开工，4 号线开工。2 号线工程荣获 2014 年度"FIDIC 全球杰出工程"大奖，是全球第一个获该奖的地铁工程。2016 年，地铁 1 号线二期工程开工，5 号线一期工程开工建设，6 号线一期工程开工建设，5 号线二期工程开工建设，9 号线（临潼线）正式开工。2018 年，地铁 4 号线开通试运营。近年来，公共艺术站点艺术形式多样且丰富（图 3）。

城市发展概况	时间	地铁发展趋势
· 西安是国家历史文化名城，有周、秦、汉、隋、唐等 13 个朝代在此建都，是世界四大古都之一。曾经作为中国首都和政治、经济、文化中心长达 1100 多年。	1970 年	西安地铁的起步可以追溯到 20 世纪 70 年代。当时西安市政府打算效仿北京地铁，将西安城墙拆除，以墙址所留的壕沟建设西安地铁 1 号线。后随着城市发展理念和文物保护观念的进步而止步。
· 2001 年 3 月，第九届全国人大第四次会议，对实施西部大开发战略再次进行了具体部署，促进了西安轨道交通的建设与发展。	2006 年	2006 年西安地铁首条线路——西安地铁 2 号线（北客站至会展中心段）开工建设。
	2008 年	西安地铁 1 号线（试验段金花路站）开工地铁 4 号线开工。
	2011 年	西安地铁 2 号线通车试运营。2012 年 3 号线一期工程全部开工。西安地铁 4 号线开工。
	2014 年	西安地铁 2 号线工程荣获 2014 年度"FIDIC 全球杰出工程"大奖，是全球第一个获该奖的地铁工程。
	2015 年	
· 2016 年"十三五"规划提出，把创新强省作为推动发展的新战略，赋予西安最大的政策红利和发展机遇。同时西安正以创新驱动经济转型发展，不断激发创新创业活力，打造"一带一路"创新之都。轨道交通建设成为拉动西安经济发展的必要条件。	2016 年	西安地铁 1 号线二期工程开工。5 号线一期工程开工建设。西安地铁 6 号线一期工程正式开工建设。6 号线二期工程正式开工建设。西安地铁 9 号线（运营线）正式开工。
· 2018 年 2 月，国家发展和改革委员会，住房和城乡建设部支持西安建设国家中心城市，国际综合性交通枢纽。建成具有历史文化特色的国际化大都市，丰富了轨道交通建设的文化与历史底蕴。	2018 年	西安地铁 4 号线开通试运营。近年来，公共艺术站点艺术形式多样且丰富。

图 3　西安轨道交通发展趋势调研时间轴

西安地铁1号线公共艺术发展概况

西安地铁1号线一期工程的运行线路为西安城市东西向的交通干道，是西安市区西接咸阳、东连临潼的主动脉，其中以文化墙作为隐形线索连接着各个站点。文化墙的设计历时15个月，将地上景观与地下壁画结合起来，地铁站名和历史故事合二为一，历史文化与时尚元素融为一体，打造出了令人耳目一新、过目难忘的壁画地铁艺术殿堂。

西安地铁1号线公共艺术设计的主题，主要取材于西安包括三秦地区的文化民俗特色，基本的分类是从历史文化、民风民俗、自然风光、城市特色、革命岁月、绿色生态、健康生活、经济发展成就、社会建设成果、对美好未来的憧憬和愿望等多个方面展开创作的（图4）。

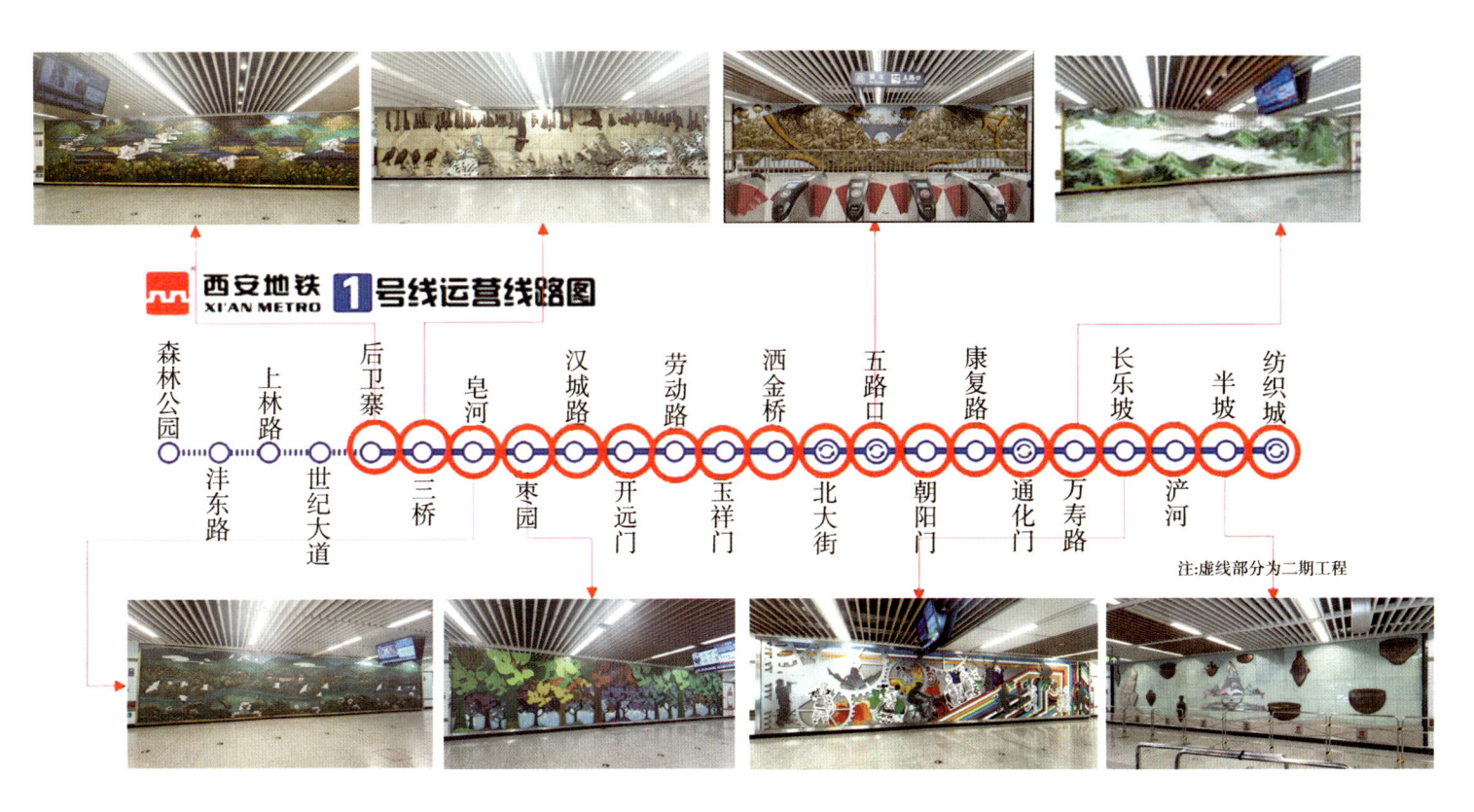

图4　西安地铁1号线运营线路图

19个车站都设立了反映站点所在位置自然地理因素和历史文化遗迹的大型人文景观墙。其中四座车站特色突出，分别是：三桥站、枣园站、开远门站、后卫寨站。

三桥站，位于三桥镇三桥路与武警路十字路口，三桥镇号称"西北第一镇"，历史悠久，是内地通往大西北的重要门户。设计主题：三桥远在秦汉时期，就是京畿之地，到盛唐时代，成为长安通往西域各国的关隘，明、清两代则是长安八大镇之一，故素有西安的西大门之称。三桥是汉代"丝绸之路"的起点，是唐代"丝绸之路"的通道。本站公共艺术主题围绕丝绸之路徐徐展开，唯美巧妙地呈现出丝绸之路的故事开端（图5）。

图5　西安地铁1号线三桥站"丝绸之路"壁画

城市文化空间样本考／西 安

—185—

枣园站，位于枣园东路与枣园北路交叉口。设计主题：充分表现汉代的科技成就，东汉蔡伦改进造纸术，张衡预报地震的候风地动仪；二十四节气订入历法的《太初历》；医圣张仲景《伤寒论》；公元前1世纪的《周髀算经》及东汉初年的《九章算术》（图6）。

图 6 西安地铁 1 号线枣园站

城市"文化"空间群本考

　　开远门站，位于西安西郊沣惠北路与大庆路交汇处。开远门今只剩遗址，位于西安西郊。设计主题：该站公共设计以张骞出使西域为主题。"丝绸之路"群雕位于陕西西安市区西部大庆路与枣园东路三岔口，城西客运站向东一站路，此站地面上的地理位置临近"丝绸之路"群雕（图7）。

图7 西安地铁1号线开远门站"丝绸之路"群雕

城市文化空间样本考／西 安

后卫寨站，位于西安市未央区三桥路西段，属于西咸新区沣东新城。后卫寨在古代是驿站，现位于西咸新区，故其文化墙命名为"古都新区"。文化墙展示的是一幅古代的画卷，以古铜打底融入绿色为主的多种现代色釉，展现出多层次的文化肌理跨时空的融合（图8）。

城市文化空间样本考／西安

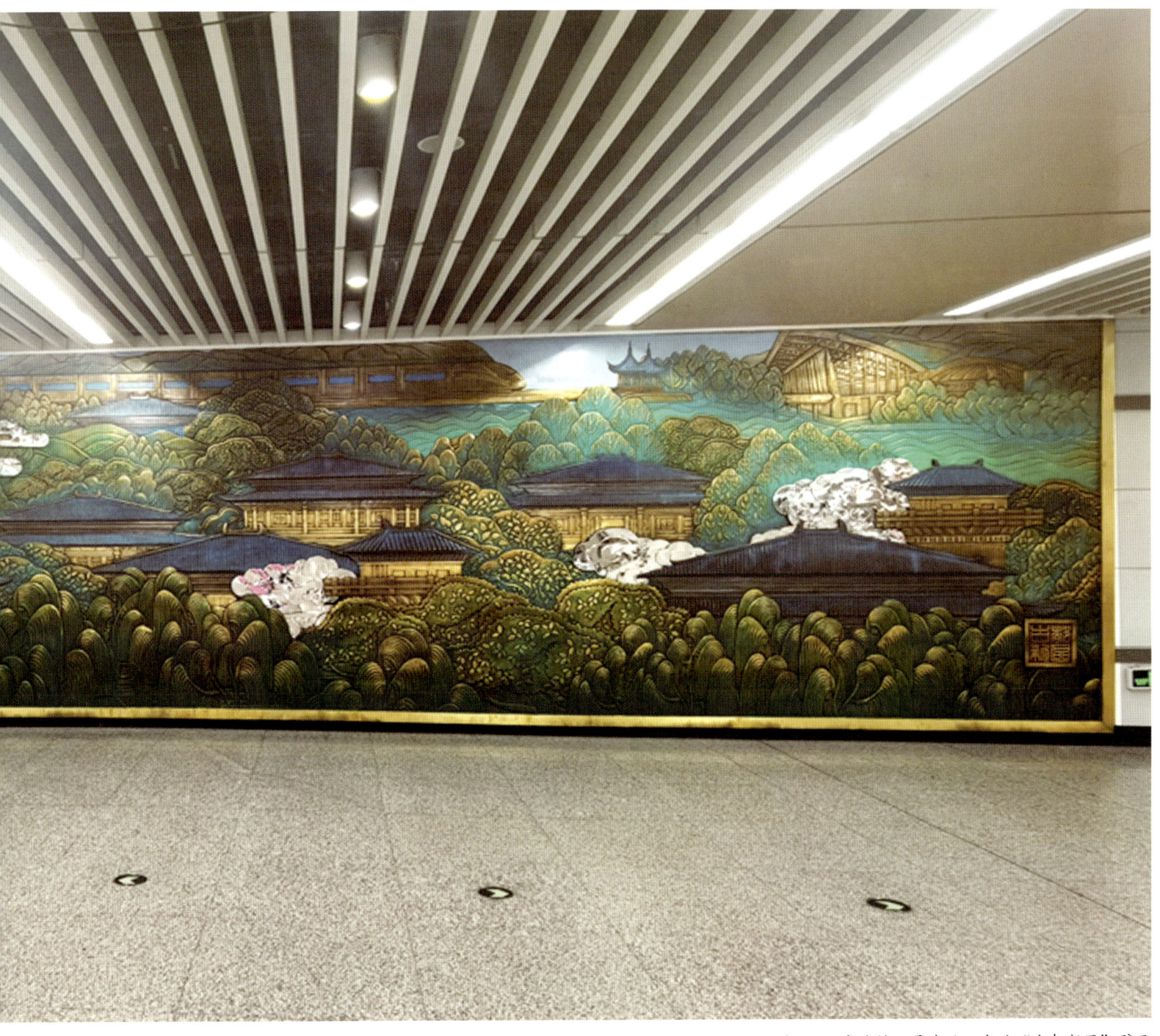

图 8　西安地铁 1 号线后卫寨站"古都新区"壁画

西安地铁 2 号线公共艺术发展概况

西安地铁 2 号线呈南北走向，北起未央区北客站，途经莲湖区、新城区、碑林区、雁塔区，南至长安区韦曲南站，是贯穿西安市区南北中轴线的核心线路。

截至 2019 年 1 月，西安地铁 2 号线全长 26.3 千米，全部为地下线，共设 21 座车站。

西安地铁 2 号线的 21 座车站均设有文化墙，每座车站均有一面以上的主文化墙和两面以上的副文化墙。其中最有特色的是永宁门站的文化墙，采用了鎏金工艺，使整座车站彰显出精美绝伦的艺术风貌。车站内的文化墙涵盖了人文西安、科技西安、生态西安、活力西安、和谐西安五大主题思想（图9）。

图 9　西安地铁 2 号线行政中心站鎏金文化墙

2号线车站设计也充分考虑与文化名城的氛围相搭配的因素，借鉴莫斯科地铁的艺术气息与广州、南京、香港等城市轨道交通的现代化工艺，打造独特的艺术景观。2号线共设21座车站，全部为地下公共艺术车站（图10）。

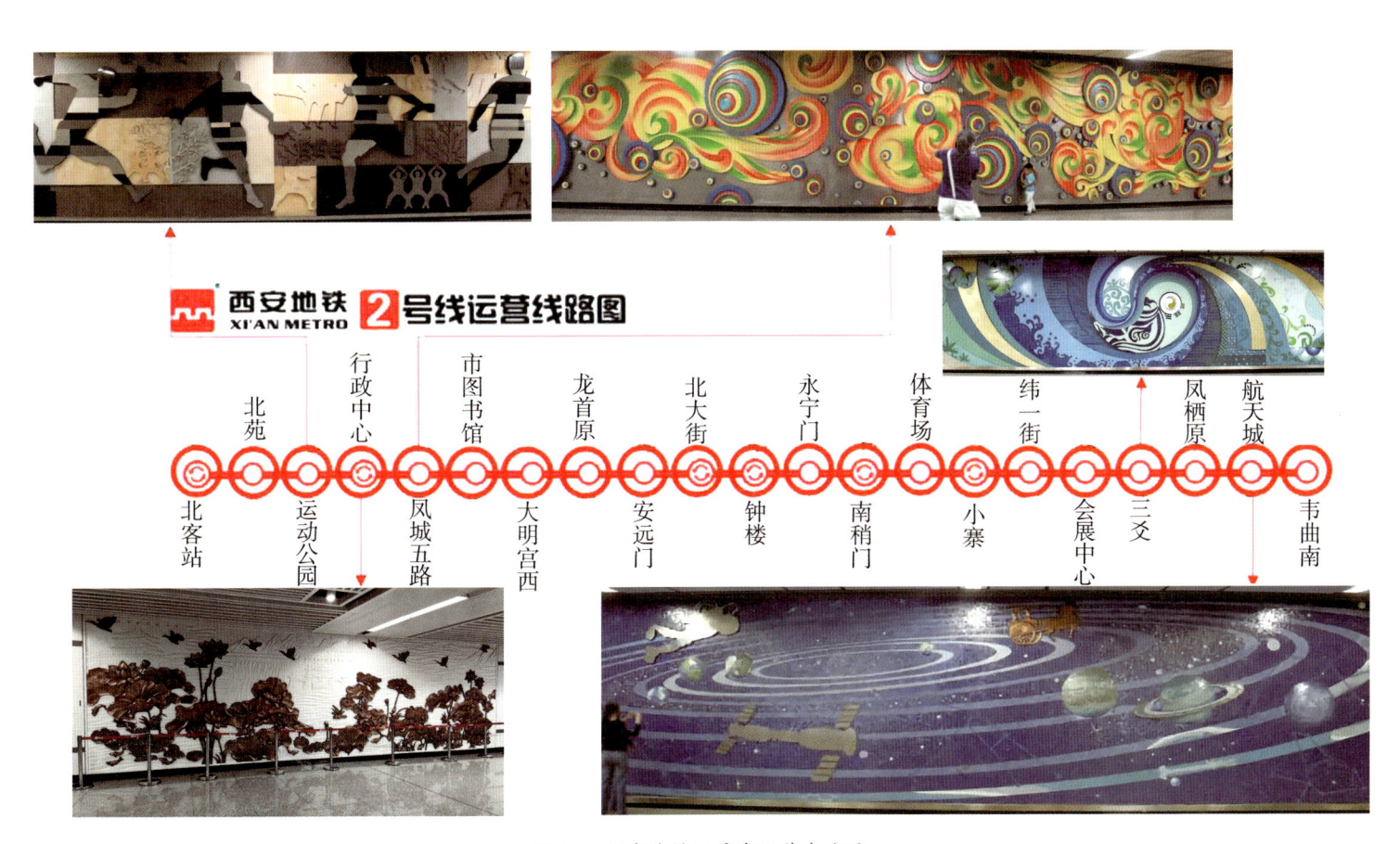

图10　西安地铁2号线运营线路图

西安地铁 3 号线公共艺术发展概况

西安地铁 3 号线呈半环形走向，东北起自灞桥区保税区站，途经未央区、新城区、碑林区，西南至雁塔区鱼化寨站，联通了西安国际港务区、西安高新技术产业开发区，是西安市轨道交通线网规划的骨架线路。截至 2019 年 1 月，西安地铁 3 号线全长 39.15 千米，其中地下 27.13 千米，地上高架线 11.57 千米，共设 26 座车站。

西安地铁 3 号线站点设计突出"文化元素"，车站文化墙以丝绸之路为设计思路，展现了丝绸之路沿线各国家、民族的文化特点、建筑风格等特点，彰显了西安丝绸之路新起点的风采。同时，深入演绎西安的历史文化，提升城市品质；并对地下交通环境、地域文化、公共艺术本体以及创作机制四个方面进行创新设计，满足社会对于公共艺术作品的需求，拉开西安地铁文化全面发展的序幕。

西安地铁 3 号线共设 26 座车站，其中地下站 19 座、高架站 7 座，整个线路以大雁塔为文化中心向四周辐射，凸显汉唐时期丝绸之路带来的经济贸易、文化交流的成果。3 号线的景观艺术墙设计以"再一次，中国与世界相通"为题，自东向西集中表现新丝路之旅（图 11）。

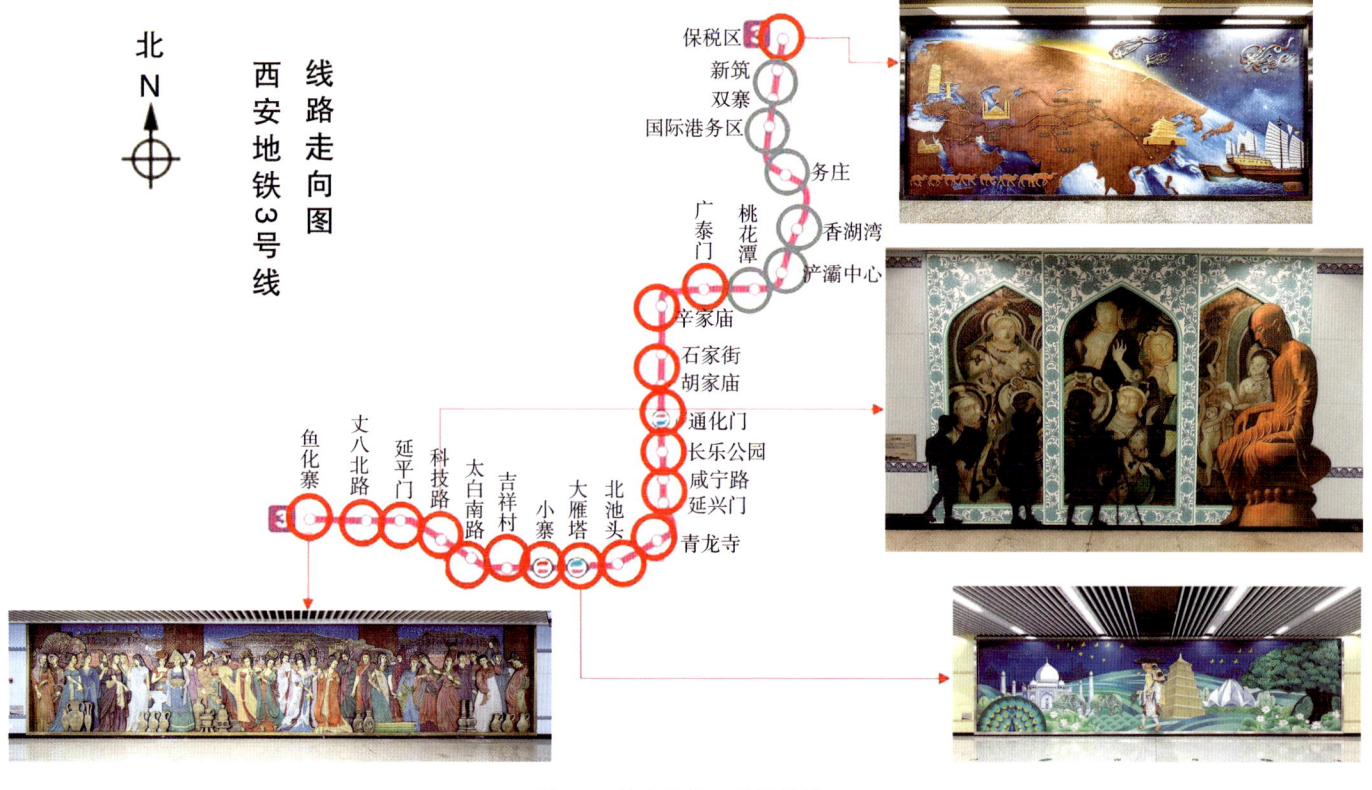

图 11　西安地铁 3 号线路图

西安地铁 4 号线公共艺术发展概况

西安地铁 4 号线北起未央区北客站站，途经新城区、碑林区、雁塔区，终点止于长安区航天新城站，联通了西安国家民用航天产业基地、曲江新区及西安经济技术开发区等新区，是西安市轨道交通中的一条骨干线路。截至 2019 年 9 月，西安地铁 4 号线全长 35.2 千米，全部为地下线，共设 29 座车站。

地铁 4 号线全线装修风格以"丝路长安"为主题，突破既有线路的传统装饰风格，采用带形连廊的建筑表现手法，将天、地、墙融合为一体化设计。北段线路装修风格以现代装饰手法展现新时代城市风貌，体现出继承与发扬的城市建设理念；中段重点展示悠久的盛唐历史文化，展现西安璀璨多姿、无与伦比的中华文化底蕴；南段装修风格及色彩以突显新中国航天产业科技的发展为主（图 12）。

图 12　西安地铁 4 号线文化墙"丝路长安"

截至 2019 年 1 月，西安地铁 4 号线全部为地下线，共设 29 座车站，全部为地下车站。西安作为世界四大古都之一，城市发展与艺术的发展密不可分。随着城市经济实力的增强，艺术性的发展，地铁公共艺术的设计也与地上联系紧密，总体趋势较为平稳（图 13）。

图 13　西安地铁 4 号线路图

西安地铁机场城际线

　　西安机场城际铁路南起西安市未央区北客站（北广场）站，北至咸阳市空港新城机场西（T1、T2、T3）站，是连接西安主城区、西安北站、西咸新区、西安咸阳国际机场的重要交通线路。截至2019年9月，西安机场城际铁路全长29.31千米，共设10座车站。

　　西咸机场城际铁路确定了高架车站外装以秦汉"武士铠甲"为元素的设计方案，按照"一线一景"的设计原则，屋面采用甲片编织造型，在营造现代化及活力形象的同时，塑造出强烈的地方文化特色。车站内以"城市之窗"作为设计主题，采用打孔铝板的组合，塑造出现代、简约、明亮的车站空间设计风格，确保与外装形式和风格上达到协调统一，展现出大西安现代化、国际化的城市形象（图14）。

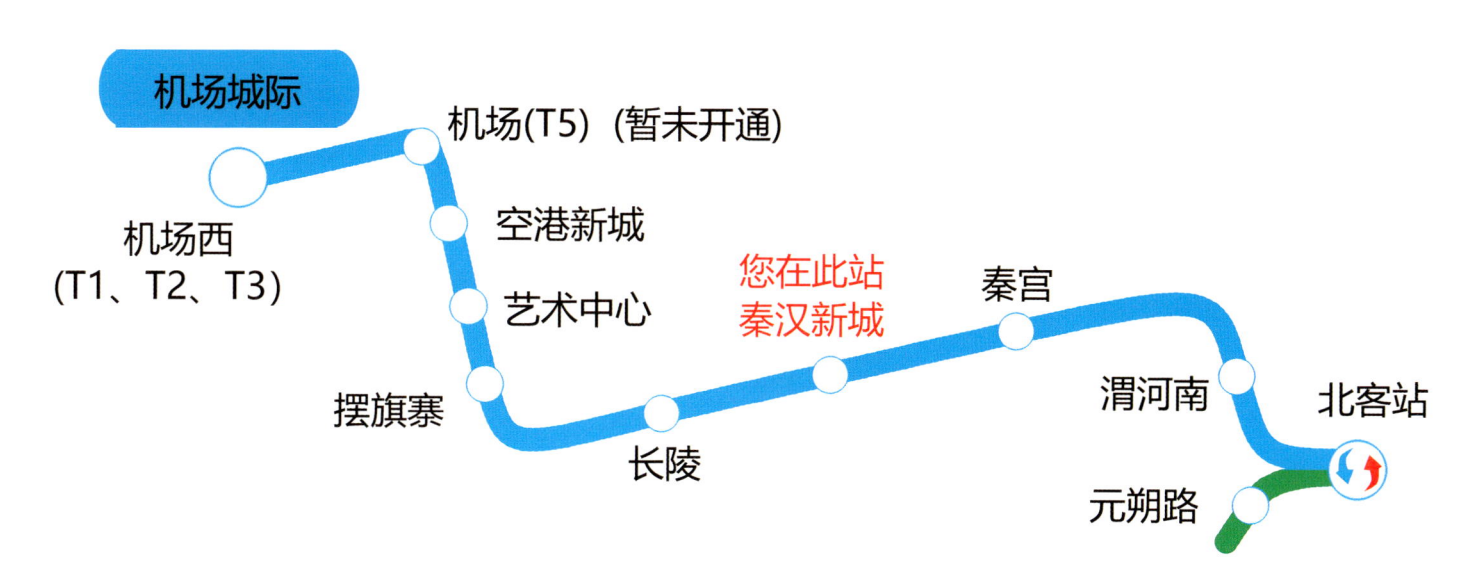

图14　西安地铁机场城际线路图

总结

西安作为世界四大古都之一，城市发展与艺术的发展密不可分。随着城市经济实力的增强，艺术性的发展，地铁公共艺术的设计也与地上联系紧密，但总体趋势较为平稳（图15）。

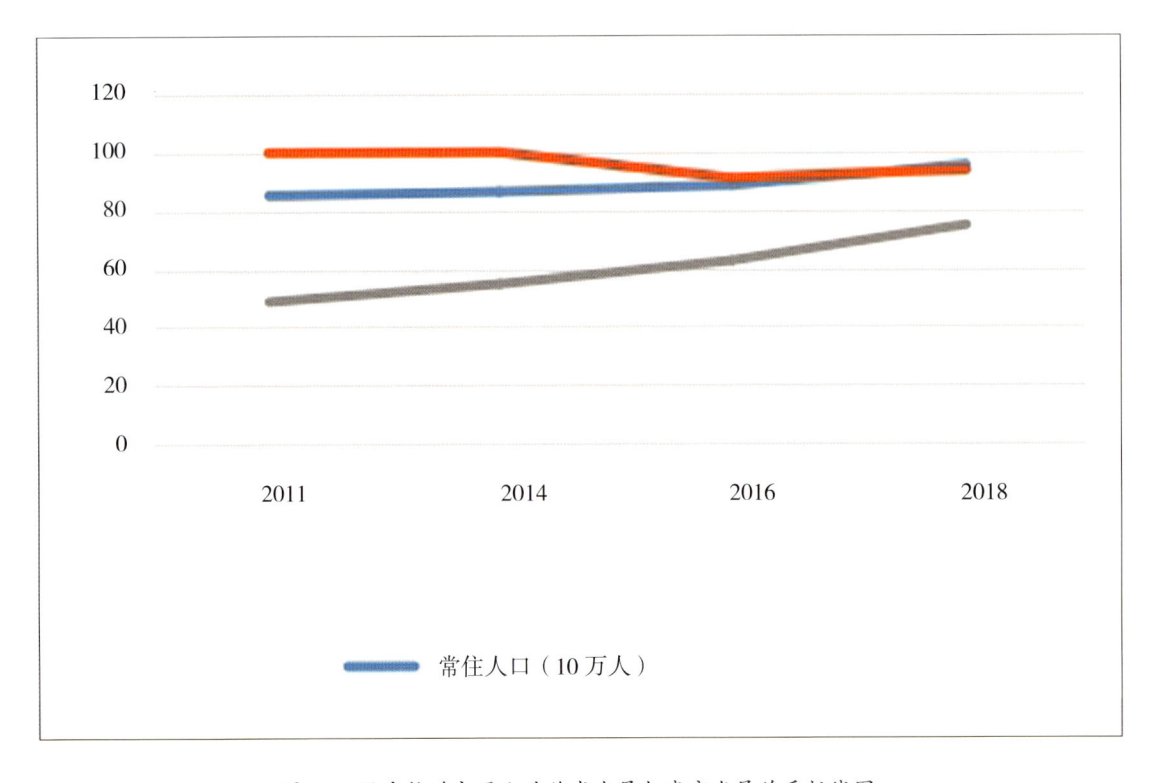

图15 西安轨道交通公共艺术发展与城市发展关系折线图

西安地铁空间的艺术形式与内容丰富多样，浮雕墙、插画、雕塑、文化站墙、艺术灯箱、一体化设计空间等二维艺术形式多样，但艺术形式因交通建筑的形式而受限，大部分还是以平面形式为主，且平面形式多以壁画为主（图16）。

年代＼艺术形式	平面类	空间类
2006—2012	  	
2012—2015	    	
2015—2018	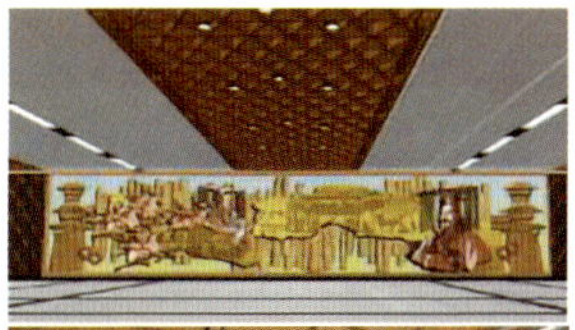  	

图16 西安地铁不同年代的艺术形式类型

城市文化空间样本考

南 京

城市文化空间样本考

南京轨道交通发展概况

截至 2019 年 12 月，南京地铁已开通运营线路共有 10 条，包括 1 号、2 号、3 号、4 号、10 号、S1 号、S3 号、S7 号、S8 号、S9 号线，均采用地铁系统，共 174 座车站，地铁线路总长 378 千米，是中国第一个区县全部开通地铁的城市。

南京地铁线网注重标准化的同时，也注重文化表达，体现六朝古都的气质，"驰载人文"成为南京地铁的象征。部分车站设有主题文化墙，运用雕塑、壁画、石刻、漆画、锻铸、镶嵌等众多艺术形式，展现不同的文化特色主题。地铁三期新建成的 3 号线，以红楼梦为主题；4 号线局部采用了大理石和搪瓷钢板结合，塑造大气厚重的空间（图 1）。

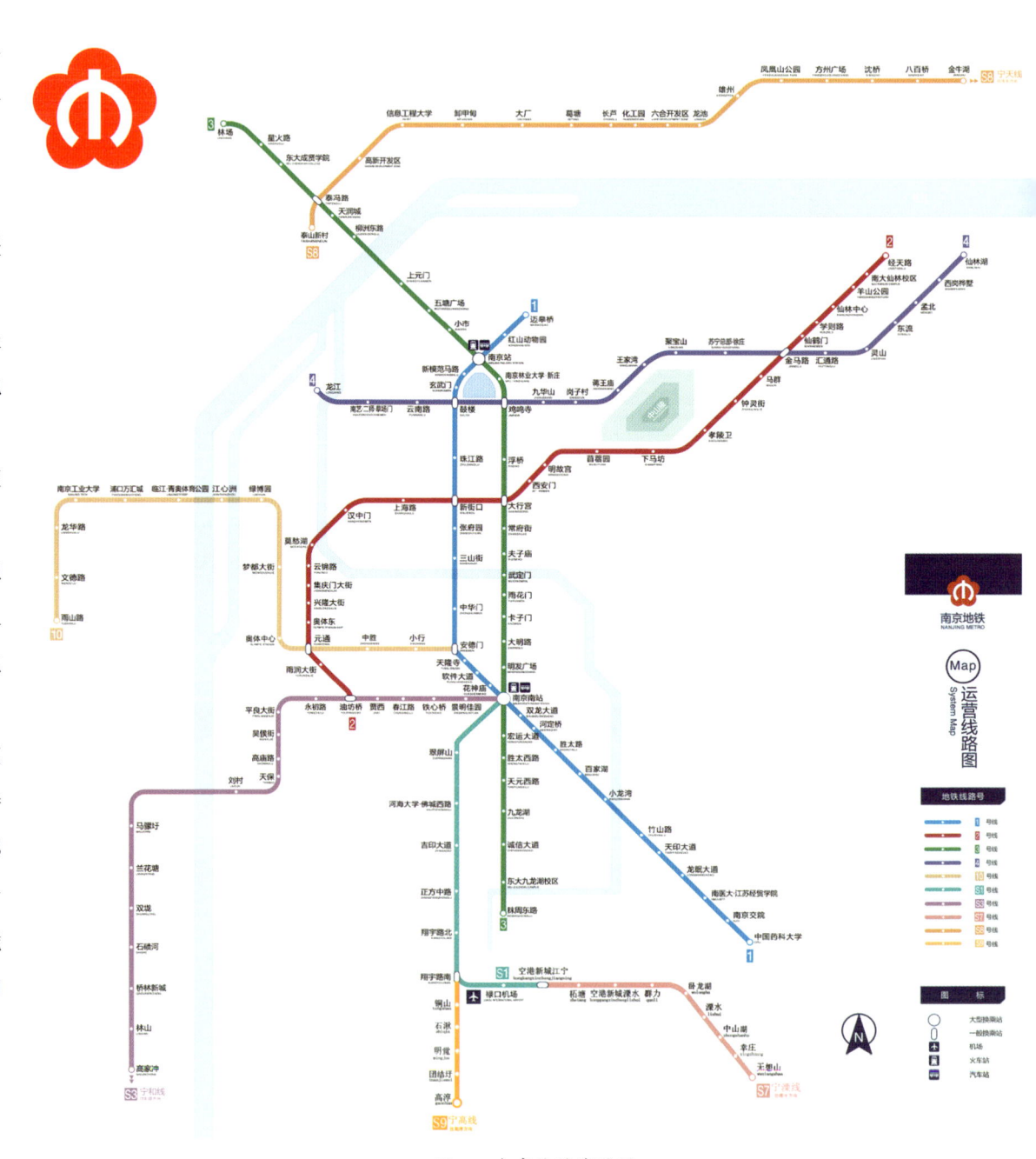

图 1 南京地铁线路图

南京地铁线网建设发展史，经历了从复杂到简单，再到更简单的发展历程，主城区强调文化艺术，以面为主，重点站在标准站基础上演变，郊区线强调功能以线为主，更通透简洁。在新建设时期重点站逐渐开始多方面开放。

南京是一座历史积淀深厚的文化古城，城市面貌日新月异，动感十足，活力四射。南京地铁艺术文化墙记录了南京的发展与变迁，融入了南京这座古城的发展与变迁。公共艺术主题主要以体现南京本土历史文化为主，体现六朝古都文化，以文化艺术墙的形式为主（图2）。

1号线　　2号线　　3号线　　4号线

10号线　　S1号线　　S3号线　　S7号线

S8号线　　S9号线

图2　南京地铁10条运营线路图

南京地铁1号线公共艺术发展概况

南京地铁1号线贯穿城市南北，全长21.72千米，其中地下线14.33千米。地面及高架线7.39千米，全程共16站，其中11站在地下，努力营造各站点不同的场域感，是南京地铁公共艺术的特色。地铁1号线用南京的特色文化作为主要的设计理念，建造地铁文化墙，使地铁成为城市文化的一个窗口（图3）。

图3　南京地铁1号线路图

中华门站文化艺术墙主题为"明城遗韵",巧妙地利用原建筑墙面凹凸变化的结构,体现出中华门城堡的造型特征,利用自由分割的手法,将拱形城墙门、传统雕刻、砖铭文等多种元素结合在一起,构成了具有古都特色的文化特征,把南京中华门造型特征和历史沧桑感体现在地铁空间中(图4)。

图4 南京地铁1号线中华门地铁主题文化墙"明城遗韵"(局部)

城市文化空间样本考

鼓楼站文化艺术墙主题为"六朝古都",六枚铸铜朱红金印镶嵌在石墙中,上面分别用甲骨文、小篆等6种字体写了"东吴、东晋、宋、齐、梁、陈"曾以南京作为古都的朝代名称,印章汲取了中国古代龙虎肖形印之精华,表现了古都的特色。车站大厅的墙壁上绘有历史故事"晨钟暮鼓",全面展现南京的古都风貌(图5至图7)。

图5 南京地铁1号线鼓楼站主题文化墙"六朝古都"

图6 南京地铁1号线鼓楼站文化墙文天祥的《正气歌》

图7 南京地铁1号线鼓楼站脸谱雕塑"包拯"

—206—

珠江路站艺术墙主题为"民国叙事",整个艺术墙通过古老的照片再现了民国往事,使人真切地感受到古都南京的魅力。因该站靠近总统府,通过错落的浮雕将一些重要历史图片展现出来。珠江路站又被称作"糖果车站",因为凡是到该站乘车的孩子可以免费索取糖果。一颗糖果并不重要,但是能带给孩子们蜜糖般的体验(图8)。

图8　南京地铁1号线珠江路站主题文化墙"民国叙事"

三山街站文化主题为"灯彩秦淮"的壁画有60平方米，这在全国所有的地铁站中是罕见的。这里靠近南京最具民俗特色的夫子庙，每逢过年大家都到这里看花灯，这是南京人过年的传统习俗，壁画用年画风格描绘出一片欢快气氛，彰显了民俗传统（图9）。

城市文化空间样本考／南　京

图 9　南京地铁 1 号线三山街站主题文化墙"灯彩秦淮"

—209—

南京站文化墙主题为"金陵揽胜",是一面具有金陵地标的青花瓷钢板雕刻作品,可以看到总统府、中华门、中山陵等地标建筑错落其中,地标性建筑与画面融合,展示了古城南京的山川美景与人文内涵(图10)。

图10 南京地铁1号线南京站主题文化站"金陵揽胜"

南京地铁 2 号线公共艺术发展概况

南京地铁 2 号线全长 37.95 千米，其中地下段 22.15 千米，地面段和高架段 15.8 千米，共设置 26 座车站。地铁 2 号线的艺术设计以中国的传统节日为主题，在主要车站设有主题文化墙，运用雕塑、壁画等多种艺术形式展现地铁 2 号线的文化主题（图 11）。

图 11　南京地铁 2 号线路图

元通站文化艺术墙主题为"元宵节",站内几个换乘口化身为汤圆,画面里儿童打着灯笼来祝福,并组成人形文"团团圆圆"。随着背景灯不停地变换色彩,洋溢着喜庆祥和的气氛(图12)。

图12 南京地铁2号线元通站主题文化墙"元宵节"

兴隆大街站文化艺术墙主题为"国庆节",站厅层和站台层设置了贯通的中庭空间,并且是透明屋顶,自然采光站在中庭处,迎面是一幅巨大的壁画,壁画长9米、高3米,画面上56个身着各色民族服装的人物举着国旗舞动、欢呼。因为"兴隆"二字寓意吉祥,切合"国庆节"的主题(图13)。

图13 南京地铁2号线兴隆大街站主题文化墙"国庆节"

城市 文化 空间 样本考

南京地铁3号线公共艺术发展概况

南京地铁3号线全长44.9千米，其中地下段42.5千米吗，高架段2.4千米；共设置29座车站，其中高架站1座，地下站28座（图14）。

3号线车站艺术墙在甄选《红楼梦》中场景时，讲究挑选广大地铁乘客耳熟能详、有代表性的经典章节，以达到雅俗共赏。在内容上，也摒弃了书中悲剧性的情节。艺术墙重现的虽然均为《红楼梦》中的经典场景，但风格十分多变，有些甚至打破了人们心中对经典的一贯印象。

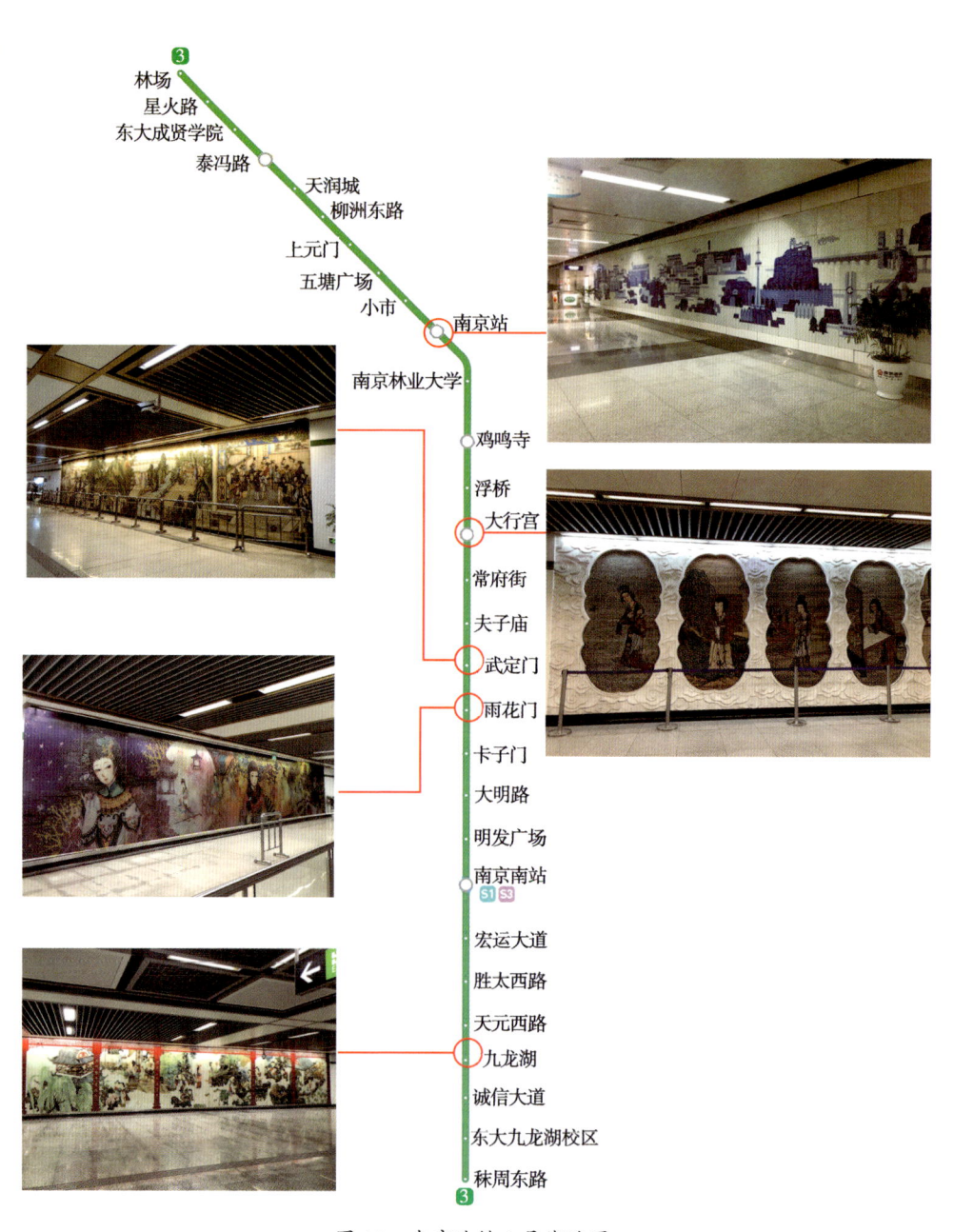

图14 南京地铁3号线路图

—214—

为了让乘客更加身临其境地感受到红楼气息，在部分艺术墙的场景设计上，特意与站点的地理环境相契合。9个场景对应9个站点，场景和站点间的联系也是别有新意的，如"南京站"对应"元春省亲"，其实有这样一种意味——南京站里迎来送往，节假日里欢迎着或者送别着归家的人，南京站里的悲欢离合就是一部人生大戏。而《红楼梦》里"元妃省亲"讲的就是元妃荣归故里，合家团圆的盛景。把这一幕放在南京站，暗合"欢迎回家"的寓意（图15）。

图15　南京地铁3号线南京站主题文化墙"元春省亲"

南京地铁4号线公共艺术发展概况

　　南京地铁4号线是一条东西走向的线路，从龙江一直延伸到仙林。由于4号线是一条主城线路，经过颐和路公馆片区、省市政府，以及紫金山在内的诸多景点，称得上是紫气东来。因此，这条线路被定义为"人文线路"。在颜色的选择上，经过各种尝试，最终选择的是紫色，以此体现出4号线的人文气息。

　　4号线的主题文化确定为"宁人伟业"，在车站艺术墙设计打造上，选择与南京息息相关的人物和事件。另外，在换乘站点，须综合考虑两条线路的文化兼融性。打造了陶行知、祖冲之、竹林七贤、郑和下西洋等8个站点文化艺术墙。连珠串玉，串成了一部恢宏的南京人文史，演绎千载风流，引人无尽之思（图16）。

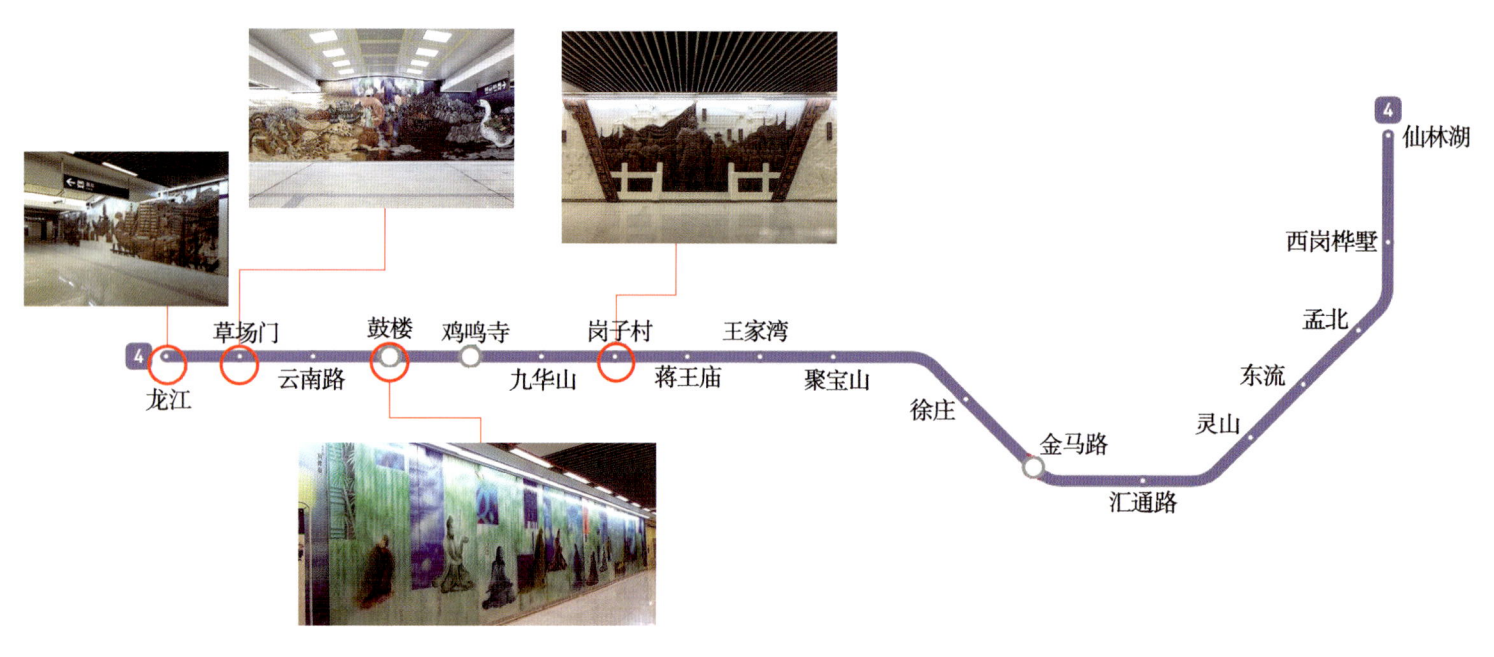

图16　南京地铁4号线路图

龙江站文化艺术墙主题为"郑和造船"。600多年前,郑和从南京龙江港起航,并七下西洋,龙江一代至今仍有当时造船的遗址。作品反映了郑和造船的宏大场景,弘扬了郑和在维护国家安全,发展海外贸易,传播中华文明,开拓海洋事业,铺平亚非航路,以及造船技术等方面的重要贡献(图17)。

图17 南京地铁4号线龙江站主题文化墙"郑和造船"

鼓楼站文化艺术墙主题为"竹林七贤"，因地铁1号线鼓楼站以"六朝古都"为主题，故而4号线鼓楼站选择了六朝文化里最具风骨的竹林七贤。他们不仅才艺出众，而且所有人都是"玄虚淡泊，与道逍遥"，兼具中国文人的才气、风骨，以及精神追求，都是中国文人的标杆。三国魏正始年间的嵇康、阮籍、山涛、向秀、刘伶、王戎及阮咸七人常聚在竹林之下，肆意酣畅，世谓七贤，后与地名合称"竹林七贤"。文化墙意图以艺术的形式表达"竹林七贤"的建安文学精神，他们崇尚老庄哲学，从虚无缥缈的神仙境界中去寻找精神寄托（图18）。

图18　南京地铁4号线鼓楼站主题文化墙"竹林七贤"

城市文化空间样本考／南 京

徐庄站文化艺术墙主题为"祖冲之"。祖冲之出生于建康（今南京），是中国南北朝时期杰出的数学家、天文学家和机械专家，他在数学、天文历法和机械制造领域取得了辉煌的成就，首次将"圆周率"精算到小数点第七位。作品以圆形的律动，以及石材、各种金属材料的对比、组合，表现了中国古代科技、工业革命到当今信息互联网技术的变迁和联系。在南朝刘宋时期，宋文帝刘义隆在钟山脚下相继建了30多处皇家离宫别馆和花园，祖冲之在内创造了数学、天文学、机械学、造船学等奇迹。而徐庄软件园今日的科研创新正是祖冲之当年不断科研探索千年后的延续（图19）。

总结

南京地铁的公共艺术设计表现在每个地铁站点，它既美化了地铁空间，也满足了人们的审美艺术需求。车站中的主题文化墙，运用雕塑、壁画、石刻、漆画、锻铸、镶嵌等众多艺术形式，展现不同的文化特色主题。地铁中的公共艺术能够帮助个体与世界、群体的相遇，唤起我们凝聚的共同记忆，在地铁空间又引起共鸣，从而创造出一种独特的心理联结，打造地铁连续性空间体验。

城市文化空间样本考／南京

图19　南京地铁4号线徐庄站主题文化墙"祖冲之"

—221—

城市文化空间样本考

武 汉

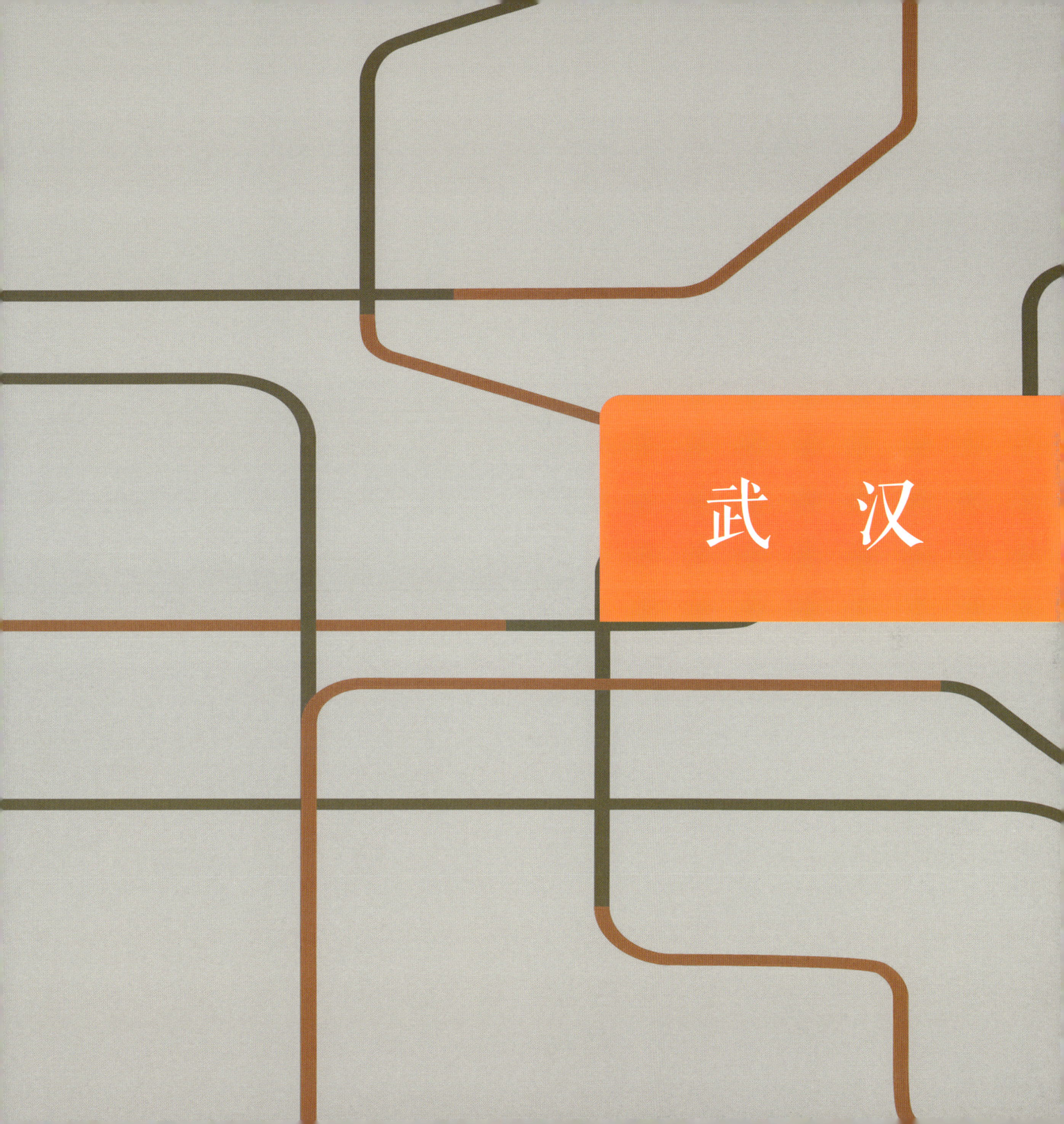

武汉轨道交通发展概况

　　1992年9月，武汉市成立武汉市轨道交通建设办公室和武汉市轨道交通建设公司。1999年10月，国家计委正式批准武汉市轨道交通1号线一期工程立项。2000年10月，武汉市成立武汉市轨道交通有限公司。2015年6月12日，《武汉市城市轨道交通第三期建设规划（2015—2021年）》获国家发展改革委批复。同意建设1号线延伸工程、2号线北延与南延工程、4号线西延工程、5号线、7号线南段、8号线二期工程、11号线东段与西段以及21号线。至2021年，形成10条运营线路，总长400千米的轨道交通网络。截至2019年12月，武汉地铁运营线路共有9条，包括1号线、2号线(含机场线、2号线南延线)、3号线、4号线（含蔡甸线）、6号线、7号线（含纸坊线）、8号线、11号线和阳逻线，共228座车站，总运营里程达339千米，线路长度居中国第五位、中西部第一位。武汉地铁线网早期借鉴广州标准化建设，后期开始重视文化表达、文化艺术结合空间的表达，并取得了非常好的效果（图1）。

图1　武汉地铁线路图

武汉地铁线网建设发展史，经历了早期借鉴广州地铁以龙骨框架体系进行控制的方式，后来发现不适合武汉，从3号线起改成了半裸装工业化风格，例如，宏图大道站、二七小路站和市民之家站（图2）。6号线开始注重建筑装饰艺术的一体化设计，个别重点站从建筑开始做特殊设计，成为全网亮点。例如，武胜路站、大智路站和汉正街站（图3）。

图2　武汉地铁2号线半裸装工业化风格

图3　武汉地铁6号线装饰一体化风格

武汉地铁线网特色

线网文化：江城文化。

空间造型：空间立体化，在线性体系内进行组合变化。

色彩：空间以灰白为主调，装饰色彩面积占比较大。

灯光效果：标准站采用标准化灯光设计，便于维护；重点站结合造型，体现灯光对空间的渲染。

材料应用：天花板材料以铝板为主，墙面多采用瓷砖、搪瓷钢板和清水混凝土作为主要材料，个别重点站用大理石，地面材料以灰麻花岗岩、瓷砖为主（图4）。

图 4 武汉地铁设计风格

武汉轨道交通公共艺术发展概况

　　武汉地铁被称为一座地下艺术馆，与许多城市整齐划一的地铁艺术风格不同，武汉地铁巧妙地通过一个又一个极具艺术性的设计元素，将城市的独特理念淋漓尽致地表现出来。在这里，每座地铁站点都是一个"地下艺术馆"，可谓独具魅力，各领风骚（图5）。

城市文化空间样本考／武汉

图5　独具魅力的武汉地铁——"地下艺术馆"

武汉地铁公共艺术，大多由湖北美术学院的教师创作，艺术主题主要体现了江城文化。表现形式多样，与空间结合，有艺术墙、装置艺术、展示艺术等类型。无论是地铁站内精心设计的楚文化系列壁画、雕刻、柱廊、釉色装饰玻璃，还是不经意间的信手涂鸦，都相映成趣、相得益彰。这些风格迥异的"地下艺术馆"，共同展现着武汉多元包容的城市文化，以及开放自由的城市理念。而这些正是由于准确把握了地铁站点公共设计的文化心理特征，因而具有非常及时、到位的现实意义（图6至图8）。

图6　武汉地铁6号线石桥站

图7　2号线珞雄路站

图8　武汉地铁3号线后湖大道站

城市文化空间样本考／武汉

—231—

6号线地铁根据各车站的文化特色,采用了橱窗展示墙的形式,将具有年代感的特色物件展示出来,拉近了地铁公共空间和市民生活的距离。6号线25个车站艺术橱窗中陈列的物件均来自民间,通过艺术化的展示方式,反映这座城市的历史变迁,将市民对城市的共同记忆展现在地铁中,增加市民对武汉地铁建设的参与感,唤起市民对城市的记忆与热情(图9)。

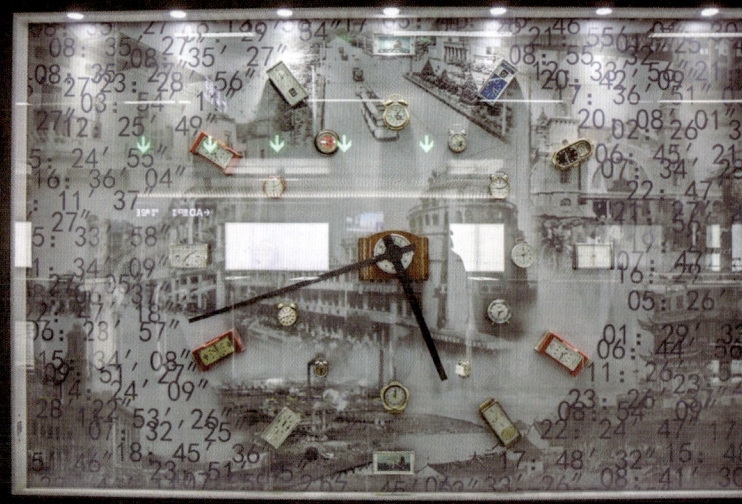

城市文化空间样本考／武汉

图9 武汉地铁6号线艺术橱窗

—233—

城市文化空间样本考

6号线三角房站的外部采用了石材刻花的形式，配合镶嵌其中的灯光站名装置，突出了车站的艺术气息，并将6号线地铁站的设计风格相统一（图10）。

图10 武汉地铁6号线三角房站石材刻花

空间与公共艺术品一体化设计

地铁站空间呈现一体化的设计趋势，公共艺术品设计与公共艺术空间设计融为一体，种类丰富，手法现代新颖。地铁2号线、6号线和8号线通过一体化设计形成了公共艺术空间，乘客在穿行城市的过程中，感受到城市深厚的文化底蕴。

2号线珞雄路站的站厅空间层高而且宽敞，以"霓流花韵"作为设计主题。车站设计提炼"花苞"的自然形态，打破了公共艺术和装修的界面，激活了地铁公共空间。采用一体化的处理手法，立柱顶端的弧形结构延伸至顶棚，顶面"花海"的色彩景象结合照明设计，采用方通与彩色冲孔板的组合造型，营造出富有韵律的艺术空间（图11）。

图11 武汉地铁2号线珞雄路站主题文化墙"霓流花韵"

武汉地铁新建成的6号线与8号线,一站一景,采用建筑装饰艺术一体化设计,结合科技手段,呈现艺术化空间。

地铁6号线的艺术主题是"古韵新风　绿色地铁"。大智路站大厅内停放着一列老式蒸汽火车头,设计主题为"发展律动",从武汉最早的大智门火车站引发设计灵感,整个站厅都以火车为主题元素,见证着历史的变迁。车站设计从整体出发,将空间造型与各界面的装饰艺术融入火车站的氛围之中,其公共艺术设计与车站装修和空间色调共同构成了统一的艺术风格(图12)。

图12　武汉地铁6号线大智路站主题文化"发展律动"

城市 文化 空间 样本考

汉正街站位于硚口区慈善巷、游艺路路口之间的中山大道地下，艺术墙主题为"汉正印象"，从长卷手法再现到繁荣街景贯穿整个空间。艺术墙对面则是一排排20世纪90年代典型汉正街风格的老建筑。在一体化的总设计原则下，为凸显站内特色，从建筑形态、公共艺术到导向标识都采用了传统木结构和老式屋瓦的形式，风格统一，唤起了旧时回忆（图13）。

城市文化空间样本考／武汉

图13　武汉地铁6号线汉正街站主题文化墙"汉正印象"

地铁8号线竹叶山站的艺术墙以"长江主轴"为主题，运用风琴式的曲折面呈现不同的美景，柱面材料采用别具特色的艺术玻璃设计，与艺术墙面相呼应（图14）。

图 14　武汉地铁 8 号线竹叶山站主题文化墙"长江主轴"

徐家棚站的设计主题是"都市森林"。用一根根条形LED灯打造的站厅，给人第一感觉是科技感十足。继续往前走，再回望站厅，如同置身一个森林，车站的柱子仿佛树干，茂盛的"枝叶"向站厅顶蔓延开去（图15）。

图15　武汉地铁8号线徐家棚站主题文化墙"都市森林"

武汉轨道交通艺术形式调研总结

国内地铁由于建设周期短，普遍注重标准化，对城市文化的表达不够、对人文的关怀不够，但在近期越来越注重对城市文化特色的表达，注重整体化、系统性，其发展趋势是标准站空间越来越简洁，而重点站则充分体现文化特色。同时，需要整体考虑规划，从城市地铁公共空间一体化的角度，真正实现城市地铁公共空间装饰设计、导向设计、商业广告与公共艺术创作的"四位一体"，强调实用功能，实现视觉统一，更好地体现武汉城市文化特色。

由于国内地铁存在着建设规模大、周期短、投资困难，地铁空间的设计基本以建设者的需求出发，注重基础功能的满足，所以在设计过程中呈现出以下几个特点：

1. 以节约投资为原则，空间比较低矮，标准化的特点，重点站突出表达地域文化，也有地铁艺术品表达。
2. 设计分阶段完成，总控性不强，系统美感不强，设施设备、导向、艺术的系统性不强。
3. 商业需求较大，出现大量形式各异的广告及其设施，总体控制性不强。
4. 追求个性，但个性的出发点不对，城市文化理解与造型水平之间存在着较大的差距。
5. 注重文化趋势，但传统符号的移植与地铁现代绿色的环境缺乏融合，缺失维护性。
6. 广告的过度投放影响了交通建筑的引导和导向系统设置、设备的正常使用，广告的效果不理想。

城市文化空间样本考

天　津

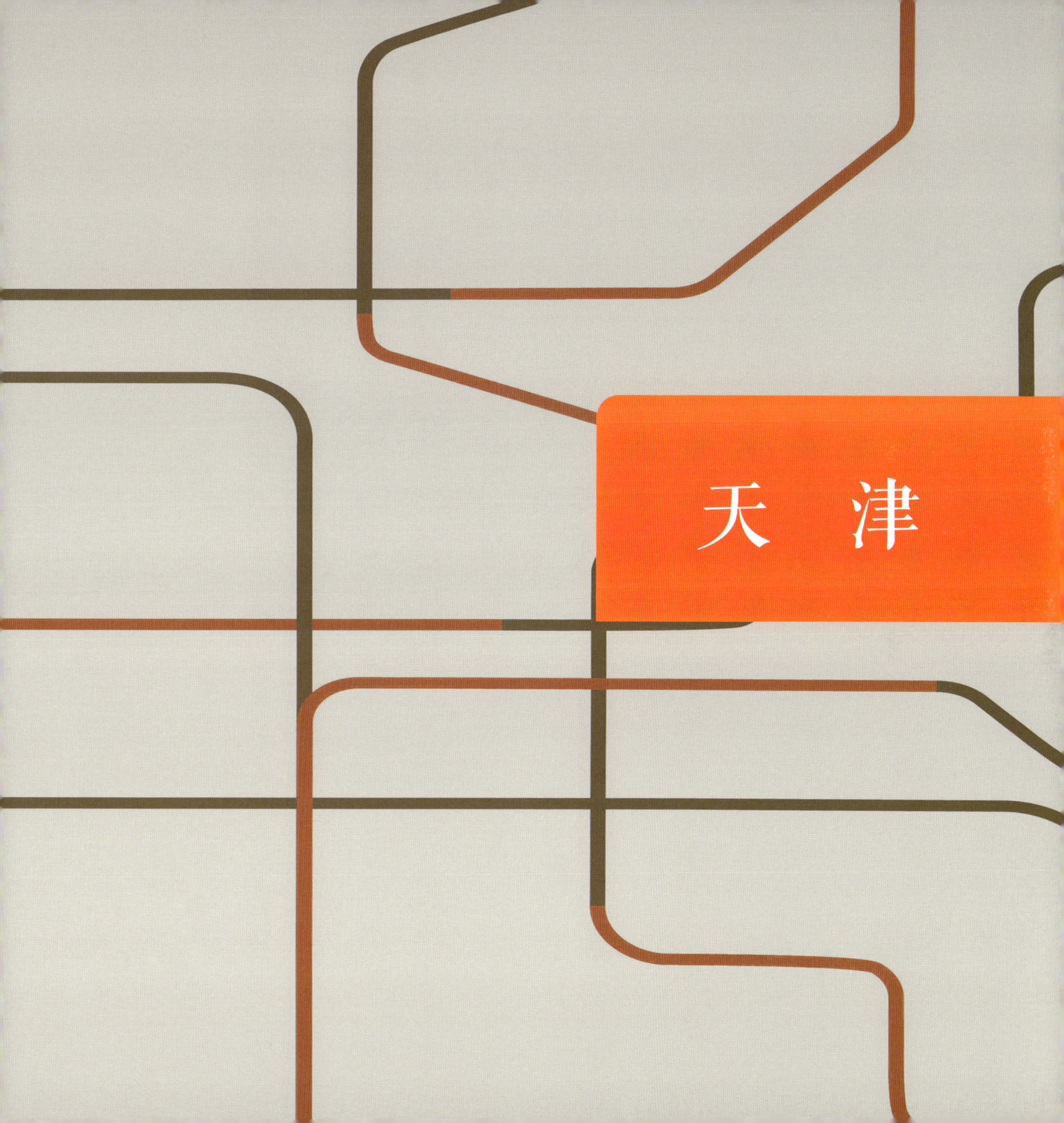

天津轨道交通发展概况

天津轨道交通是指服务于天津市的城市轨道交通，包括天津地铁系统、轻轨系统、导轨电车等。其第一条线路（原天津地铁既有线）于1984年12月28日正式开通运营，使天津成为中国内地第二个拥有地铁的城市。截至2019年12月28日，天津轨道交通运营的地铁线路总共6条，线网覆盖11个市辖区，总运营里程233千米，共设车站143座。此外还包括位于天津滨海新区的天津开发区导轨电车1号线，它是中国第一条投入商业运营的导轨电车线路，线路全长7.9千米，在泰达站实现与天津地铁9号线的换乘。

到2020年，天津轨道交通将形成14条运营线路，总长513千米的轨道交通网络（图1）。天津地铁线网，早期注重标准化建设，随着线路的增多开始重视体系建设，不再无序发展，文化艺术的表达开始增多。公共艺术主题基本以体现天津本土文化为主，体现津门文化，艺术表现形式较为单一，以文化艺术墙的形式为主。天津地铁三期新建成的3号线，空间艺术化结合灯光艺术，5号线地面采用瓷砖，空间照明都很有特色。

图1　天津地铁线路图

天津地铁公共艺术发展概况

　　伴随着城市化进程的加速，地铁已成为城市规划建设中的重要部分。同时，地铁空间也已逐渐成为公共艺术的展示媒介，公共艺术在地铁空间中的介入对于改善地铁环境、传播公众思想、提升城市品味、彰显城市文化等方面起到了积极的作用。公共艺术的表现形式丰富多彩，例如雕塑、建筑、壁画、公共设施、形象艺术等。

　　壁画占据了中国地铁车站公共艺术形式约九成比例，这与地铁的大人流和高运能有关，在不宽敞的地下空间里，公共艺术首先不能阻挡人流，要安全耐用，因此壁画成为最主要的艺术形式。从早期壁画采用的马赛克、陶瓷、铸铜、石雕材等材料，到现在基于数码互动、灯光影像等科技手段的壁画，壁画在表现技术上不断突破，在空间位置和尺度上也逐步丰富起来（图2）。

　　地铁站内的壁画装饰是彰显地域文化的重要媒介。在人流密集的空间内打造出巨幅的特色壁画即为地域文化提供了展示平台，让人们在繁忙的空间穿梭中感知到城市的自然风景、人文精神和时代气息。天津地铁正是运用壁画高效的宣传力，通过丰富的形式和新兴的材料，将地铁站装点成富有文化气息的城市舞台。

　　例如天津站的装饰是创作于20世纪80年代的圆拱形穹顶油画《精卫填海》，这幅油画直径40米、高21米，中间由10根石柱围成，整体面积约600平方米，位于天津站南站房进站大厅的穹顶上。《精卫填海》是由中国美术协会副主席、天津美术学院教授秦政和其五位学生王玉琦、吴恩海、马元、王小杰、高冬于1988年联合绘制。而且天津站被定为永久无烟站也是基于对壁画的保护。相传天津是由精卫填海得来之地，设计师和画家借助这一寓意，将其运用于地铁空间的装饰中，借以表达人们在改造世界过程中不畏艰难的进取精神，此壁画也成为国内交通枢纽壁画装饰的经典之作。西班牙艾尔波斯可少年合唱团1995年的专辑《天使》便是以天津站这幅穹顶壁画为封面。

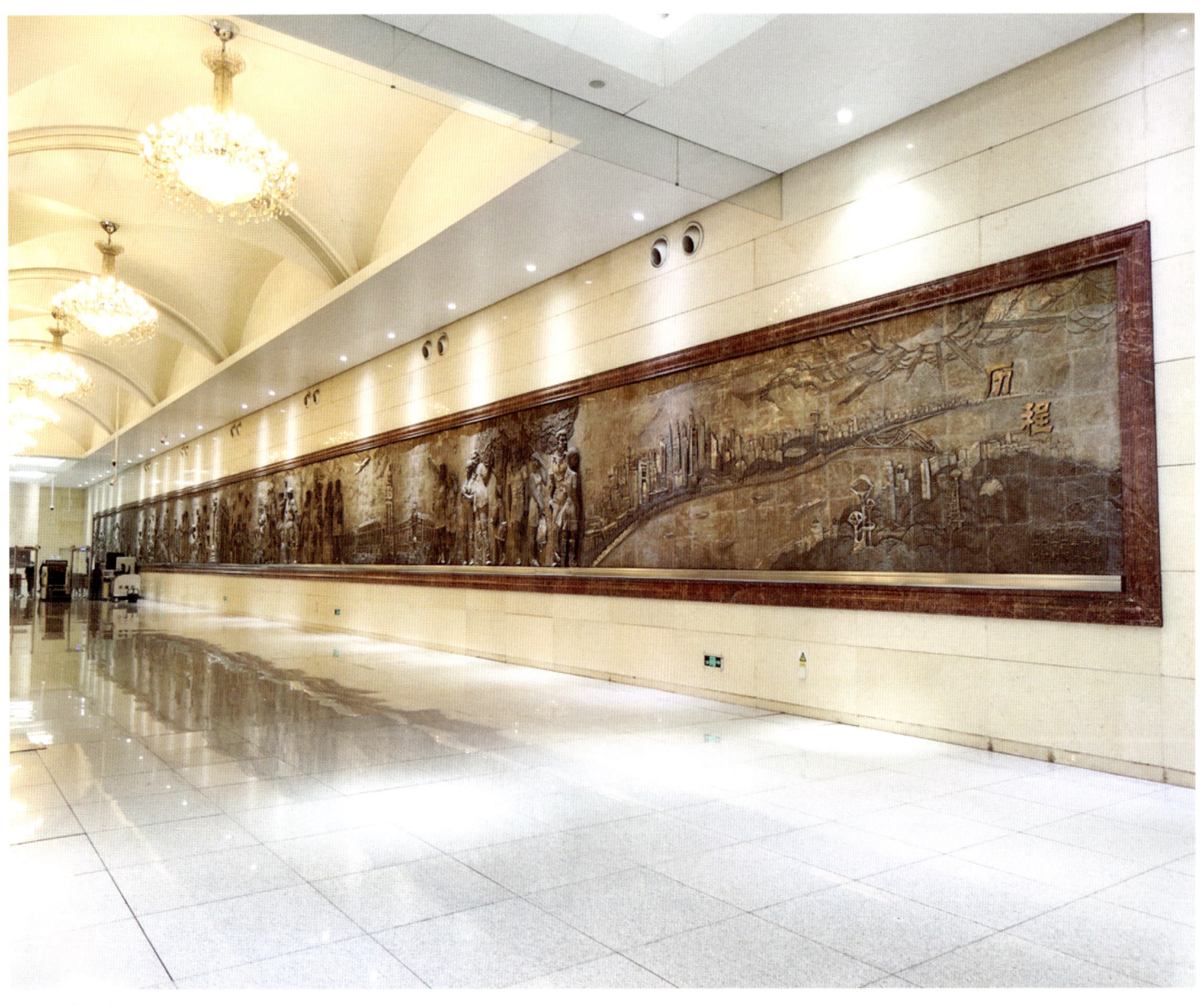

3号线津湾广场站

城市文化空间样本考／天　津

6号线北宁公园站

城市文化空间样本考

1号线华山里站

城市文化空间样本考／天　津

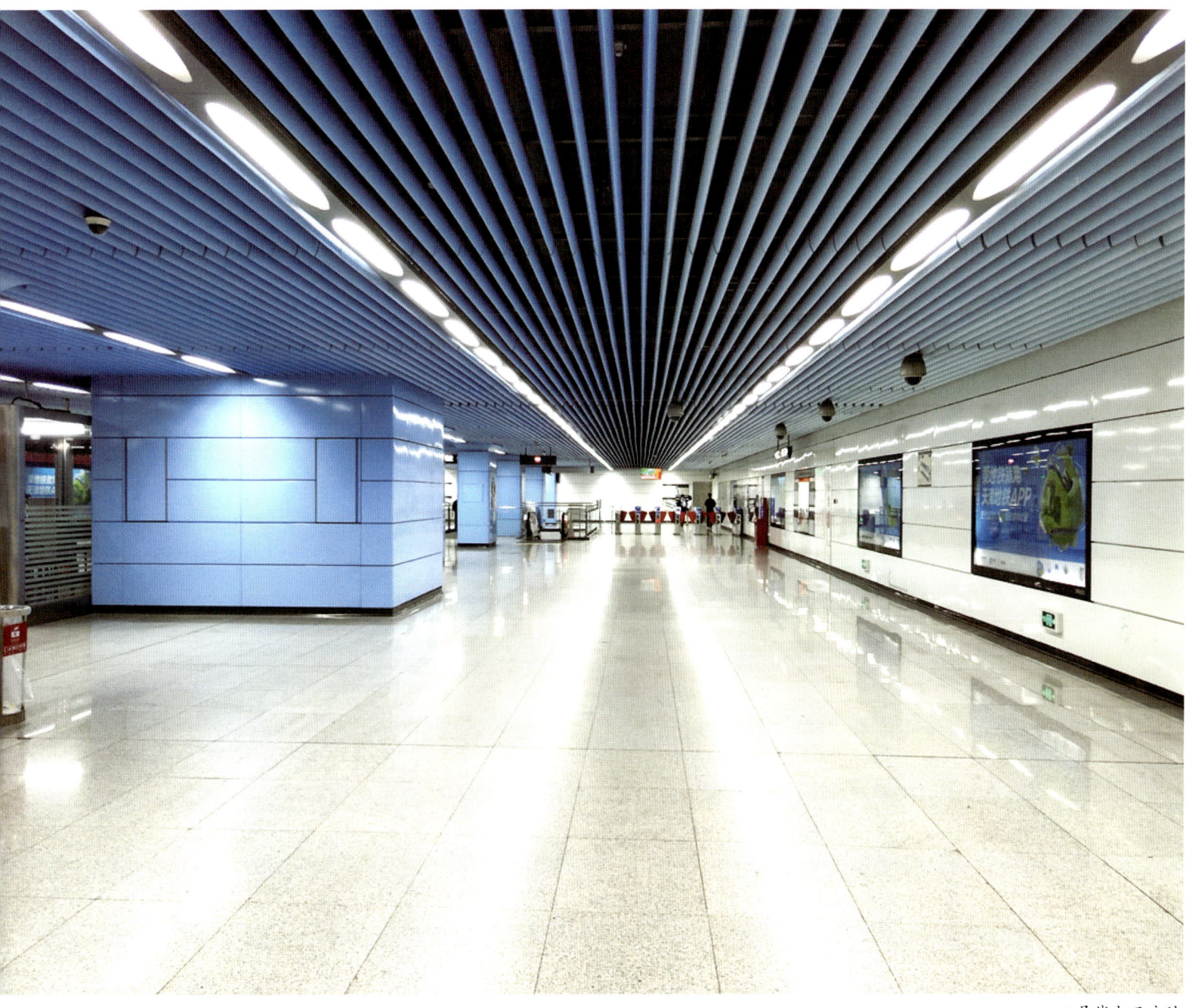

9号线大王庄站

图2　天津地铁站点空间图

天津地铁各站装饰壁画

1. 天津站

　　地铁天津站位于天津市河东区天津站后广场地下，是天津地铁 2 号线、3 号线和 9 号线的换乘站，连接着天津火车站，客流量大。天津站在地铁出口、连接火车站入口处设置了一幅以天津特色文化为主题的铜质艺术品，其内容大致以天津古建筑以及天津的民俗文化为主题，采用意向的手法和金属铜色厚重的历史感来展现"老天津卫"的生活景象（图 3）。

城市文化空间样本考 / 天 津

图 3　天津站内铜质壁画"老天津卫"

2. 津湾广场站

　　津湾广场站是天津地铁 3 号线一座车站,位于天津市和平区。该站点客流量大,是游客聚集地。受租界文化的影响,该站点采用了欧式风格作为站内空间装饰主题,剔透的水晶吊灯和复古的拱顶使整个空间看起来富丽堂皇,明亮开阔,打破地铁站地下空间一贯低矮阴沉的印象,令乘客眼前一亮。站内设计同站外入口的建筑风格相一致,都体现着华丽辉煌的气度(图4)。

城市文化空间样本考／天津

图 4　津湾广场站文化墙

3. 红旗南路站

天津地铁 6 号线的整体风格以天津工业文化为背景，多使用壁画、旧照片、旧机器零件和模型等素材，以凸显天津近代历史特色。

天津地铁红旗南路站坐落于南开区迎水道与红旗南路交叉口处，是天津地铁 3 号线与 6 号线的换乘站。站内装饰与整体线路风格相契合，主题文化墙——《轻工杰作·引领时代》使用金属与砖石作为主材料，装饰部分大多由铜板制成，制造中结合了铝板腐蚀、切割、锻造、铸造等工艺。整幅壁画尺寸宽 23 米，高 3 米，建于 2016 年。该文化墙将壁画与雕刻结合起来，突出历史感与工业感。

红旗南路站以天津百年工业为背景，借助地铁公共空间诠释从洋务运动、中华人民共和国成立及现今高科技工业的发展，各个时期工业对天津城市发展的贡献及在工业上创造的中国百个第一，以此增加城市自豪感。文化墙上雕刻着的 20 世纪 70 年代和 80 年代人民生活中不可或缺的"老物件"，正是这些工业成就的剪影，塑造了天津卓越的工业文化，也包含了对往昔岁月的回忆（图 5）。

图 5　红旗南路站壁画《轻工杰作·引领时代》

4. 天拖站

天津地铁6号线天拖站。站内装饰风格同红旗南路站相似，艺术文化墙名为《机轮运转·铁牛驰骋》，该艺术墙建于2016年，长18米，高3米，整体采用多种金属锻造与砖砌相结合。作品以天津拖拉机工业元素为主要内容，展示近代以来天津的工业制造占全国的先进地位，也重拾天津老天拖的工业文明记忆。其他部分则选用了工业零部件中的管道与齿轮作为装饰，寓意着轻工业带动着天津这座城市的运转和发展（图6）。

图6 天拖站文化墙《机轮运转·铁牛驰骋》

5. 志成站与直沽路站

　　天津轨道交通5号线是天津市第六条建成运营的轨道交通线路，5号线的亮点之一就是在直沽站和志成路站引入了"津沽文化"，分别建造了"津沽文化"的主题墙。津沽文化即天津文化，津沽是天津和塘沽的总称。直沽站的文化墙主要集漕运文化、妈祖文化、民俗文化为一身，既孕育了天津城市的源头，代表了城市空间机制的发展史，又引领了天津近代工业文明，体现了历史文化的演变与传承。志成路站"南漕北运 汇集津门"主题墙展现了天津大运河贯通、漕运兴旺的历史。天津素有"海河要冲""畿辅门户"之称，是中国古代唯一记载着确切建成时间的城市。不少乘客在这两座车站驻足拍照（图7、图8）。

城市文化空间样本考／天津

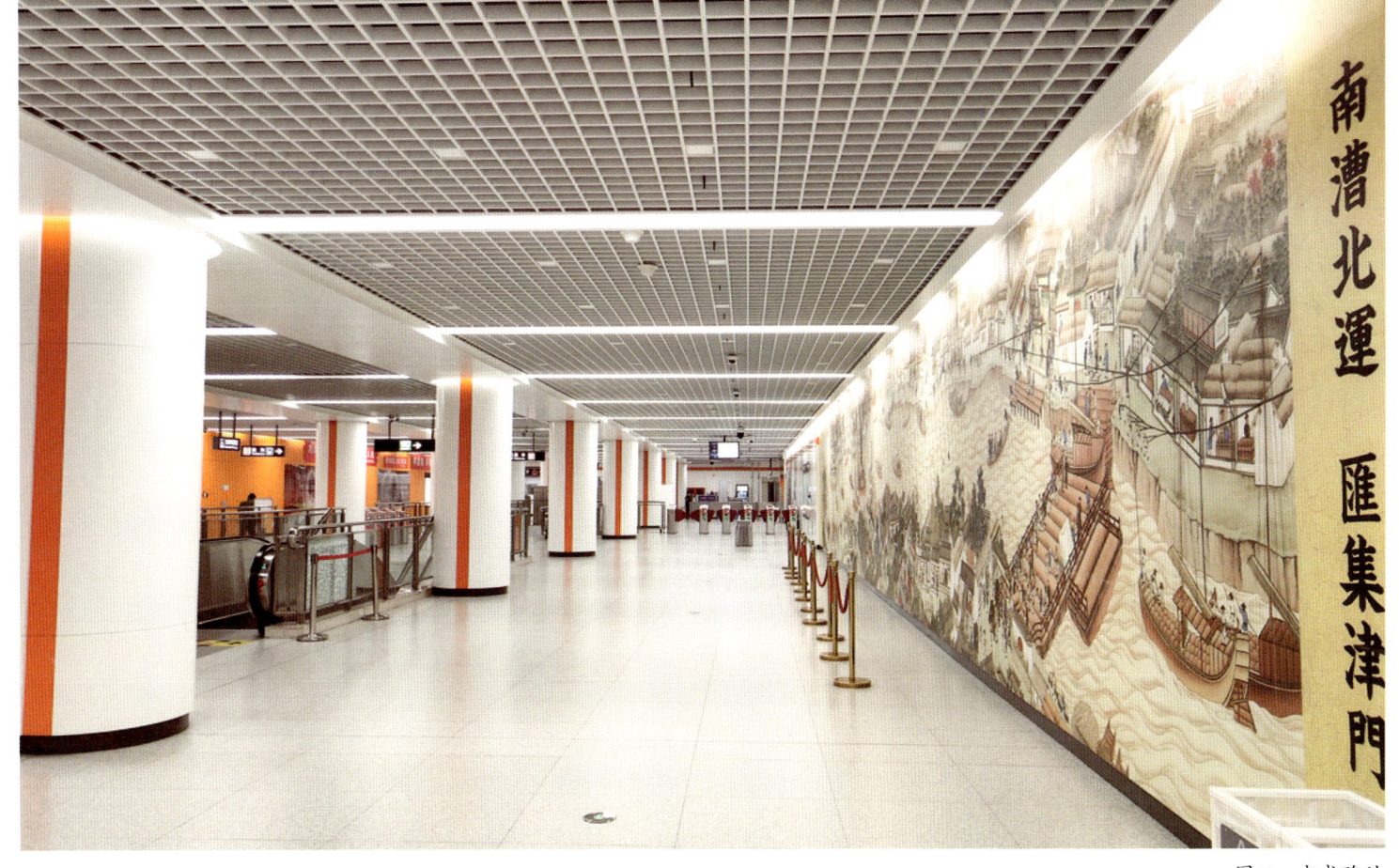

图 7　志成路站

城市 文化 空间 样本考

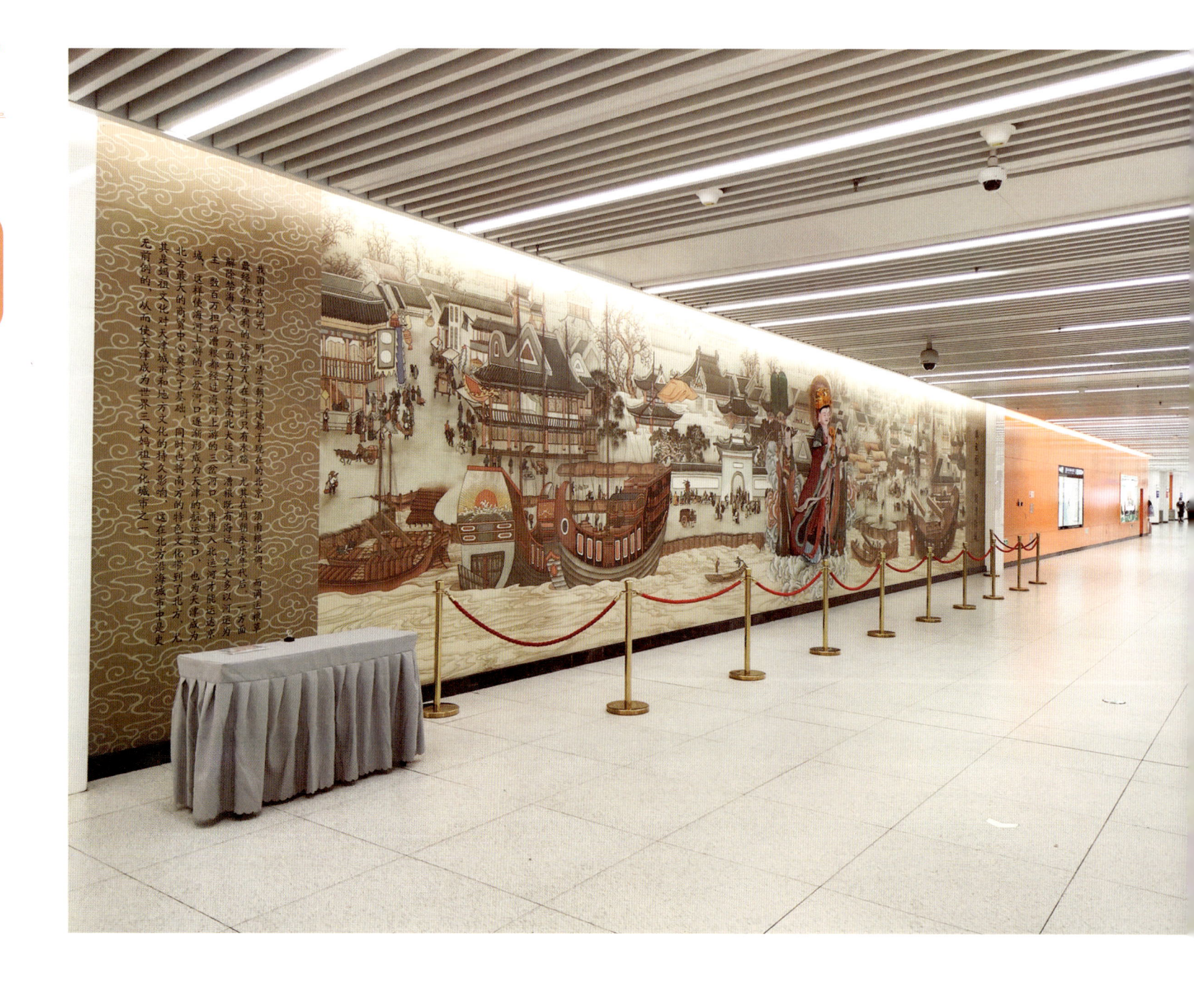

城市文化空间样本考／天 津

图 8　直沽站文化墙

新作瞩目——天津地铁5号线

天津地铁5号线，是天津市快速轨道交通网中的南北线，于2018年10月22日开通。5号线的标志色为橙色，在本次全线站点空间的设计规划中也将橙色贯穿始终，具有强烈的指示作用。随处可见的橙色，使5号线在天津地铁网中别具一格。站内白麻色地面、白色格栅吊顶、白色的柱子和灯带相互映衬，更显典雅、简约、大气（图9）。

下瓦房站位于天津市河西区大沽南路与奉化道十字路口处。以"点、线、面"的形式，用多样化艺术手法和优选材质，多层次立体展示绚丽多彩的漕运历史文化和城市生活（图10）。

图9　天津地铁5号线标志

图10　下瓦房站

5号线全线采用标准化装修和色彩导视系统，大面积使用亮橙色和白色的对比，形成强烈的视觉感。简洁明了的线形指示给人一目了然的清晰感，同时橙色的装点又显得空间轻松活泼，缓解和改善了地下空间的沉闷感与压抑感，突出大气包容的特点，体现了和谐、时尚的空间氛围。

全线站点装饰风格统一，氛围现代大气、简洁明快，可辨识度与引导性强烈，空间设计整体感较强，给乘客带来全新的视觉感受（图11、图12）。

图11 文化中心站宽敞明亮的站内空间

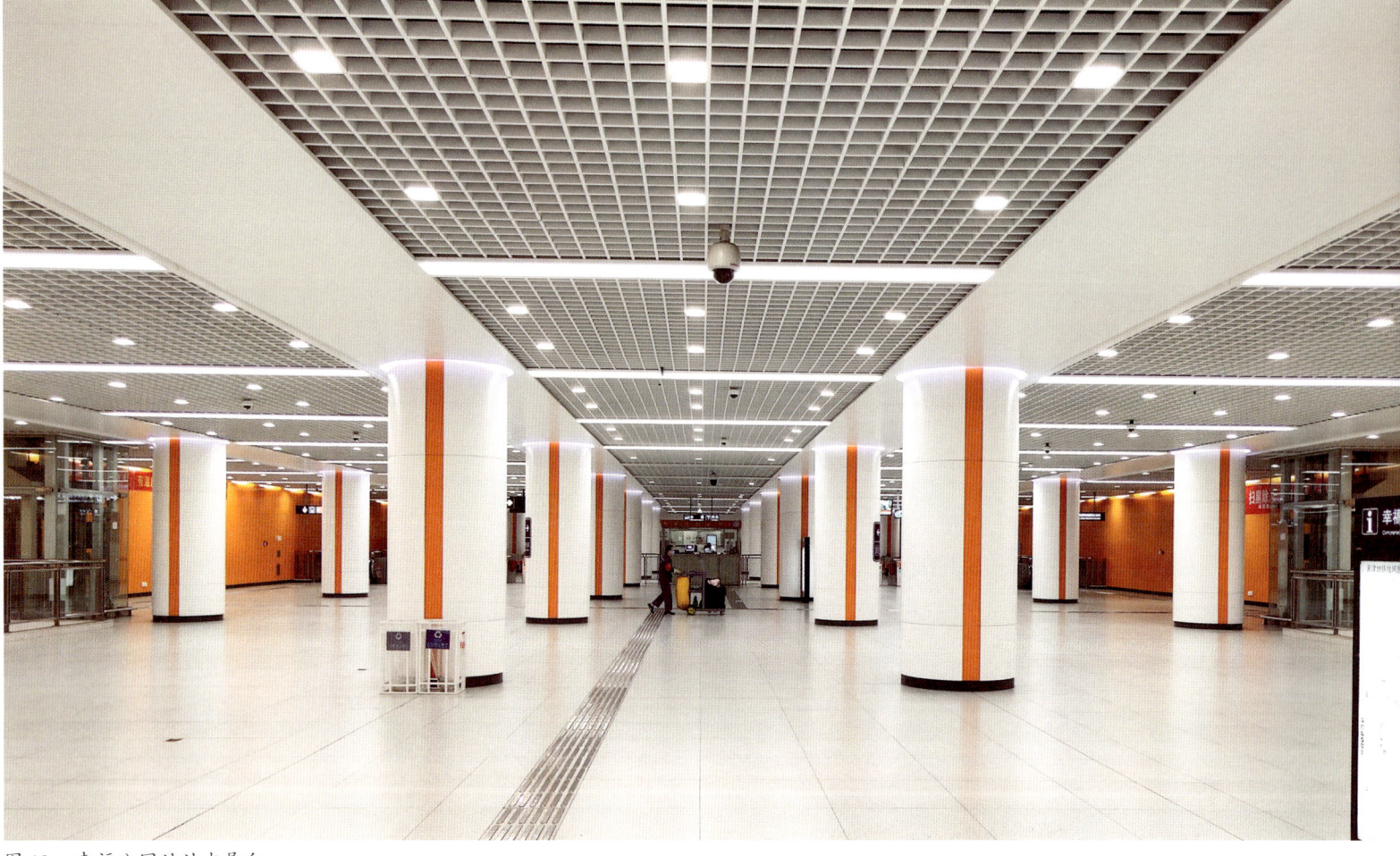

图 12　幸福公园站站内导向

城市文化空间样本考／天 津

总结

  天津地铁公共艺术目前呈现出多元化的发展趋势，不仅着重于地域文化的展现，更着眼于不断发展中的现代艺术。站厅和站台是公共艺术的主要发布空间，此外还出现在地铁出入口、楼梯区域、立柱区域、天顶区域、地面区域，以及车站建筑的特殊区域等。地铁空间的设计应更多考虑公共艺术的展示空间，同时也要思索如何将其融合于整体空间中，而不是孤立的存在。

图书在版编目（CIP）数据

城市文化空间样本考：国内外轨道交通站内空间发展调研与分析/崔冬晖，郭立明，李亚铁主编. —北京：中央民族大学出版社，2023.11

ISBN 978-7-5660-2131-1

Ⅰ.①城… Ⅱ.①崔…②郭…③李… Ⅲ.①城市铁路—轨道交通—设计—研究 Ⅳ.①U239.5

中国版本图书馆 CIP 数据核字（2022）第 208604 号

城市文化空间样本考
——国内外轨道交通站内空间发展调研与分析

主　　编	崔冬晖　郭立明　李亚铁
责任编辑	舒　松
封面设计	布拉格
出版发行	中央民族大学出版社
	北京市海淀区中关村南大街27号　　　邮编：100081
	电　话：（010）68472815（发行部）　传真：（010）68932751（发行部）
	（010）68932218（总编室）　　（010）68932447（办公室）
经 销 者	全国各地新华书店
印 刷 厂	北京时尚印佳彩色印刷有限公司
开　　本	787×1092　　1/12　　印张：42.67
字　　数	600千字
版　　次	2023年11月第1版　　2023年11月第1次印刷
书　　号	ISBN 978-7-5660-2131-1
全套定价	520.00元

版权所有　翻印必究

城市文化空间样本考

——国内外轨道交通站内空间发展调研与分析

（国外版）

A study on the sample of urban cultural space

中央美术学院

目 录

布达佩斯 ... 267
  布达佩斯轨道交通发展概况 ... 268
    1896—1970年初步发展：艺术发展趋势的带动 ... 271
    1970—2004年过渡阶段：多元化的装饰艺术风格 ... 274
    2004—2014年成熟期：新世纪的创新发展 ... 278
  布达佩斯轨道交通公共艺术发展概况 ... 285
  布达佩斯轨道交通艺术形式调研总结 ... 289

莫斯科 ... 291
  莫斯科轨道交通发展史 ... 292
  莫斯科轨道交通发展概况 ... 293
    1935—1953年斯大林时期 ... 293
    1954—1964年赫鲁晓夫时期 ... 296
    1965—1994年戈尔巴乔夫时期 ... 298
    1995—2010年苏联解体后时期 ... 300
    2010年至今新世纪发展时期 ... 302
  莫斯科轨道交通公共艺术线路调研 ... 305
    M1—M12，M15莫斯科轨道交通 ... 306
  莫斯科轨道交通艺术形式调研总结 ... 319

伦敦 ... 321
  伦敦轨道交通发展概况 ... 322
    1863—1927年建设之初：实用主义 ... 325
    1927年至战前启蒙期：雕塑当道 ... 326
    1931—1945年停滞期：第二次世界大战期间 ... 328
    1960—1970年战后期：波普流行 ... 329
  临时性公共艺术
    ——ART ON THE UNDERGROUND ... 330
    2013年：迷宫 ... 332
    2016年："艺术地图"项目 ... 333
    维多利亚线——座椅与公共艺术结合 ... 334
  伦敦轨道交通线网调研 ... 335
    传承与突破 ... 335
    多元化的艺术形式 ... 335
    公益性与公众参与 ... 335

慕尼黑 ... 343
  慕尼黑轨道交通发展概况 ... 344
    1964—1979年准备期与奥运大发展期 ... 347
    1980—1989年艺术介入新发展期 ... 354
    1989—1996年艺术发展成熟期 ... 364
    1997年至今艺术主导新时期 ... 376
  慕尼黑轨道交通公共艺术线路调研 ... 395
  慕尼黑轨道交通艺术形式调研总结 ... 401

纽约 ... 403
  纽约地铁发展概况和发展阶段 ... 404

关于系绳艺术博物馆艺术与设计
　（MTA Art & Design）项目⋯⋯⋯⋯⋯⋯ 406
MTA 公共艺术项目和作品⋯⋯⋯⋯⋯⋯⋯⋯ 406
　纽约第二大道地铁线 69 街站⋯⋯⋯⋯⋯ 408
　纽约第三大道地铁线 63 街站⋯⋯⋯⋯⋯ 410
　纽约第二大道地铁线 83 街站⋯⋯⋯⋯⋯ 414
　纽约第二大道地铁线 94 街站⋯⋯⋯⋯⋯ 417
　MTA 公共艺术品项目其他站点作品⋯⋯ 420
　　34 街（声音装置）⋯⋯⋯⋯⋯⋯⋯⋯ 420
　　23 街（飘浮帽子）⋯⋯⋯⋯⋯⋯⋯⋯ 422
　　14 街（艺术雕像）⋯⋯⋯⋯⋯⋯⋯⋯ 424
　　42 街（波普艺术）⋯⋯⋯⋯⋯⋯⋯⋯ 426
　纽约最大地铁换乘中心⋯⋯⋯⋯⋯⋯⋯⋯ 428

巴黎⋯⋯⋯⋯⋯⋯⋯⋯⋯⋯⋯⋯⋯⋯⋯⋯ 433
　巴黎地铁发展概况和发展阶段⋯⋯⋯⋯⋯ 434
　巴黎轨道交通发展趋势⋯⋯⋯⋯⋯⋯⋯⋯ 435
　　1900—1968 年初步发展：艺术发展趋势带动
　　　地铁空间装饰风格的发展⋯⋯⋯⋯⋯ 436
　　1980—1990 年过渡阶段：多元化的装饰艺术
　　　风格⋯⋯⋯⋯⋯⋯⋯⋯⋯⋯⋯⋯⋯⋯ 444

　　1990 年至今再发展阶段：第二阶段文化活力
　　　计划、新世纪地铁创新⋯⋯⋯⋯⋯⋯ 448
　巴黎轨道交通公共艺术发展概况⋯⋯⋯⋯ 456
　　M1—M14 巴黎轨道交通⋯⋯⋯⋯⋯⋯ 457
　巴黎轨道交通艺术形式调研总结⋯⋯⋯⋯ 473

斯德哥尔摩⋯⋯⋯⋯⋯⋯⋯⋯⋯⋯⋯⋯⋯ 475
　斯德哥尔摩轨道交通⋯⋯⋯⋯⋯⋯⋯⋯⋯ 476
　斯德哥尔摩轨道交通公共艺术发展现状及趋势⋯⋯ 477
　　1950—1959 年初步发展时期：城市化发展，
　　　居民交通需求上升⋯⋯⋯⋯⋯⋯⋯⋯ 478
　　1960—1974 年快速发展：城市化进程加快，
　　　居民环境意识觉醒⋯⋯⋯⋯⋯⋯⋯⋯ 479
　　1975 年顶峰时期：城市交通问题加重，蓝色
　　　线路系统开通⋯⋯⋯⋯⋯⋯⋯⋯⋯⋯ 480
　　1976—2013 年平缓发展时期：城市经济、
　　　社会、人口发展保持稳定⋯⋯⋯⋯⋯ 488
　　2014 年至今新公共艺术时期：城市增长迅速，
　　　以长期可持续的方式继续发展⋯⋯⋯ 489
　斯德哥尔摩轨道交通艺术形式调研总结⋯ 494

结语⋯⋯⋯⋯⋯⋯⋯⋯⋯⋯⋯⋯⋯⋯⋯⋯ 495

城市文化
空间
样本考

布达佩斯

布达佩斯轨道交通发展概况

匈牙利首都——布达佩斯，是匈牙利最大的城市，也是欧洲著名的古城。自1894年开始修建地铁，并于1896年5月2日正式建成通车，至今线路有4条。这些线路分别为黄线、红线、蓝线、绿线，车站数量有52个，总计运营里程38.2千米。布达佩斯拥有欧洲大陆最古老的电气化铁路系统，其电气化地铁线路在世界上排名第二，仅次于伦敦。

布达佩斯地铁黄线，也就是1号线，朝着城市中心的安德拉西大道（Andrássyút）上的东北-西南方向敷设，几乎每一站都能发现这个城市的文化亮点。例如步行街、安德拉什大街、国家歌剧院、英雄广场等。2号线红线则是沿着东西方向敷设的路线，连接着主要的城区和火车站，因此红线的Kossuth Lajos tér站与黄线的戴阿克·费仑茨站（Deák Ferenc tér）连接在一起，两条线路之间形成了一个枢纽站。3号线蓝线先后向北延伸，是布达佩斯地铁运营最长的线路。值得一提的是2014年投入运营的4号线绿线，首次采取了无需驾驶员操作的全自动列车（图1）。

图1　布达佩斯地铁运营图

城市文化空间样本考／布达佩斯

匈牙利有着悠久的历史和深厚的人文底蕴，美丽的蓝色多瑙河流经此处，骤然转弯，首都布达佩斯因而浪漫唯美，整个城市处处散发着艺术气息，素有"东欧巴黎"的美称。地铁建设中也采用了不同的艺术表现形式，传递着这座古老城市的风貌和精神（图2）。

图 2　布达佩斯地铁 1 号线艺术作品

回望匈牙利历史，虽然在第一次世界大战中战败随之解体，仅仅存在了51年，但其国家人均生产率仅次于当时最强的德国。政府认识到铁路在经济建设和军事上的重要作用，加强了基础建设。布达佩斯地铁网络的发展与政治、经济及文化的发展紧密相连。并伴随着艺术史的发展，地铁设计融合了不同时期的艺术风格，表现了浓厚的民族艺术色彩。布达佩斯自19世纪60年代至20世纪初，短短几十年间，城市建设发展迅速，人口激增，形成了超过100万人口的大城市，街道上塞满了车辆，为缓解交通压力，开始向地下空间发展（图3）。

城市发展概况	时间	地铁发展趋势
布达佩斯自19世纪60年代至20世纪初，短短数十年间，城市建设迅猛发展，城市人口猛增3倍以上，形成了超过100万人口的大城市。	1894年	布达佩斯于1894年正式向当局提交建造地铁方案，提出安道尔大街必须尽量建设大运送量的交通。部分建筑物首次采用混凝土，当时匈牙利已有相当高的建筑技术水平。
虽然在第一次世界大战中战败解体，但国家人均生产率仅次于当时最强的德国。1896年，为纪念匈牙利民族在欧洲定居千年，修建欧洲大陆的第一条地铁线路。	1896年	布达佩斯地铁是欧洲大陆最古老的电气化铁路系统，是欧洲第二古老的地铁，已有一百多年的历史。开始从美观上考虑车站装饰，站内设计基本一致。
自东欧剧变后，匈牙利经济高速发展，是19世纪末20世纪初在欧洲产生并发展的一次影响面相当大的新艺术运动。	1918年	以发达的工业技术为基础，以建筑为中心，采用欧洲流行的最新样式，以及称为新艺术的美术样式，随处可见的绘画与雕塑等艺术作品。
布达佩斯城市人口的减少，郊区化是人口减少的一个十分重要的因素。每年大约有1.6万~1.8万人迁居到布达佩斯市的外围地区。	1970年	在相当长的时间里，布达佩斯的地铁只有M1一条线路运营。从20世纪70年代开始，匈牙利开始建设法国式的大运量的运送型地铁。受现代主义设计风格影响，将艺术与技术结合，更加满足人们的出行需求。
2001年布达佩斯制定了"2001城市交通发展战略"，2004年成为欧盟成员国便是这一战略的集中体现。冷战的结束及近10年的经济快速发展，为匈牙利再次打造成为中欧的经济中心提供了机遇。	2004年	每个车站都有不同的特色，彼此相互关联。结合当代艺术与公共空间，实现了由最初的基本功能到现今更为实用、美观、舒适的特色转变。

图3　布达佩斯轨道交通发展趋势调研时间轴

1896—1970 年初步发展：艺术发展趋势的带动

1. 新艺术运动的影响

在 20 世纪之交，即 1880—1914 年间，新艺术运动在欧洲各地的建筑和应用艺术中都是时尚、前卫的美学。其特点是充满了波浪形和流动的线条形，崇尚自然，像是植物生长出来，材料方面偏向于用铁艺装饰细节，同时还有大量玻璃和马赛克的应用。

在布达佩斯有一座建于 1894 年到 1896 年的"自由桥"，这座桥通体是绿色的钢筋，像一条大型锁链，横跨多瑙河，在两岸间构成一道无与伦比的浪漫风景线。布达佩斯地铁 1 号线内部构件也同样受到新艺术风格的影响，都是为纪念匈牙利民族从亚洲迁居欧洲 1000 周年而建。1 号线地铁中的立柱设计采用铁艺铸造，柱头为古典主义的科林斯柱式，并用莨苕作装饰。这种模仿植物的结构来设计的方式，充分发挥了自然主义的特征，在整个空间的映衬下，给人以复古而又迷人的艺术感受（图 4）。

图 4 "自由桥"和地铁 1 号线站内设计

2. 浓厚的民族艺术色彩

布达佩斯地铁 1 号线站内，顶棚采用了连续拱券结合照明的形式，与整个空间格调相契合。宽约 6 米，高约 2.7 米的列车运用古典的地板、木椅，拉手也是皮制的。整个内部的色彩和装饰相互协调，深受当时艺术潮流和民族特色的影响。该地铁站内覆盖着砖红色与白色拼接的瓷砖，通过瓷砖拼贴让车站的色彩更加多元。同时，配合着木质装饰，其手法渗透了东西欧的艺术特点，又有着文艺复兴时期贵族府邸的影子。

总体来说，这个时期的地铁站设计是新艺术时期风格的延续，注重艺术表现以及天花板的设计，很好地表现了东欧匈牙利的设计风格（图 5）。

图 5　布达佩斯地铁 1 号线站内设计风格

3. 地铁文化——布达佩斯地铁博物馆

布达佩斯地铁博物馆（Underground Railway Museum, Budapest）位于黄线的戴阿克·费仑茨站（Deák Ferenc tér）内，作为欧洲大陆第一条开通运营的地铁线路，1号线各个车站的原始面貌都被保存下来。而戴阿克·费仑茨站增加了博物馆的功能，这里展示有关欧洲大陆古老的布达佩斯地铁的历史，车站展出了大量的历史照片和列车模型。一系列的照片和模型讲述了这条线路的发展历程。戴阿克·费仑茨站连接着三条地铁线路，是一个重要的枢纽站，列车博物馆的入口就在通往地铁站的地下走廊里（图6）。

图6　戴阿克·费仑茨站（Deák Ferenc tér）地铁博物馆

1970—2004年过渡阶段：多元化的装饰艺术风格

在经济快速发展下，布达佩斯的交通压力日益剧增，国家开始不断扩建地铁工程。其着重表现在地铁2号线和3号线的设计中，匈牙利开始建设法国式大运量的运送型地铁。并受现代主义设计风格影响，将艺术与技术结合，更好地满足人们的使用需求。

1. 现代主义风格的萌芽

在现代主义风格的影响下，地铁建设出现了标准化设计趋势，站内装修特点明亮简洁。车站具有标准化、工业

化的特点，并融入了公共艺术，站内布置有古典主义的壁画和雕塑艺术作品。空间强调导向集成，在材料选择上使用铝板装饰墙面。为了防止光线的眩晕，天花板则用白色板条进行深度分段布置。如布达佩斯地铁3号线的边境公路站（Határút），其空间设计出现了大气简洁的效果（图7）。

总体来说，从空间设计上看，这一时期站内装饰相对简洁，摆脱传统建筑形式的束缚，广泛应用适应于工业化社会的条件、要求的建筑材料，因而具有鲜明的理性主义特点。

图7　布达佩斯地铁3号线边境公路站（Határút）

2. 色彩装饰艺术

布达佩斯地铁3号线的费伦西克广场站（ferenciek tere），采用黄色和橘黄色玻璃的装饰物，透过灯光与镜面呈现出了简洁而强烈的色彩对比与空间感，颜色鲜艳明快，整体通道既有时代风格，也彰显出了现代美感（图8）。

图8　布达佩斯地铁3号线费伦西克广场站（ferenciek tere）

城市文化空间样本考／布达佩斯

—277—

2004—2014年成熟期：新世纪的创新发展

布达佩斯地铁4号线是该城市近数年间兴建的最大基础设施工程。作为与市民生活息息相关的公共交通项目，地铁站的设计在2004年全球范围内由竞赛形式选出，鼓励公共艺术空间的建设，为布达佩斯地铁带来了多元、充沛的文化活力。每站的建筑设计和个性特色都相对鲜明，融入地铁站附近的人文特色，树立独一无二的标志，为当代的地下铁车站开辟了另一种新风格。

1. 不同氛围的车站设计

布达佩斯是一个集折中主义、浪漫主义、古典主义为一体的城市，它保留着城市的传统，延续着文化的脉络，设计师希望打造一个与外部城市的历史气息迥然相异的地下公共空间。对于4号线整条地铁线路，设计者首先确定统一的设计方法和建筑语言，然后针对不同站点，通过丰富多样的设计语言，表达不同的站内特色。整条线路共有10个站点，可以被视作有着10只翅膀，每只翅膀有着其自身的气息，但又彼此关联。海关广场站和圣盖勒特广场站是4号线上的一对双站台，它们位于多瑙河河畔，由箱型空间和隧道组成。裸露的混凝土结构成为整个地下空间的构成元素，X形的梁与上上下下的扶梯相互交错，犹如一座地下混凝土艺术宫。这个多层综合体的地下空间和地面上19世纪的街道相呼应，从这里可以通往历史悠久的布达佩斯城镇中心。圣盖勒特广场站距地面足有36米，是整条路线中埋线深度最大的车站之一（图9）。

图9　布达佩斯地铁 4 号线海关广场站（Fovámtér）和圣盖勒特广场站（Szent Gellérttér）

车站顶部为钢筋混凝土结构，由下仰视，扶梯、钢筋混凝土梁板、通风系统、照明设备浑然一体，与空间结构等其他设计系统相契合，纳入了统一的设计范畴，而不是单独的设计系统。

在比卡斯公园站，采用了一个透明穹顶向天空打开的形式，并作为候车月台的照明来源。穹顶使用了纤细的轻型结构，在白天车站的深处，站台层依然有丰富的光影。被周围的住宅区所环抱的新的出入口建筑，在公园的角落成为一个城市规模的特征元素（图10）。

图 10　布达佩斯地铁 4 号线比卡斯公园站（Bikás park）

城市文化空间样本考／布 达 佩 斯

2. 公共艺术空间的塑造

在墙面公共艺术形式上，设计师巧妙地以马赛克镶嵌入墙，墙壁不再是我们传统意识上的冷冰冰、千篇一律的墙体，不同位置的马赛克在光的照射下，使整个空间变得丰富起来，多种图案变换也彰显了这片区域的风格特点（图11）。

图11 布达佩斯地铁墙面装饰风格

圣盖勒特广场站内，穹顶和立柱上五彩斑斓的马赛克，衬托了个性化白色座椅，而座椅的白色也为墙壁点缀了一抹恰到好处的白，当人们行走在其中，仿佛在穿越一条时光隧道（图12）。

图12　布达佩斯地铁4号线圣盖勒特广场站（Szent Gellérttér）

站内人性化的设计随处可见，彩色的有机玻璃既作为座椅靠背，又可作为一道美丽的屏障，乘客可获得片刻放松空间。半高的木质隔板的存在，为一部分只短暂停靠，但不想坐下来的人提供便利。这些精巧的设计，运用艺术元素使乘客的等待更加愉快（图13）。

由100多年前的1号线到如今比较先进的4号线，不仅是地铁外观形态的改变，而是其突出的设计理念和施工技术在这100多年的改变，实现了由最初的基本功能到现今更为实用、美观、舒适特色的转变。

图13　布达佩斯地铁站内设计

布达佩斯轨道交通公共艺术发展概况

布达佩斯的地铁发展与艺术的发展密不可分。随着国家经济实力的增强，艺术性的发展，地铁公共艺术的设计也与地上联系紧密。从新艺术运动到现代主义的转变，布达佩斯轨道交通艺术也随之而发展，向乘客展示了布达佩斯多元化的艺术魅力（图 14 至图 17）。

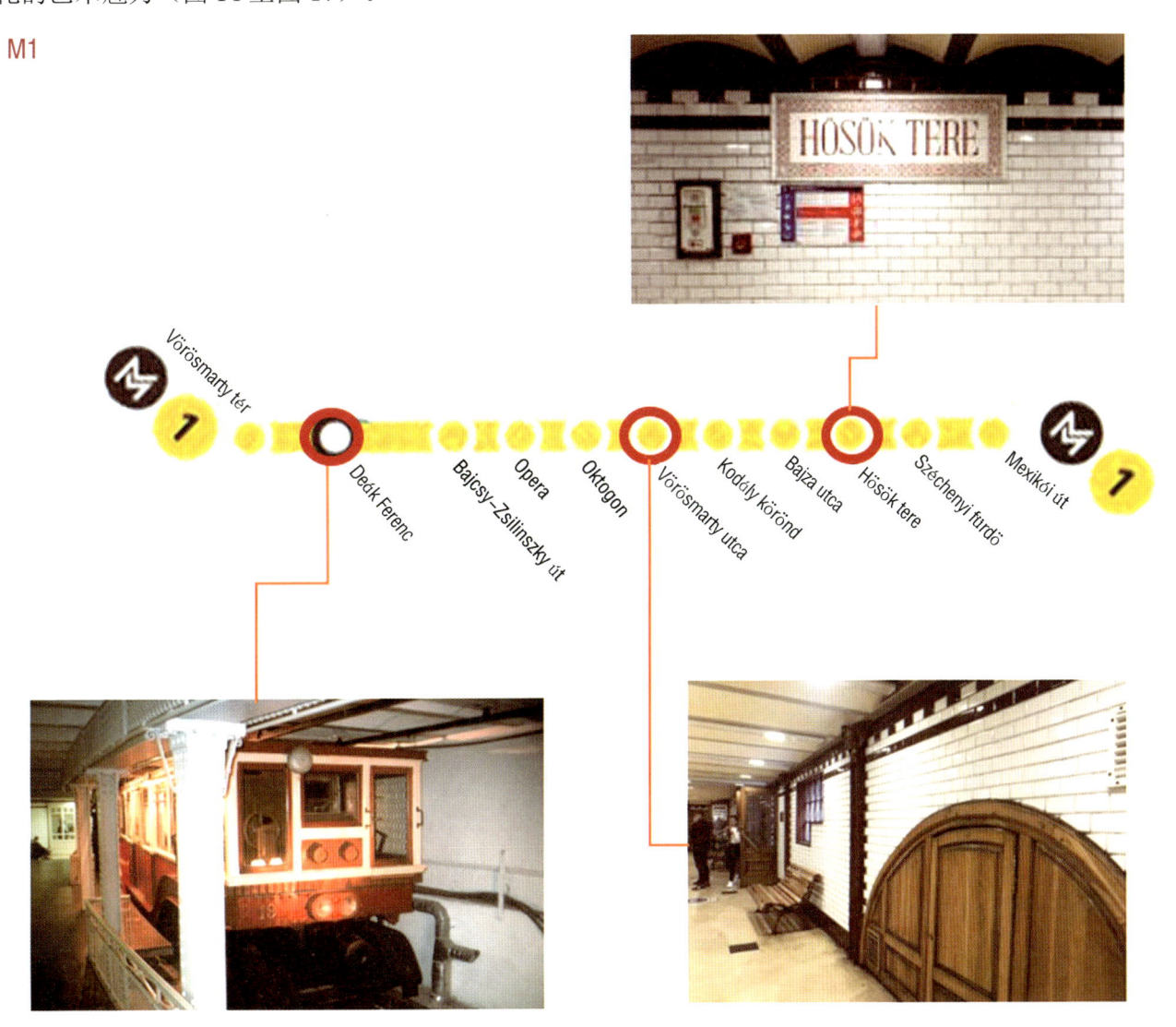

M1

图 14　布达佩斯地铁 1 号线

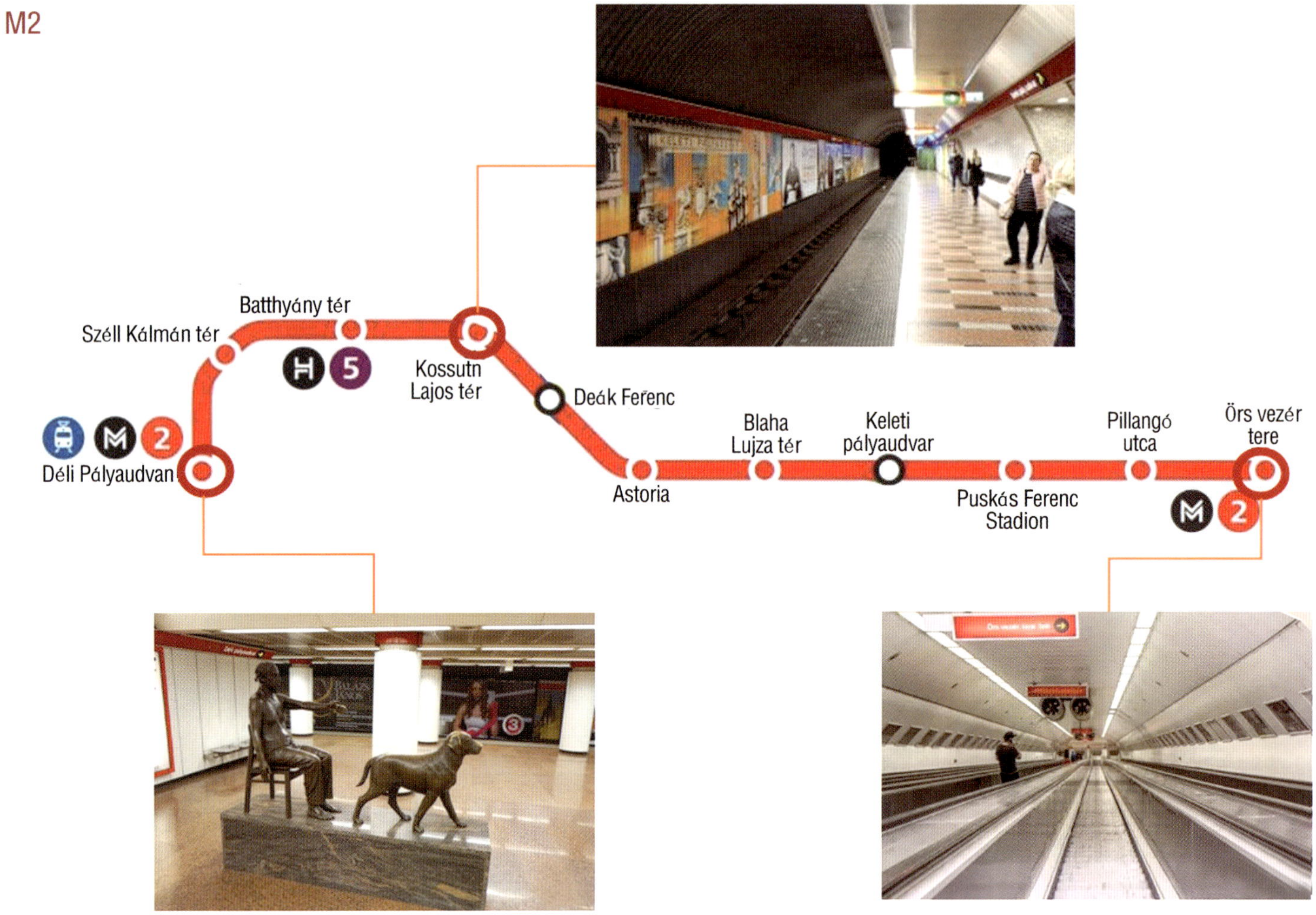

城市文化空间样本考

M2

图 15　布达佩斯地铁 2 号线

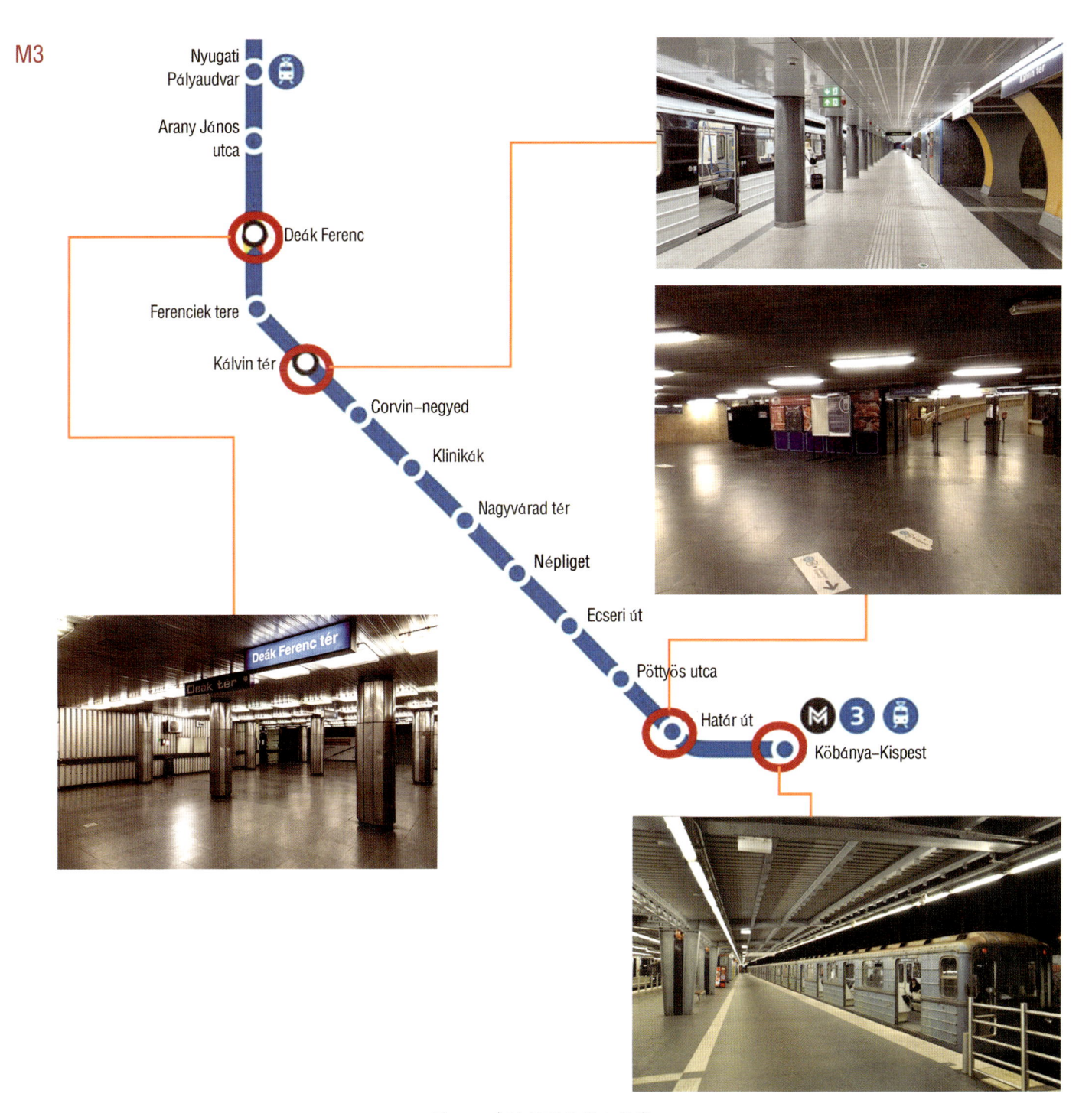

图 16　布达佩斯地铁 3 号线

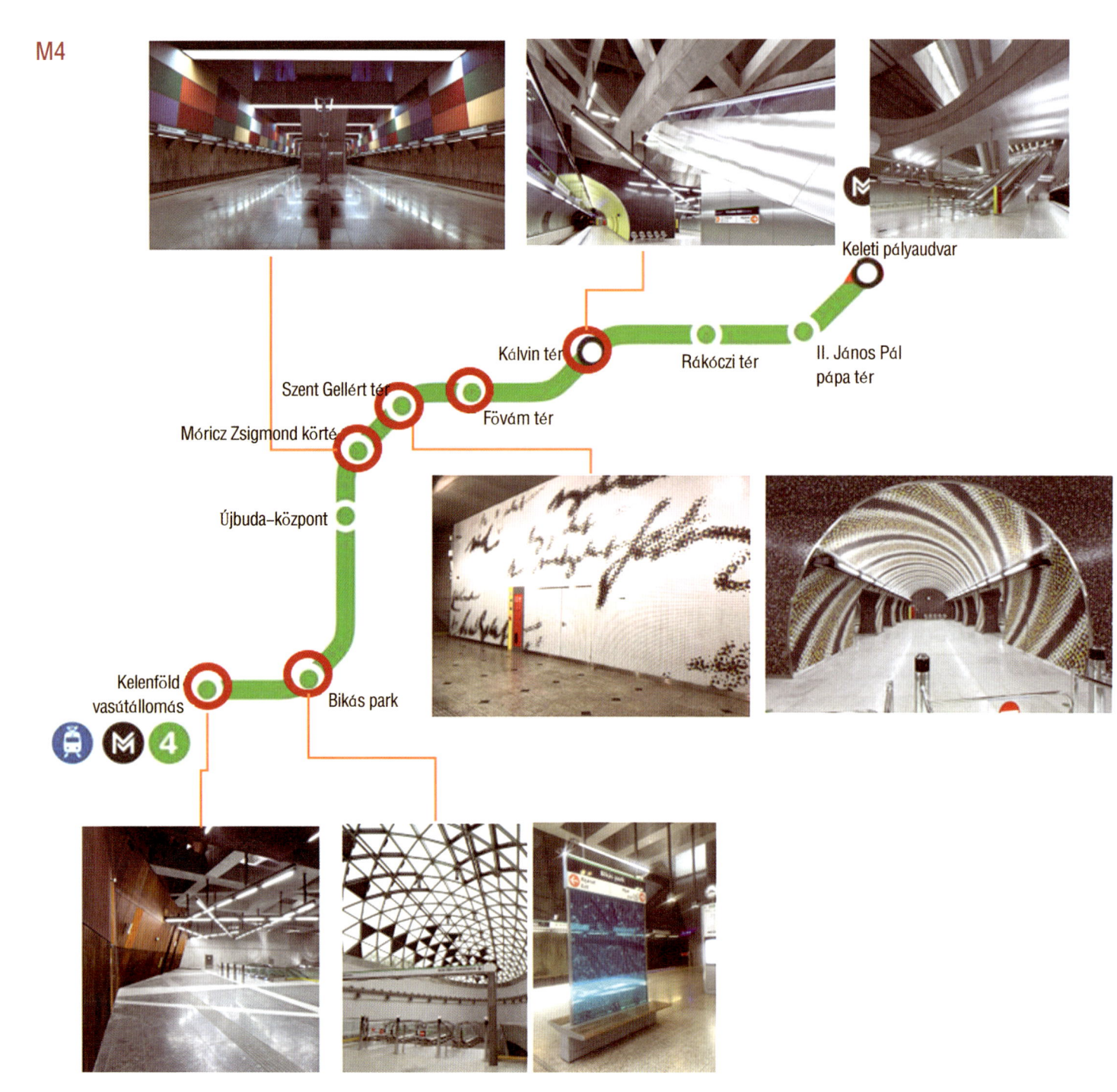

图 17　布达佩斯地铁 4 号线

布达佩斯轨道交通艺术形式调研总结

布达佩斯地铁车站结合当地区域历史文化，透过平面、空间以及装置类艺术品反映所在地的文化特性或历史渊源。经过一个多世纪布达佩斯地铁艺术形式的生成与转型，反映了人们对交通运输、公共艺术与公共空间看法的转变，以及对城市之美定义的改变（图18）。

艺术形式 年代	平面类	空间类	装置类
1896—1970			
1970—1976			
1976—2004			
2004—2014			

图18　布达佩斯轨道交通不同年代的艺术形式类型

城市文化空间样本考

莫斯科

城市文化空间样本考

莫斯科轨道交通发展史

　　莫斯科城市轨道交通是世界上发展较早又最宏大的轨道系统之一，其被公认是世界上最美的轨道交通，主要结构为中心向四周辐射状，其全长为330多千米，密布于城市地下空间中，串联起整个城市的大型交通枢纽站与重要公共空间。莫斯科城市轨道交通拥有15条线路，230多个车站，其中最重要的是5号线——环线，它负责连接起其余绝大多数线路，其长度大约为20千米。运营路线长度在全球城市位列第五，每日大约承运800—900万人次（图1）。

图1　莫斯科地铁线路图

—292—

莫斯科轨道交通发展概况

从轨道交通站点建设角度来看，其发展方向与国家政治、经济、社会、战争等多方面国家形势变化紧密相连。前期站内公共艺术的发展由中央领导人决定，风格较为个人化；后期随着国家的发展，社会环境的放松，轨道交通站内公共艺术形式也随之发展成为多元化，展现出更具未来、科技的莫斯科城市魅力。

莫斯科地铁站是由国内著名设计师设计，造型非常华丽典雅，形态各异，拥有独特的建筑风格。地铁站共使用20多种不同的材质，车站大厅运用各种各样的矿物质石材，顶部采用的是艺术浮雕设计，并搭配非常美观的灯饰设计，犹如宫殿一般，甚至被誉为"地下艺术殿堂"。它就如同一个充满艺术气息的博物馆，公共艺术车站占比约为51%，其中最突出的就是以爱国主义为主题的地铁站设计。

莫斯科轨道交通历经了五个发展阶段，逐渐演变成为当今华丽、低调的风格，不同领导人执政时期的地铁建设具有不同的特点。

1935—1953年斯大林时期

"一五"计划期间，在传统重工业发展的基础上，城市交通资源相对较为紧缺，有轨电车的运载压力相对较大；以及更重要的是处于卫国战争前夕，出于军事方面需求的直接考虑，1935年5月15日，莫斯科地铁第一条线路通车。斯大林时期地铁的目的："在建筑艺术上有重要意义的地下宫殿式的建筑群"，尽可能地使用各种富丽堂皇的装饰手段，以彰显先进性（图2、图3）。

1938年起，充分融合了各种被后人总结为"斯大林式"的新古典建筑艺术和各种传统的艺术品，整个站点已经不是传统的交通节点，而是一个艺术馆。

图 2　莫斯科斯大林时期地铁建筑风格

图3 莫斯科地铁堪称"地下艺术殿堂"

1954—1964 年赫鲁晓夫时期

赫鲁晓夫上台后，莫斯科地铁发展放弃了"斯大林式"的雍容华贵，一切从简，主张多快好省，力争客流，从而开始了全新的发展阶段，主要以工业区以及住宅区建设作为发展的重点。同时，在加快建设进度、缩短建设周期的基础上，也非常强调对地铁建设成本的控制，在整体设计风格上体现出使用主义理念，车站设计更加简单。

阿列克谢耶夫斯基站（Alekseyevskaya）（图4）是深埋暗挖的三拱门廊式车站，装饰元素被全部移除，简洁而不失典雅。

图4 莫斯科地铁6号线阿列克谢耶夫斯基站（Alekseyevskaya）

6号线列宁大道站（Leninsky Prospekt）使用预构件的明挖两柱三跨站。搭建起来很快，但会有漏水的问题，墙面装饰简单（图5）。

7号线塔甘－红普列斯尼亚线维欣诺站（Vykhino）也是遵循多快好省的原则，采用V形顶棚预构件建立地面露天站，侧式站台。由于它是唯一与通勤列车同台换乘的地铁站，加上位于交通枢纽，因此客流量是最大的（图6）。

图5　莫斯科地铁6号线列宁大道站 (Leninsky Prospekt)

图6　莫斯科地铁7号线维欣诺站（Vykhino）

1965—1994 年戈尔巴乔夫时期

　　勃列日涅夫和戈尔巴乔夫时期，莫斯科地铁部分站点设计风格又回归了斯大林时期，加入了时代审美，进行了回归的变体。勃列日涅夫上台之后的一段时间内，艺术发展有所停滞，改变了以往低成本的发展观念，全面加大在地铁建设上的资金投入。从一定层面上来看，这一时期无论是从艺术理念还是意识形态方面，都和斯大林时期有很多共同之处。

　　随着苏联意识形态的发展，地铁站内的空间环境设计也在不断的发展。这一时期的设计风格重新回归了斯大林时期，但是在设计方面更具有现代化、抽象化的意味，特别是在戈尔巴乔夫时期，这种抽象意识更加明显。社会的动荡引发了人们思想的松动，而艺术的想象力得到进一步丰富和激发，设计更加多样化。苏联的经济发展速度飞快，形成了良好的社会环境，现代艺术、现代思想体现在地铁站的设计思维中。受到苏联后期以及俄罗斯早期经济发展的影响，不少地铁在建设以及运营上都停留了较长时间，不过装修质量上并未发生变化。需要注意的是，戈尔巴乔夫时期一般是以 1994 年 9 号线北段落成为止，这也是苏联解体前最后开建的部分（图 7）。

城市文化空间样本考 / 莫斯科

图7　莫斯科戈尔巴乔夫时期地铁建筑风格

—299—

1995—2010 年苏联解体后时期

20世纪90年代到21世纪10年代开始展示新时代的艺术——自由与开放。苏联解体之后，莫斯科地铁发展得到了进一步发展，但是其艺术形式并未受到影响。部分学者将莫斯科地铁的发展阶段加以细分，包括卢日科夫时期以及索比亚宁时期。从命名的层面而言，改变了以往用中央领导人来命名的方式，这也意味着其艺术审美不再被联邦中央所影响，也不再将其视为衡量综合国力的重要标志。更加注重对于艺术的追求以及时尚的发展，因此这一时期的地铁设计更加具有创意性。

图8　莫斯科地铁3号线斯拉夫林荫路站（Slavic Boulevard Station）

10号线契卡洛夫站（Chkalovskaya）门廊和檐口的弧线运用与地板的方形形成强烈反差，泛蓝的日光灯带来了几分迷幻的感觉；10号线布拉迪斯拉发站（Bratislavskaya）结构为单柱两跨，弧顶只是装饰；3号线斯拉夫林荫路站（Slavyansky Bulvar）从地面伸出藤蔓一样的落地灯，用古文字体书写的站名，仿照老式火车站的站名立牌，令人置身于魔幻世界当中（图8、图9）。

图9　莫斯科地铁10号线布拉迪斯拉发站（Bratislavskaya）

2010 年至今新世纪发展时期

这段时间的设计风格转变为极简、极美、低调而奔放。俄罗斯整体综合实力逐步提升,受到欧美地区艺术审美的影响,其地铁设计也非常突出。主要强调地铁多元化设计,体现经济与艺术对现代地铁设计带来的影响。8 号线新科西诺站(Novokosino)拱顶的 X 型骨架就是最大的装饰品。LED 射灯往上打光,照到银白色的金属板上再反射回来;3 号线皮亚尼察公路站(Pyatnitskoye Shosse)采用了大曲线的站台结构(图 10、图 11)。

我们可以看到莫斯科地铁不仅是城市文化的体现，同时也是历史和文化的博物馆；莫斯科地铁虽然历经了不同的发展阶段，但是张扬华丽的特征一直没有改变，通过不同的方式，彰显着自己永恒的魅力。它所具备的承载历史和文化的博物馆性质以及莫斯科地铁自身的发展历程，值得其他国家借鉴。莫斯科地铁内空间环境设计经历了一个不断发展的过程，充分体现了苏联地铁空间环境设计的思想和宗旨。

图 10　莫斯科新世纪时期地铁建筑风格

图 11　莫斯科地铁 3 号线皮亚尼察公路站（Pyatnitskoye Shosse）

莫斯科轨道交通公共艺术线路调研

  莫斯科轨道交通可以说是宫殿中的美术馆，作为承载历史和文化的博物馆功能以及莫斯科轨道交通自身的发展历程，颇具借鉴和反思的价值。莫斯科轨道交通内空间环境设计的发展足以体现苏联轨道交通空间环境设计的发展。截至 2015 年 12 月 8 日，莫斯科轨道交通共有 196 个车站，运营里程 327.5 千米，其中有 44 个站被列入俄罗斯文化遗产。轨道交通车站竟然也能成为文化遗产，这个事件对国人来说可能会相对陌生，但是对莫斯科来说，那些美丽的轨道交通车站既是文化的传承，同时也是人们不断追求的目标。

M1—M12，M15 莫斯科轨道交通 （图12至图24）

公共艺术站 ◎
普通车站 ○

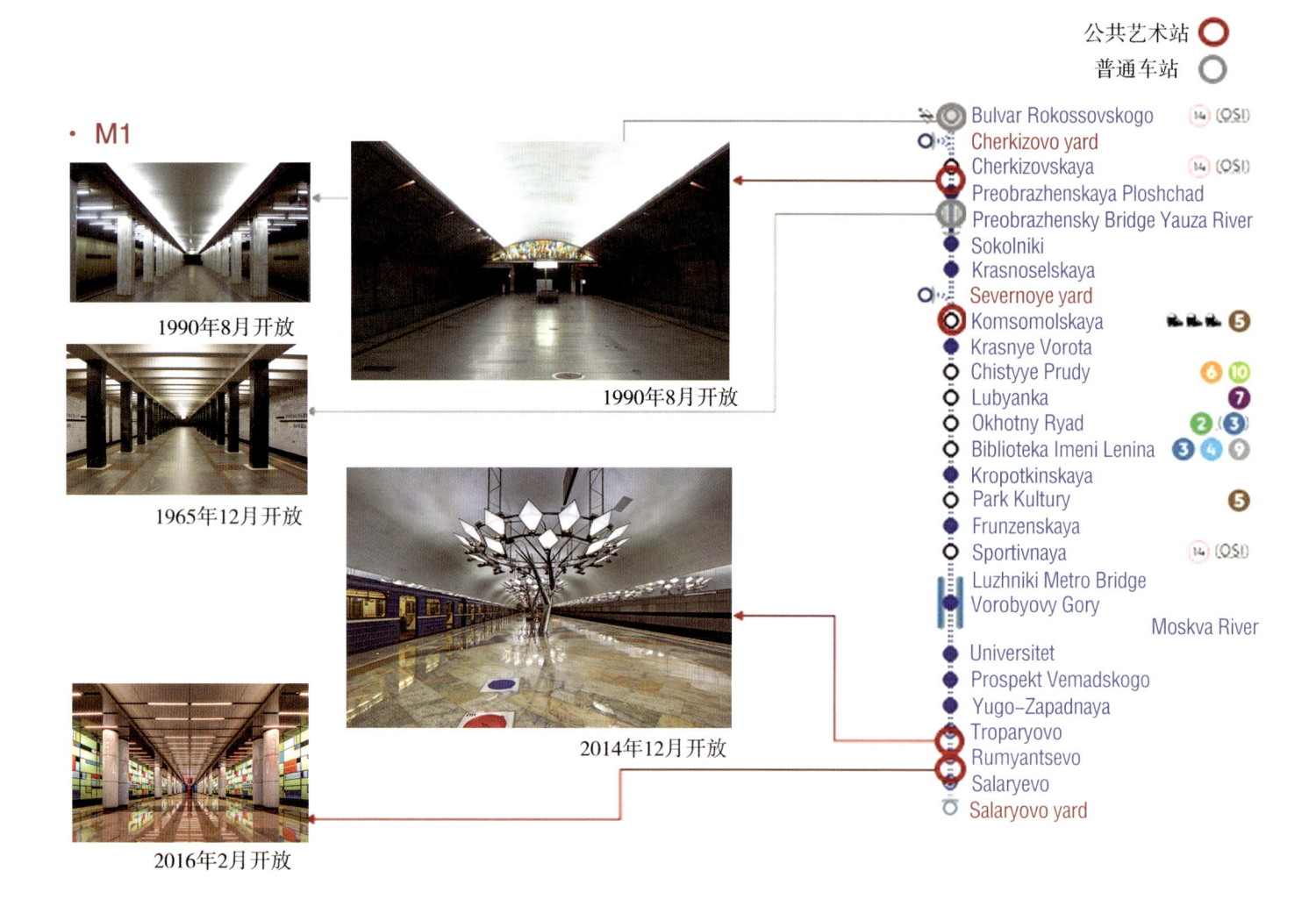

· M1

1990年8月开放

1965年12月开放

1990年8月开放

2014年12月开放

2016年2月开放

Bulvar Rokossovskogo
Cherkizovo yard
Cherkizovskaya
Preobrazhenskaya Ploshchad
Preobrazhensky Bridge Yauza River
Sokolniki
Krasnoselskaya
Severnoye yard
Komsomolskaya
Krasnye Vorota
Chistyye Prudy
Lubyanka
Okhotny Ryad
Biblioteka Imeni Lenina
Kropotkinskaya
Park Kultury
Frunzenskaya
Sportivnaya
Luzhniki Metro Bridge
Vorobyovy Gory
Moskva River
Universitet
Prospekt Vernadskogo
Yugo-Zapadnaya
Troparyovo
Rumyantsevo
Salaryevo
Salaryovo yard

图12 莫斯科地铁1号线

城市文化空间样本考／莫斯科

· M2

公共艺术站 ⭕
普通车站 ◯

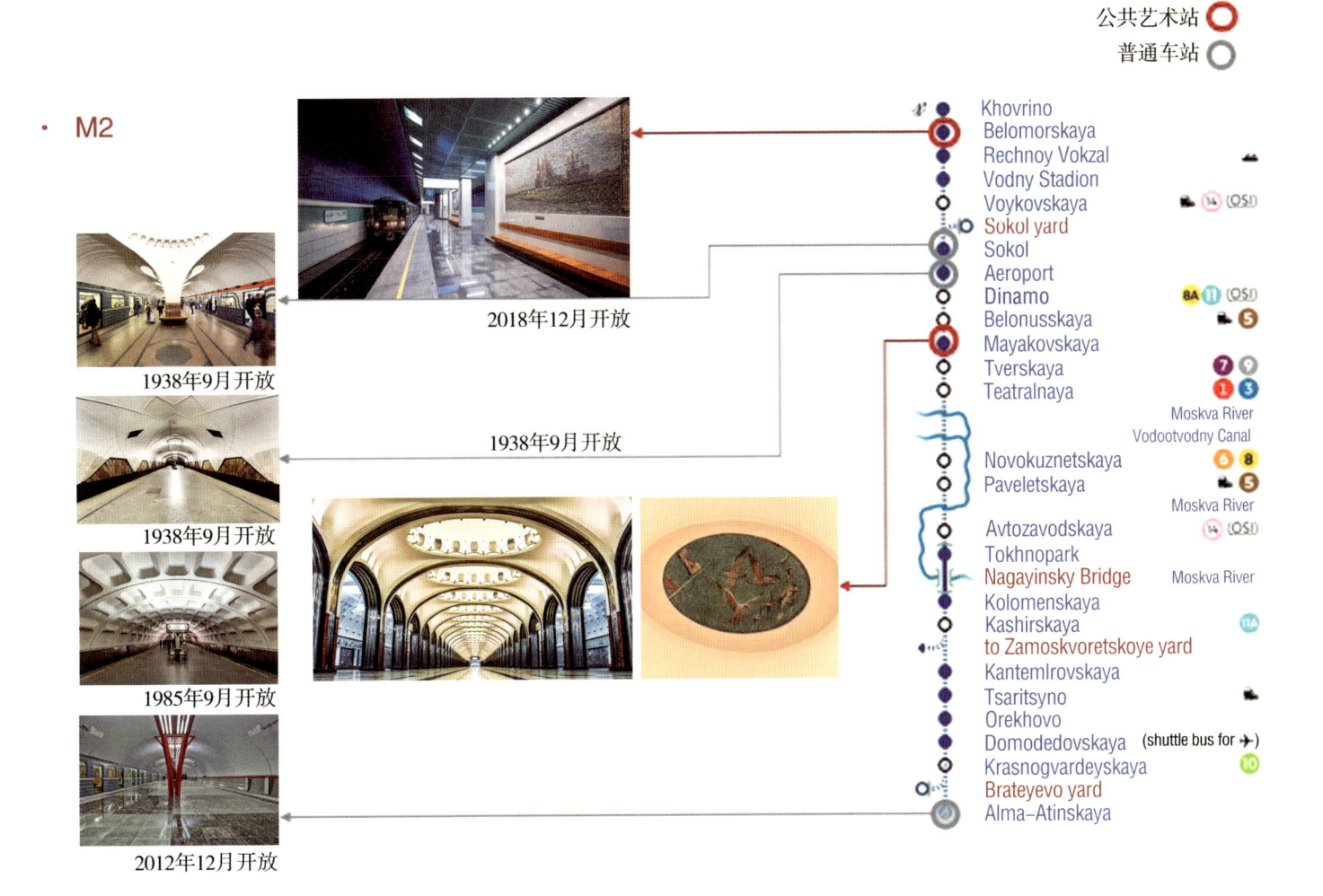

Khovrino
Belomorskaya
Rechnoy Vokzal
Vodny Stadion
Voykovskaya
Sokol yard
Sokol
Aeroport
Dinamo
Belonusskaya
Mayakovskaya
Tverskaya
Teatralnaya
Moskva River
Vodootvodny Canal
Novokuznetskaya
Paveletskaya
Moskva River
Avtozavodskaya
Tokhnopark
Nagayinsky Bridge　　Moskva River
Kolomenskaya
Kashirskaya
to Zamoskvoretskoye yard
Kantemlrovskaya
Tsaritsyno
Orekhovo
Domodedovskaya　(shuttle bus for ✈)
Krasnogvardeyskaya
Brateyevo yard
Alma–Atinskaya

2018年12月开放

1938年9月开放

1938年9月开放

1938年9月开放

1985年9月开放

2012年12月开放

图 13　莫斯科地铁 2 号线

—307—

城市文化空间样本考

· M3

公共艺术站 ⭕
普通车站 ⭕

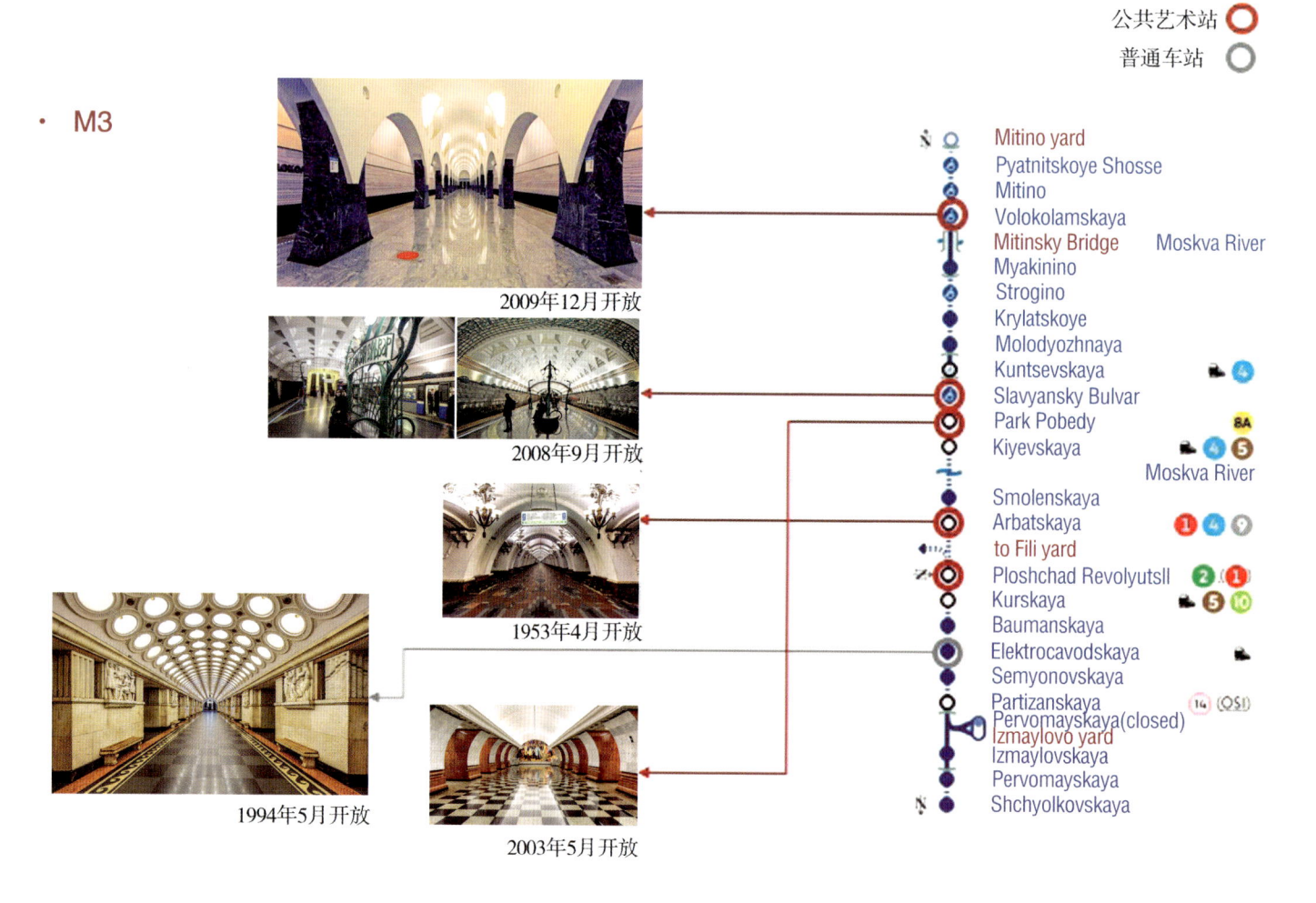

2009年12月开放

2008年9月开放

1953年4月开放

1994年5月开放

2003年5月开放

Mitino yard
Pyatnitskoye Shosse
Mitino
Volokolamskaya
Mitinsky Bridge   Moskva River
Myakinino
Strogino
Krylatskoye
Molodyozhnaya
Kuntsevskaya
Slavyansky Bulvar
Park Pobedy
Kiyevskaya
                   Moskva River
Smolenskaya
Arbatskaya
to Fili yard
Ploshchad RevolyutsII
Kurskaya
Baumanskaya
Elektrocavodskaya
Semyonovskaya
Partizanskaya
Pervomayskaya(closed)
Izmaylovo yard
Izmaylovskaya
Pervomayskaya
Shchyolkovskaya

图 14 莫斯科地铁 3 号线

城 市 文 化 空 间 样 本 考 ／ 莫 斯 科

· M4

公共艺术站 ◯
普通车站 ◯

1961年10月开放

1958年11月开放

1937年3月开放

1935年5月开放

to ③ Molodyozhnaya
12.2 Kuntsevskaya
10.7 Pionerskaya
9.6 Filyovsky Park
8.6 Bagrationovskaya
Fili yard
7.2 Fili
5.5 Kutuzovskaya
4.5 Studencheskaya
1.0 Mezhdunarodnaya
0.5 Vystavochnaya
Moskva River
3.3 Kiyevskaya
Smclensky Bridge Moskva River
1.9 Smolenskaya
0.7 Arbatskaya
0.2 Aleksandrovsky Sad
to ❶ Okhotny Ryad
to ❸ Ploshchad Revolyutsii

图 15 莫斯科地铁 4 号线

—309—

城市文化空间样本考

公共艺术站 ⭕

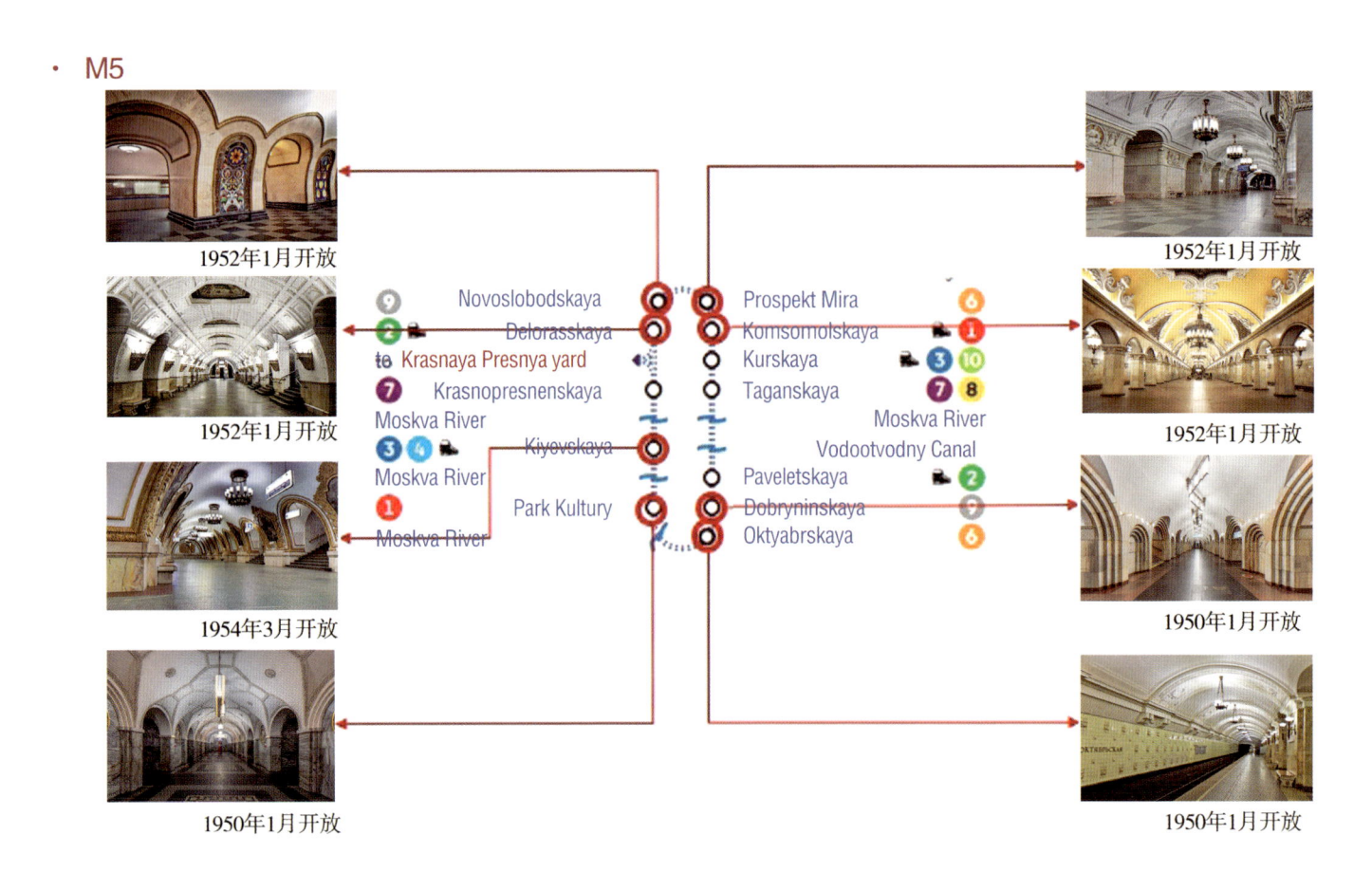

· M5

1952年1月开放

1952年1月开放

⑨	Novoslobodskaya	Prospekt Mira	🔥
②	Delorasskaya	Komsomolskaya	①
to	Krasnaya Presnya yard	Kurskaya	③ ⑩
⑦	Krasnopresnenskaya	Taganskaya	⑦ ⑧
	Moskva River	Moskva River	
③ ④	Kiyevskaya	Vodootvodny Canal	
	Moskva River	Paveletskaya	②
①	Park Kultury	Dobryninskaya	⑨
	Moskva River	Oktyabrskaya	⑥

1952年1月开放

1952年1月开放

1954年3月开放

1950年1月开放

1950年1月开放

1950年1月开放

图16　莫斯科地铁5号线

—310—

城市文化空间样本考／莫斯科

· M6

公共艺术站 ⬤
普通车站 ⭕

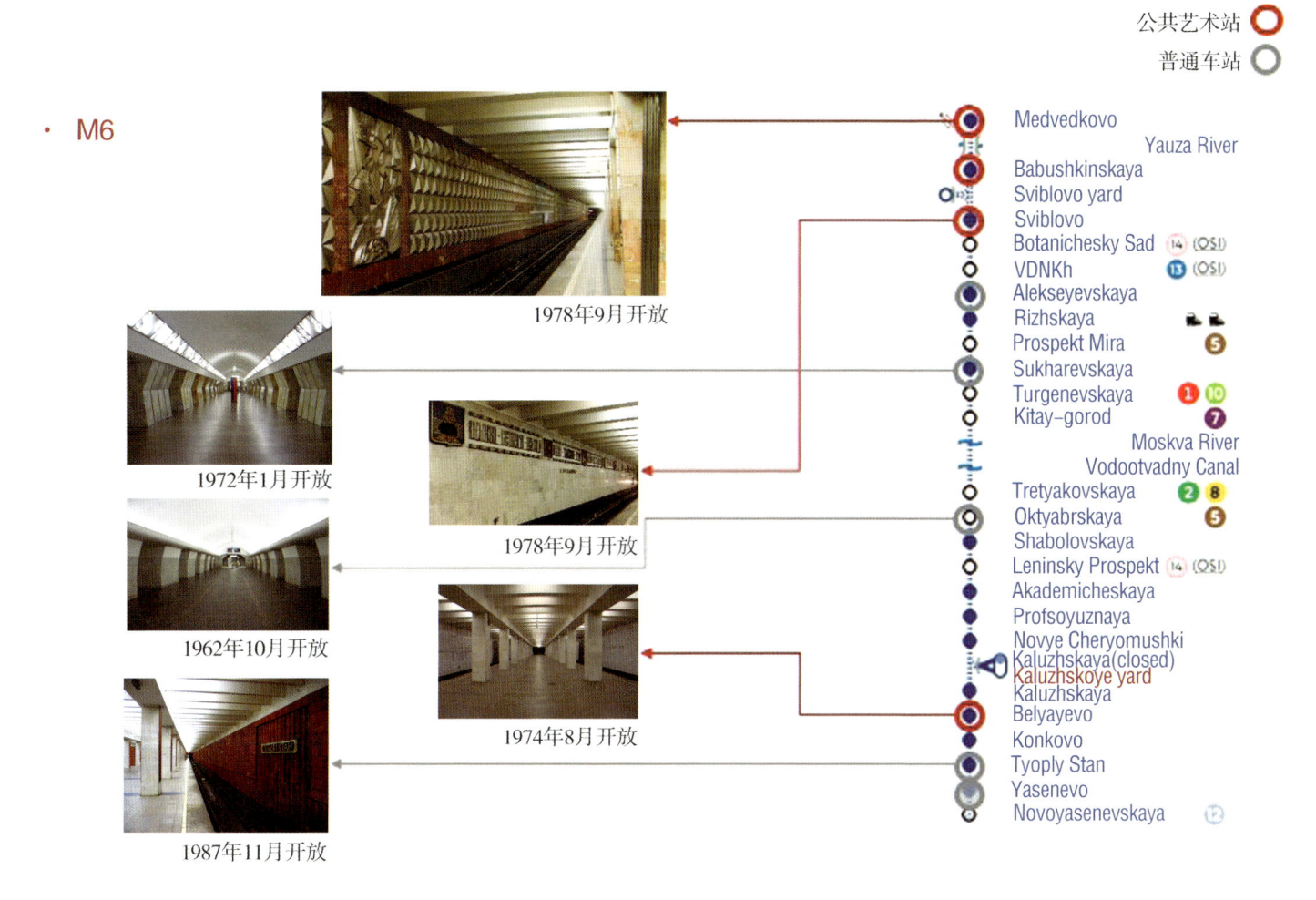

Medvedkovo
Yauza River
Babushkinskaya
Sviblovo yard
Sviblovo
Botanichesky Sad
VDNKh
Alekseyevskaya
Rizhskaya
Prospekt Mira
Sukharevskaya
Turgenevskaya
Kitay-gorod
Moskva River
Vodootvadny Canal
Tretyakovskaya
Oktyabrskaya
Shabolovskaya
Leninsky Prospekt
Akademicheskaya
Profsoyuznaya
Novye Cheryomushki
Kaluzhskaya(closed)
Kaluzhskoye yard
Kaluzhskaya
Belyayevo
Konkovo
Tyoply Stan
Yasenevo
Novoyasenevskaya

1978年9月开放

1972年1月开放

1978年9月开放

1962年10月开放

1974年8月开放

1987年11月开放

图 17　莫斯科地铁 6 号线

—311—

城市文化空间样本考

· M7

2014年8月开放

1972年12月开放

1972年12月开放

1966年12月开放

2013年11月开放

公共艺术站 ◎
普通车站 ◎
一体化车站 ◎

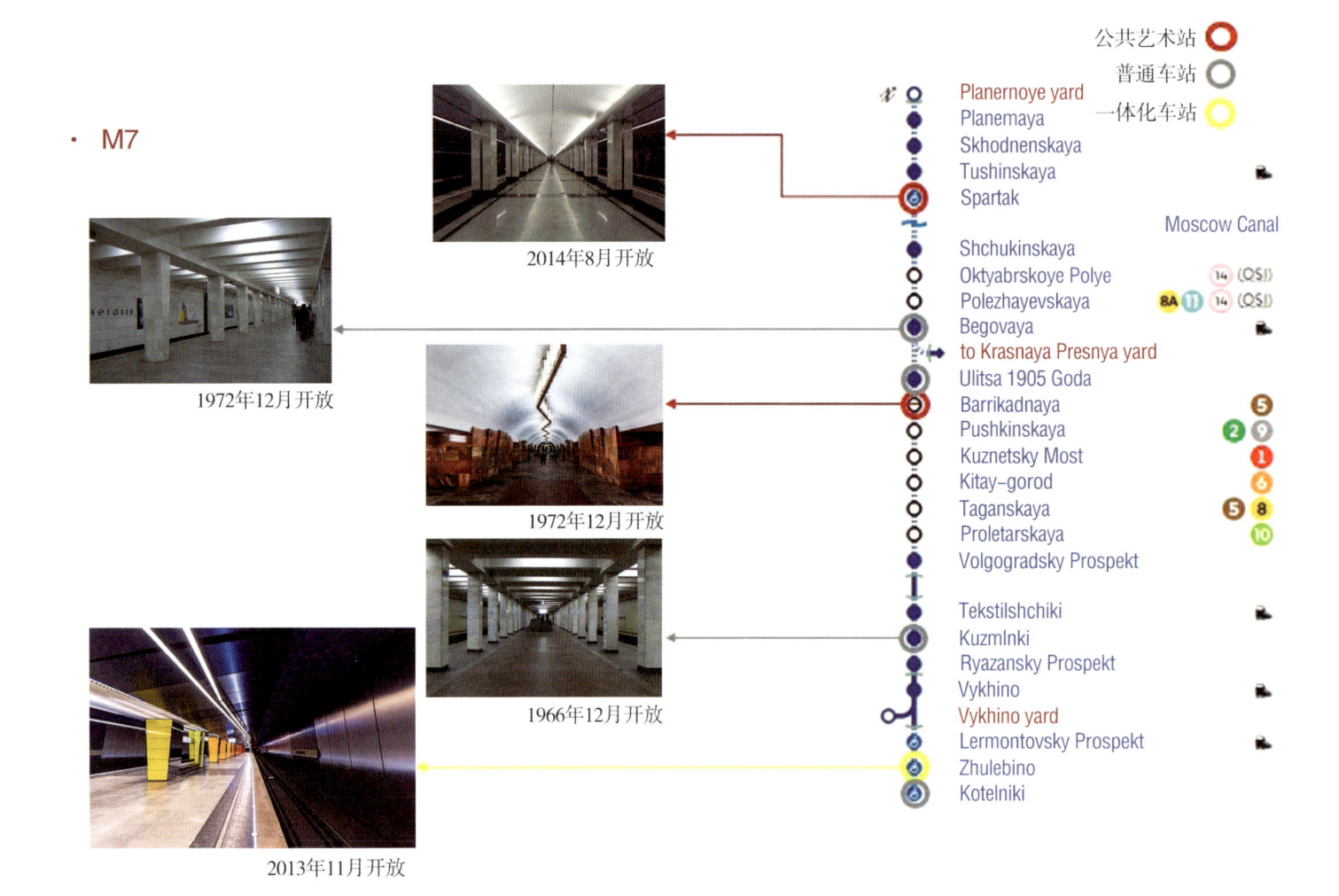

Planernoye yard
Planemaya
Skhodnenskaya
Tushinskaya
Spartak

Moscow Canal

Shchukinskaya
Oktyabrskoye Polye
Polezhayevskaya
Begovaya
to Krasnaya Presnya yard
Ulitsa 1905 Goda
Barrikadnaya
Pushkinskaya
Kuznetsky Most
Kitay-gorod
Taganskaya
Proletarskaya
Volgogradsky Prospekt

Tekstilshchiki
Kuzmlnki
Ryazansky Prospekt
Vykhino
Vykhino yard
Lermontovsky Prospekt
Zhulebino
Kotelniki

图 18　莫斯科地铁 7 号线

—312—

城市文化空间样本考／莫斯科

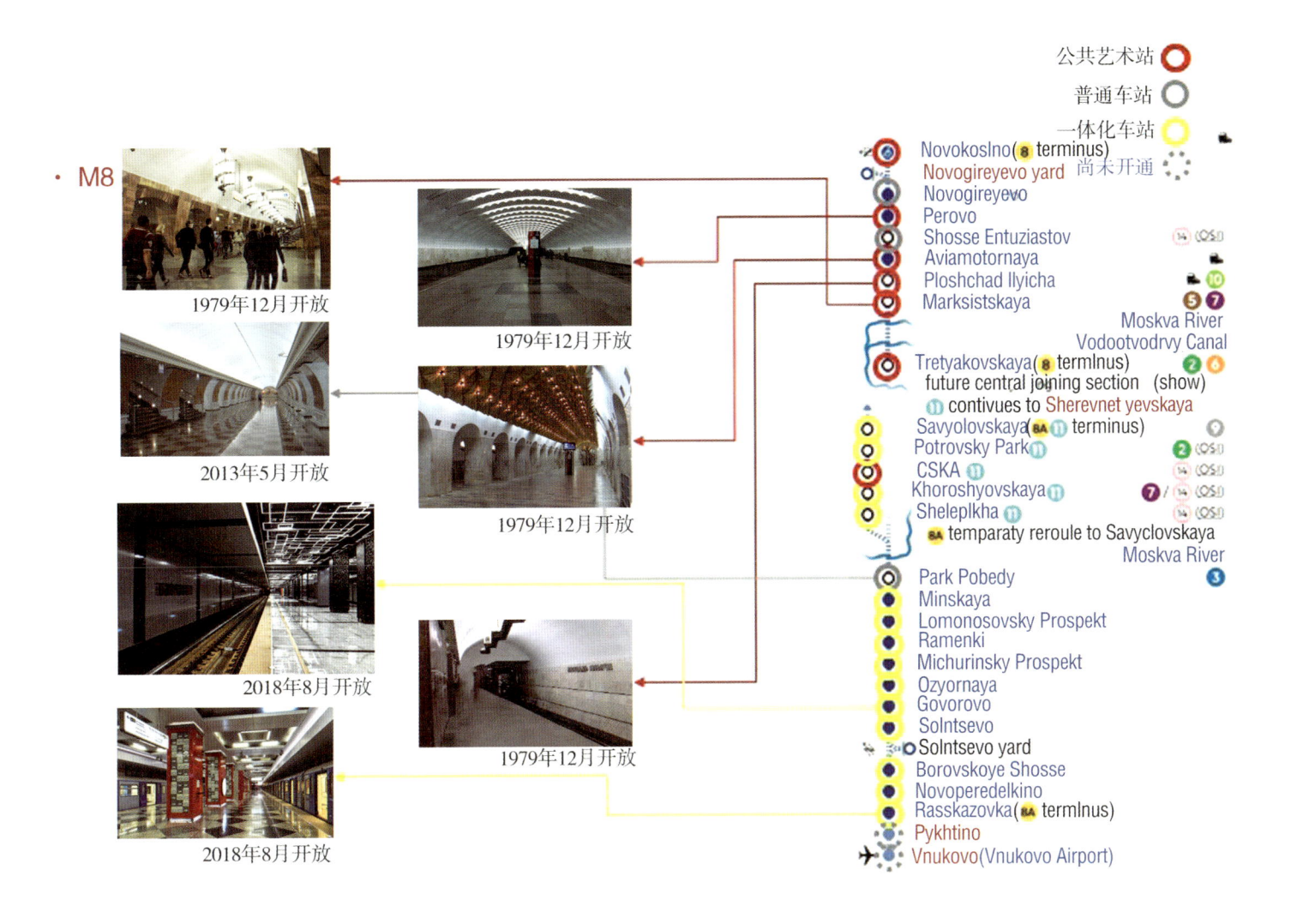

图 19　莫斯科地铁 8 号线

城市文化空间样本考

· M9

公共艺术站 ⭕
普通车站 ○
一体化车站 ⭕

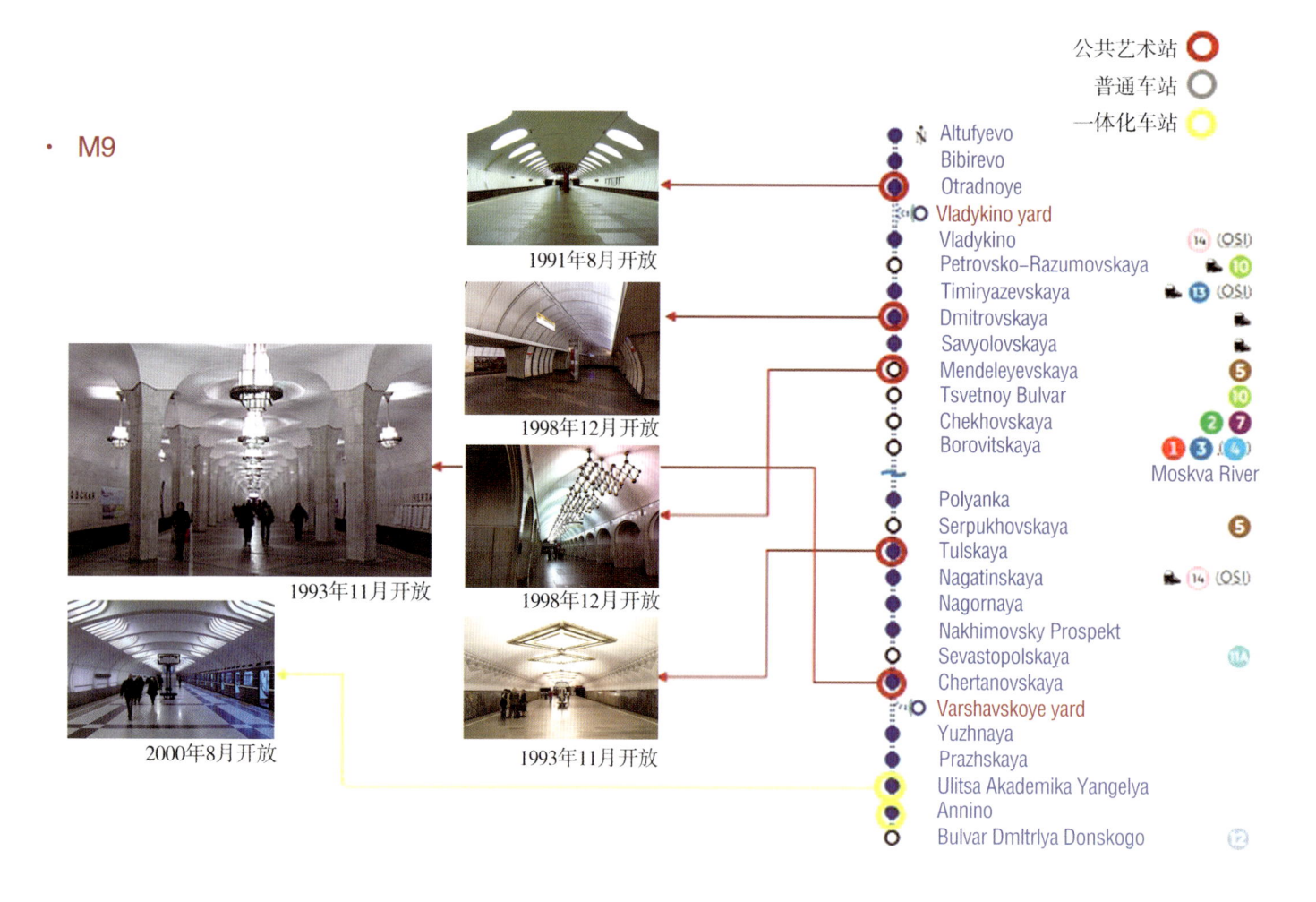

1991年8月开放
1998年12月开放
1993年11月开放
1998年12月开放
1993年11月开放
2000年8月开放

Altufyevo
Bibirevo
Otradnoye
Vladykino yard
Vladykino
Petrovsko-Razumovskaya
Timiryazevskaya
Dmitrovskaya
Savyolovskaya
Mendeleyevskaya
Tsvetnoy Bulvar
Chekhovskaya
Borovitskaya

Moskva River

Polyanka
Serpukhovskaya
Tulskaya
Nagatinskaya
Nagornaya
Nakhimovsky Prospekt
Sevastopolskaya
Chertanovskaya
Varshavskoye yard
Yuzhnaya
Prazhskaya
Ulitsa Akademika Yangelya
Annino
Bulvar Dmltrlya Donskogo

图 20　莫斯科地铁 9 号线

—314—

城市文化空间样本考／莫斯科

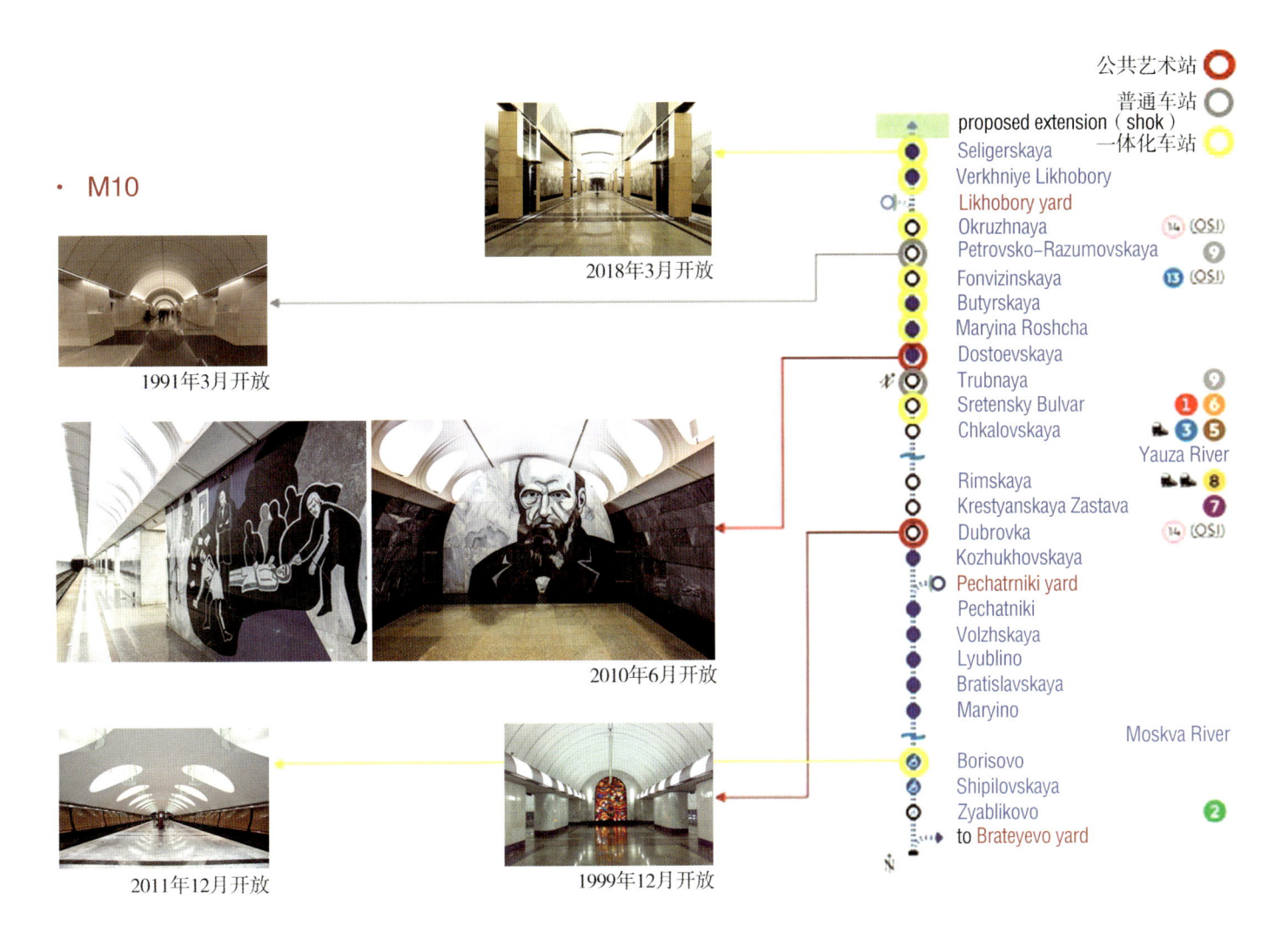

· M10

公共艺术站 ⭕
普通车站 ○
proposed extension（shok）
一体化车站 ⭕

Seligerskaya
Verkhniye Likhobory
Likhobory yard
Okruzhnaya
Petrovsko-Razumovskaya
Fonvizinskaya
Butyrskaya
Maryina Roshcha
Dostoevskaya
Trubnaya
Sretensky Bulvar
Chkalovskaya
Yauza River
Rimskaya
Krestyanskaya Zastava
Dubrovka
Kozhukhovskaya
Pechatrniki yard
Pechatniki
Volzhskaya
Lyublino
Bratislavskaya
Maryino
Moskva River
Borisovo
Shipilovskaya
Zyablikovo
to Brateyevo yard

2018年3月开放
1991年3月开放
2010年6月开放
2011年12月开放
1999年12月开放

图 21　莫斯科地铁 10 号线

—315—

· M11

2018年2月开放

2018年2月开放

2018年8月开放

1964年8月开放

2020年开放

公共艺术站 ⭕
普通车站 ⭕

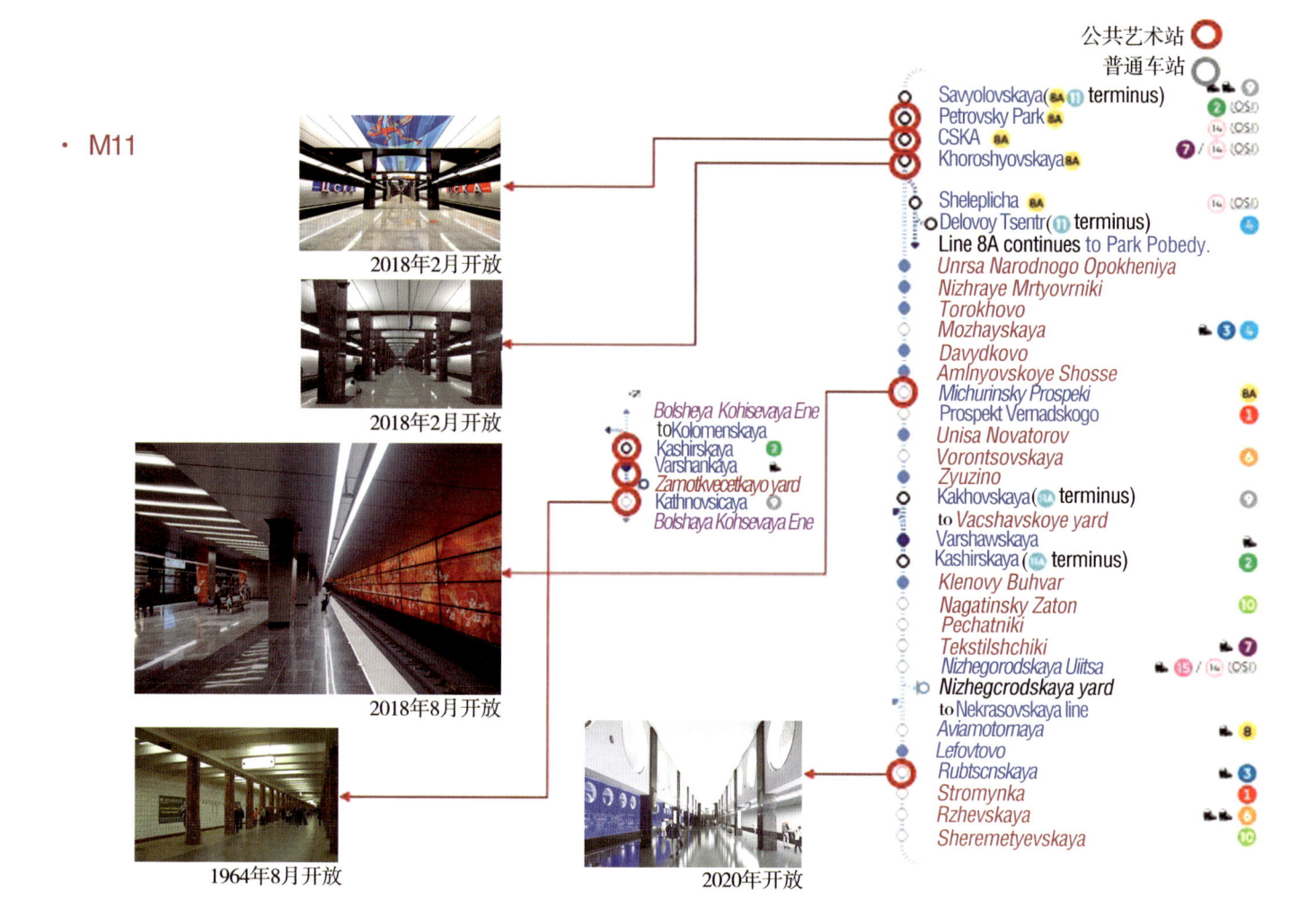

Savyolovskaya (8A 11 terminus)
Petrovsky Park 8A
CSKA 8A
Khoroshyovskaya 8A

Sheleplicha 8A
Delovoy Tsentr (11 terminus)
Line 8A continues to Park Pobedy.
Unrsa Narodnogo Opokheniya
Nizhraye Mrtyovrniki
Torokhovo
Mozhayskaya
Davydkovo
Amlnyovskoye Shosse
Michurinsky Prospeki
Prospekt Vernadskogo
Unisa Novatorov
Vorontsovskaya
Zyuzino
Kakhovskaya (14 terminus)
to *Vacshavskoye yard*
Varshawskaya
Kashirskaya (14 terminus)
Klenovy Buhvar
Nagatinsky Zaton
Pechatniki
Tekstilshchiki
Nizhegorodskaya Uiitsa
Nizhegcrodskaya yard
to Nekrasovskaya line
Aviamotornaya
Lefovtovo
Rubtscnskaya
Stromynka
Rzhevskaya
Sheremetyevskaya

Bolsheya Kohisevaya Ene
to Kolomenskaya
Kashirskaya
Varshankaya
Zamotkvecetkayo yard
Kathnovsicaya
Bolshaya Kohsevaya Ene

图 22　莫斯科地铁 11 号线

城市文化空间样本考／莫斯科

公共艺术站 ◉
普通车站 ◉

· M12

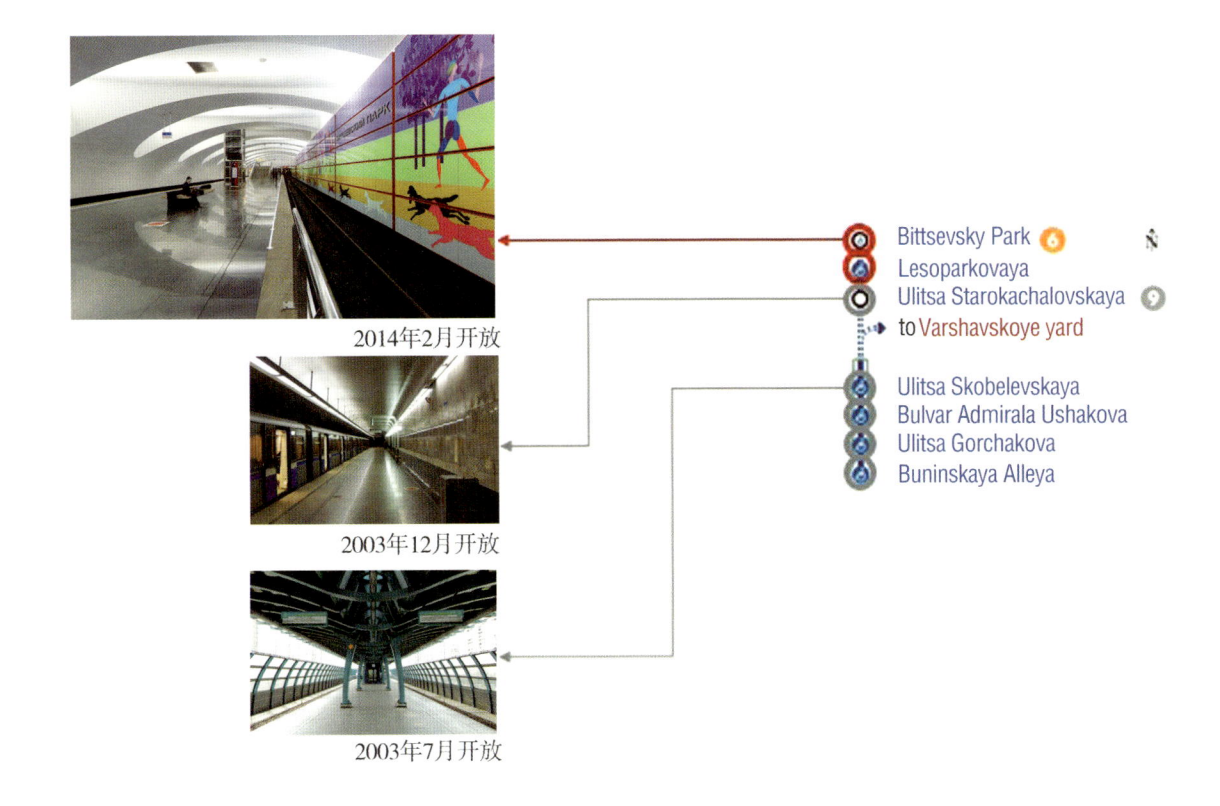

Bittsevsky Park ◉
Lesoparkovaya ◉
Ulitsa Starokachalovskaya ◉
to Varshavskoye yard

Ulitsa Skobelevskaya
Bulvar Admirala Ushakova
Ulitsa Gorchakova
Buninskaya Alleya

2014年2月开放

2003年12月开放

2003年7月开放

图 23　莫斯科地铁 12 号线

—317—

城市文化空间样本考

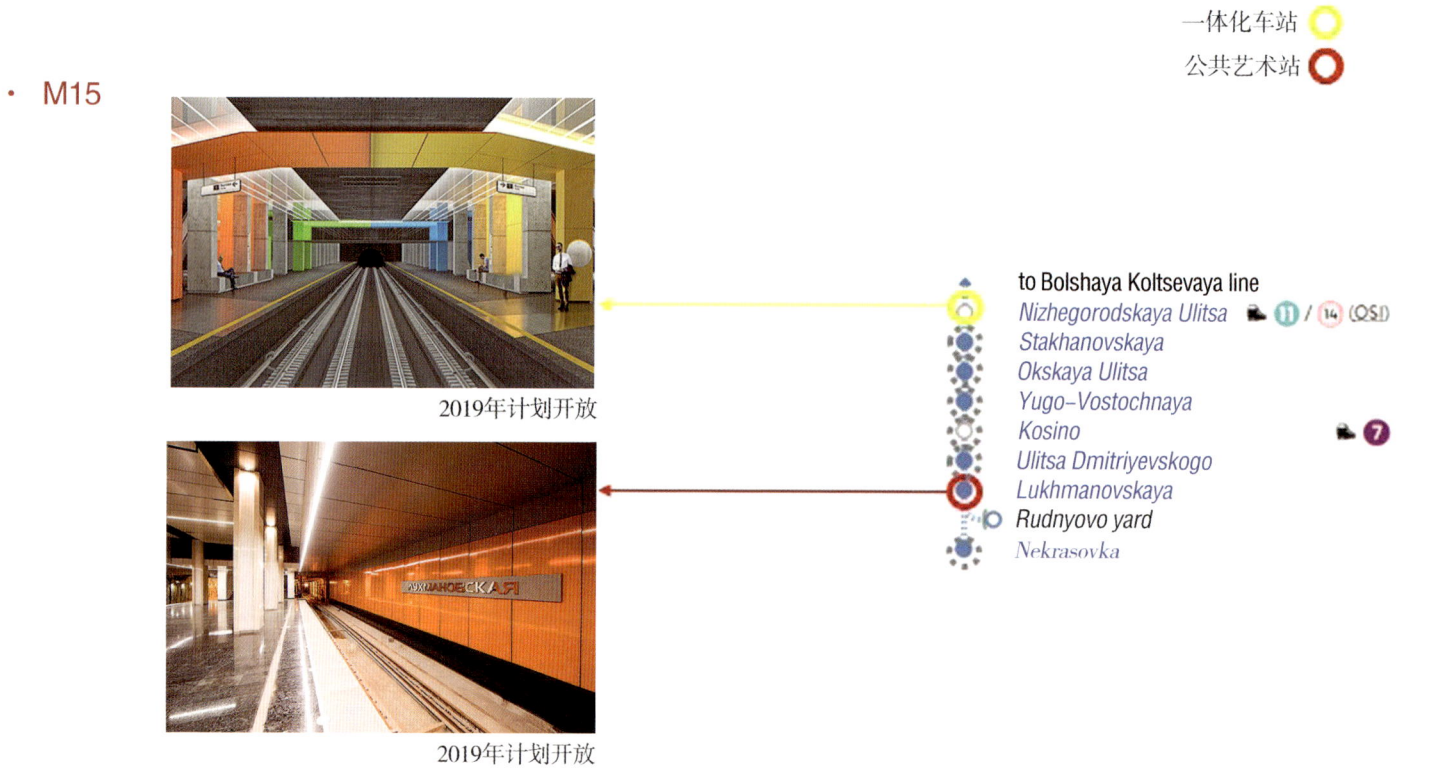

· M15

2019年计划开放

2019年计划开放

尚未开通
一体化车站
公共艺术站

to Bolshaya Koltsevaya line
Nizhegorodskaya Ulitsa 🚶 ⑪ / ⑭ (OSD)
Stakhanovskaya
Okskaya Ulitsa
Yugo-Vostochnaya
Kosino 🚶 ⑦
Ulitsa Dmitriyevskogo
Lukhmanovskaya
Rudnyovo yard
Nekrasovka

图 24　莫斯科地铁 15 号线

—318—

莫斯科轨道交通艺术形式调研总结

莫斯科地铁经过多年的建设，取得了辉煌成就，其中有44个地铁站已经列入俄罗斯文化遗产，运营里程327.5千米，共设地铁站196个。莫斯科的地铁站充满了艺术气息，富丽华贵，既是文化的传承，又是当代人追求的目标。

如今的莫斯科轨道交通车站还延续着传统的奢华风格，同时又融合了现代风格。公共艺术正在继续建设与发展之中，公共艺术车站占比约51%（图25）。

莫斯科地铁的发展与国家形势变化紧密相连，地铁发展缓解了城市、人口所带来的地面交通压力。前期站内公共艺术的发展由中央领导人决定，风格较个人化；后期随着国家的发展，社会环境的放松，站内公共艺术形式也更为多元化，展现出了未来、科技、多元的莫斯科城市魅力。

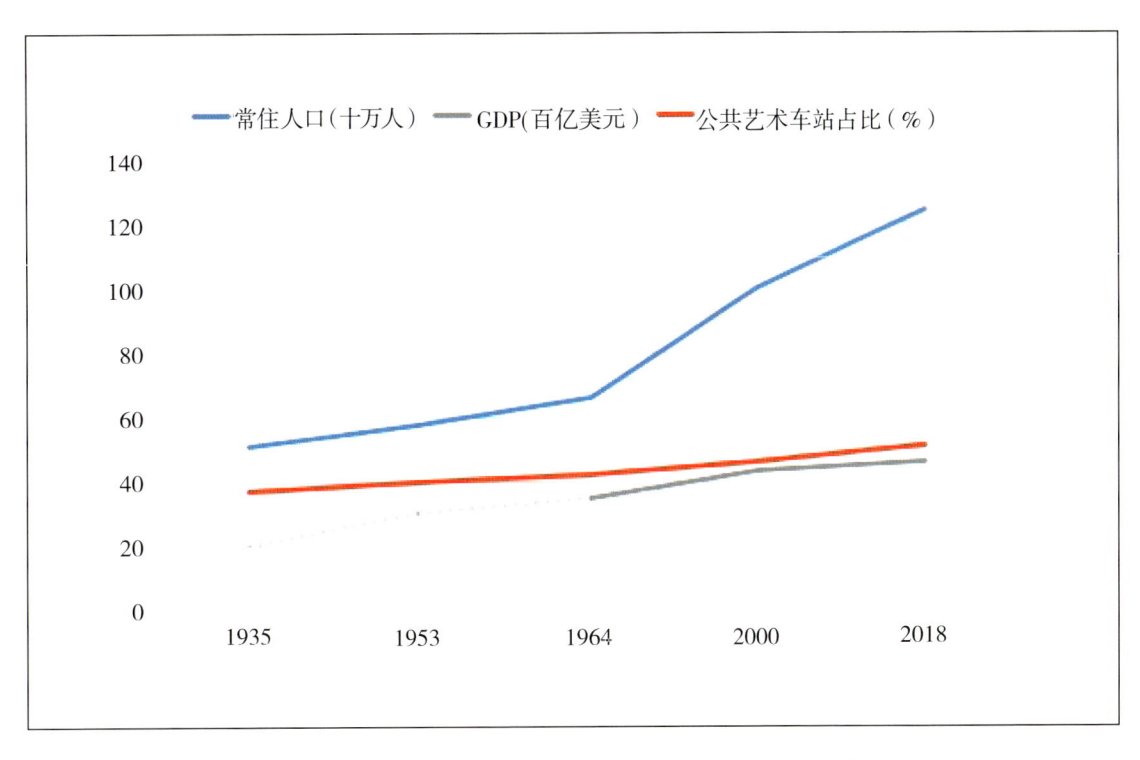

图25 莫斯科轨道交通公共艺术发展与城市发展关系折线图

城市文化
空间
样本考

伦 敦

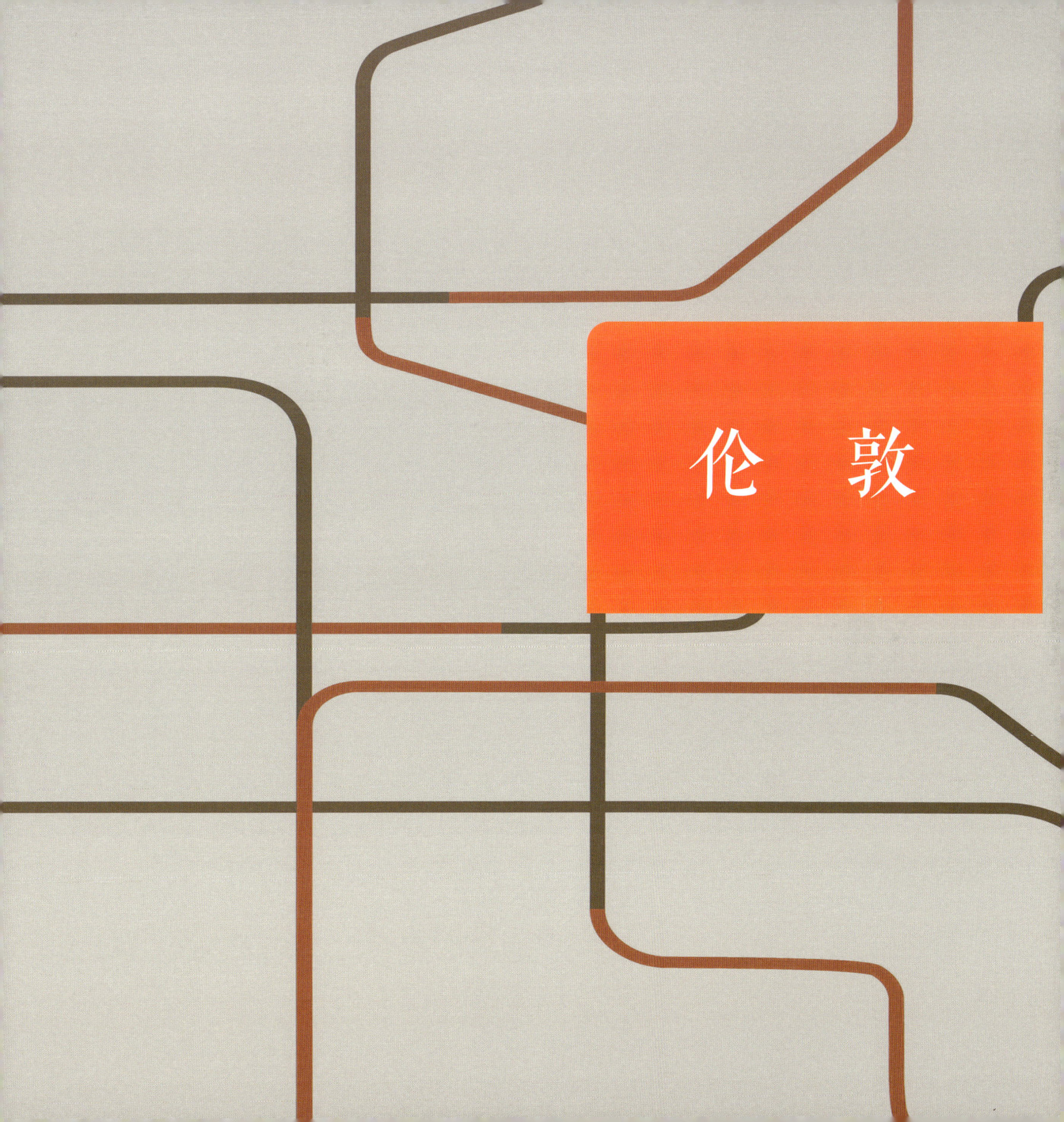

伦敦轨道交通发展概况

伦敦地铁是世界上最古老的地铁，总里程为402千米。伦敦地铁于1856年开始修建，1863年1月10日正式投入运营。目前共有13条线路，车站的数目已超过275个站点（图1）。

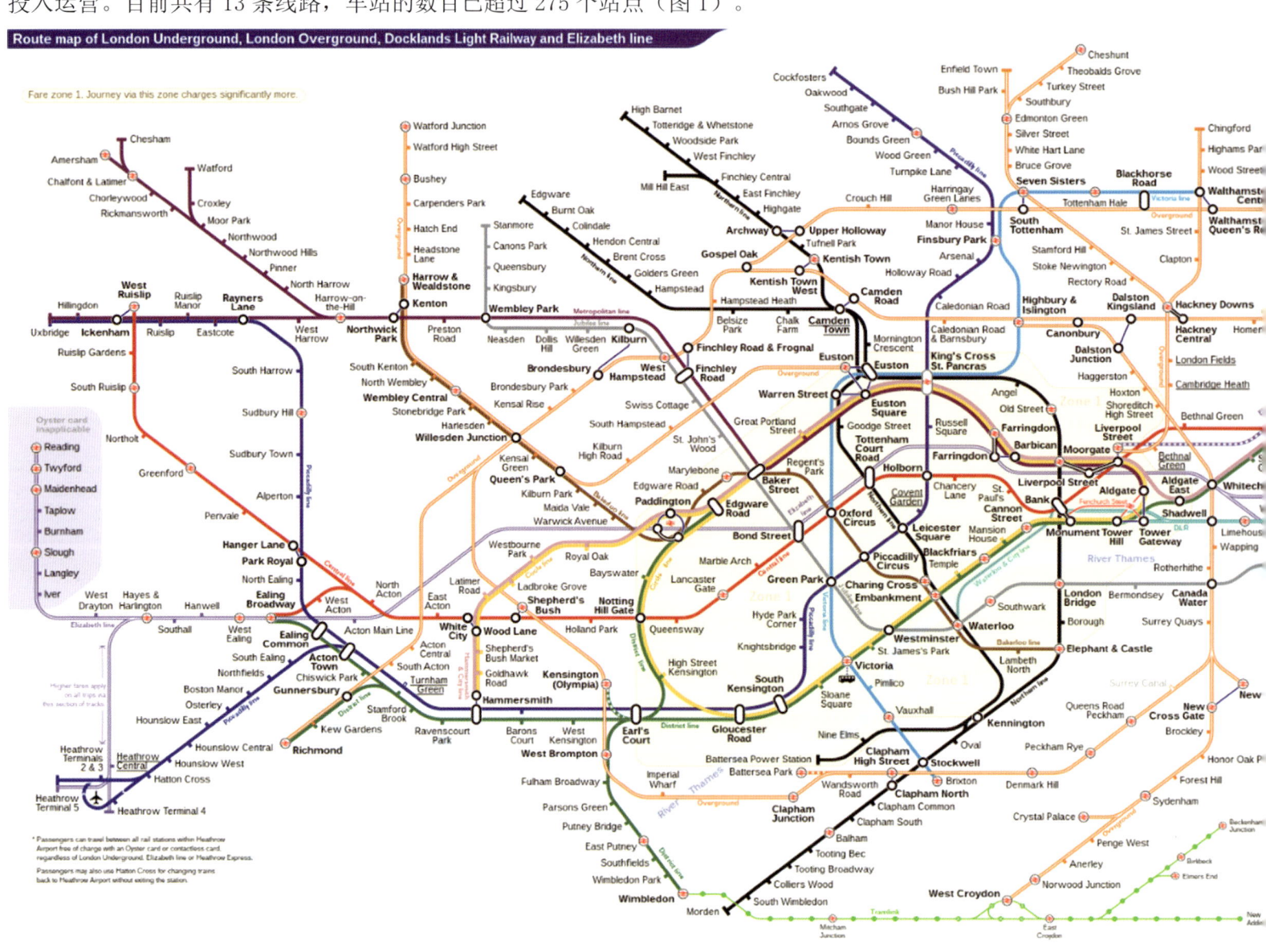

图1　伦敦地铁线路图

一个多世纪以来，伦敦地铁与城市的发展并肩前行，在履行交通职能的同时也衍生了一系列的社会经济文化价值，尤其为当代艺术的生长与传播提供了独特的公共媒介。

弗兰克·皮克（Frank pick）在 1917 年曾说过："Where there is life, there is art."（哪儿有生活，哪儿就有艺术。）他不是艺术家，而是当时伦敦地铁的运营总监。有着一颗文艺之心的皮克希望能够在地铁空间摆放艺术家和设计师的作品。他的目的是把地铁打造成为伦敦最重要的艺术项目举办地之一，并将此举传承下去。历经百年，伦敦地铁不断完善与改进艺术项目，利用新媒介、新技术拓展艺术形式并开展相关艺术活动（图 2）。

图 2　伦敦地铁文化墙

伦敦地铁网络的发展与政治格局、经济动态的发展具有紧密的联系，政府的职能变化密切影响着地铁公共空间建设以及公共艺术发展模式，其发展理念从简单到复杂，从片面到统一，日益与时代变迁合拍（图3）。

城市发展概况	时间	地铁发展趋势
英国的工业革命始于18世纪60年代，到19世纪中期基本完成，英国工业革命对城市化的影响还在于发生了交通运输业革命，出现了郊区城市化的趋势。	1860年	伦敦地铁是世界上最古老的地下铁道，于1863年正式投入运营。伦敦地铁建造伊始，车站内并没有什么装饰。
第二次世界大战之前，大部分时间由保守党组阁的英国总指导思想是自由放任的"守夜人国家"，这一信条也体现在公共交通建设上。政府对公共交通建设基本不干预，关于城市交通的政策与措施都相当有限。	1927年	地铁建立之初伦敦需要建个新的总部，1927年，霍尔登集合了一批算是当时先锋派的雕刻家等来打造很有力量感的大楼外立面。此期间地铁艺术以雕塑为主，伦敦地铁的艺术雄心被一群艺术家们推动启航。
因第二次世界大战爆发，英国人民对于政府职能的期望产生了根本的转变，"守夜人国家"模式濒临崩溃。	1939年	第二次世界大战期间，地铁隧道担当起了防空洞的作用。这期间车站空间承担起宣传作用，装饰以白色瓷砖和广告海报为主。
英国公共交通第二次世界大战后艾德政府上台进入政府强干预期。战时的共产主义政策也直接影响了英国战后政治形势的走势，成为福利国家建设的重要前提，也成为英国公共服务模式变革转折点。	1960年	20世纪60年代，工作重心转向当时新建立的地铁线维多利亚线。交通部开始与伦敦城市开拓机构的设计研究部门合作，共同创造一种在视觉上统一的由点状和线组合的视觉设计。
英国进入撒切尔夫人及梅杰政府的新自由主义时期。逐渐限制政府的权力，部分恢复了资本主义国家的自由主义；推行国有企业的私有化，对公共服务进行了市场化改革，引入了竞争机制。	1970年	20世纪70年代后期，伦敦交通部希望每个车站的设计都是独特的，那些特别出色的艺术作品不能从艺术家工作室直接搬到车站内，而是需要被艺术家特殊定制。
布莱尔工党政府引导公共交通进入了协调发展期。此时英国公共交通私有化运营已经基本形成定局。	2000年	从2000年开始，ART ON THE UNDERGROUND 组织成立，项目旨在结合当代艺术与公共空间，继续延续伦敦地铁与艺术设计紧密联系的传统，致力于将艺术带进数百万伦敦人的日常生活中。

图3　伦敦轨道交通发展趋势调查时间轴

1863—1927年建设之初：实用主义

1829年以前，伦敦完全没有任何供大众使用的交通工具。从1800年到1831年间，工业化的发展，人口的急剧增长，导致城市中心布满了房屋，城市街道狭小拥挤，交通成了伦敦城市发展的巨大阻碍。

伦敦市组织了交通委员会征集方案，一群承包商提出要在伦敦修建一条地下道路的设想，他们认为人和车完全可以在地下通行。这两个想法结合了起来形成了我们伦敦地铁今天所熟悉的地铁的概念（图4）。

图4 伦敦地铁雏形

伦敦的地下铁道，于1863年正式投入运营。伦敦地铁建造之初，车站内并没有什么装饰。英国工艺美术运动反对矫揉造作的维多利亚风格，反对过分装饰，伦敦地铁标识在平面上无饰线字体的发展与应用方面，可以说具有重要的突破。该标志最早在19世纪的伦敦交通中使用，作为伦敦公交总公司的标志，当时中间的横杠上标有"GENERAL"字样，即"总"的意思。1908年，由于其应用于站名和站台时较易辨认，该标志被伦敦地铁采用。标志中间的文字很快被改"UNDERGROUND"（即"地铁"），作为早期的企业形象标识。伦敦地铁每个站台都显示该标志，中间的文字均是站台的站名。该标志成为伦敦城市的标志之一。

伦敦地铁线路图及其圆形标志为经典的设计之一，为全英国乃至全球的人所熟知，且该标志常出现在纪念品中。本世纪初，由加拿大《商业报道》与伦敦《金融时刊》杂志组成的国际评审团评选本世纪最佳50个企业标志，伦敦地铁标识排列第二（图5）。

图5 伦敦地铁标识

1927年至战前启蒙期：雕塑当道

在地铁建立之初伦敦需要建个新的总部。皮克请建筑师查理·霍尔登来设计打造一座能够体现伦敦地铁精髓的建筑。到了1927年，工程始于圣约翰公园站百老汇街55号。霍尔登集合了一批算是当时先锋派的雕刻家雅各·爱波斯坦、艾瑞克·吉尔、亨利·摩尔等来打造很有力量感的大楼外立面。百老汇街55号的建造在当时可以算是突破和壮举，"make art a part of every journey"（让艺术成为旅途的一部分）（图6至图8）。伦敦地铁的艺术雄心被一群艺术家们推动启航。

图6　百老汇街55号（55 Broadway）

图 7　圣詹姆斯公园站（St. James's Park Underground Station）
雕塑——《夜》（〈Night〉by Jacob Epstein）

图 8　东芬奇利站（East Finchley Underground Station）
雕塑——《跪射的弓箭手》（〈Kneeling Archer〉by Eric Aumonier）

城市文化空间样本考／伦敦

1931—1945 年停滞期：第二次世界大战期间

地铁隧道担当起了防空洞的作用，成为战时的军事指挥中心、战时工厂、医院和市民的避难所。这期间车站空间承担起宣传作用，装饰以白色瓷砖和广告海报为主（图9）。

图9 伦敦地铁第二次世界大战时期的隧道

1960—1970 年战后期：波普流行

到了 20 世纪 60 年代，后现代主义风格开始全面挑战现代主义的垄断地位，青年一代展开了大规模的反现代主义运动。英国的波普运动是这一时期的重要代表。

伦敦在 20 世纪 60 年代，建设地铁线维多利亚线。交通部开始与伦敦城市开拓机构的设计研究部门合作，共同创造一种在视觉上统一的由点状和线组合的视觉设计。站台上独特的平铺纹样给每个车站展示了自己的身份。例如在黑马路站（Blackhorse Road Underground Station）（此站是维多利亚线唯一在地面上的站），大卫·麦克福创造的作品《Shying Horse》（《羞怯的马》）一座位于沃尔瑟姆森林伦敦自治市街道上的浮雕作品（图10）。

图 10　大卫·麦克福浮雕作品《羞怯的马》

城市文化空间样本考

临时性公共艺术
——ART ON THE UNDERGROUND

2000年起，"ART ON THE UNDERGROUND"（艺术车站计划）项目开始与艺术家合作，创作新的作品。内容涵盖面之广阔，或规模之宏大，令人叹为观止，比如格洛斯特路站（Gloucester Road Underg-round Station）的整个站台展出的多个艺术作品系列，或伦敦地铁口袋地图封面展。被选择合作的艺术家们非常多元化，来自世界各地，有的已载誉全球，有的则是后起新秀（图11）。

图11 伦敦的艺术家Heather Phillipson鸡蛋公共艺术装置《My name is lettie eggsyrub》 英国伦敦格洛斯特路地铁站Gloucester Road

伦敦地铁自 2000 年以来的"艺术车站计划"，在 32 个车站为公众提供了 130 余场世界级的当代艺术展，使伦敦地铁变成一座免费的地下美术馆。除一些临时性的艺术项目外，也有一些新作品被永久保留在站内（图12）。

图 12　伦敦地铁"艺术车站计划"作品

2013 年：迷宫

2013 年，伦敦地铁庆祝 150 周年纪念，当时规模最大的创作就是英国艺术家马克·瓦灵格的《迷宫》（Labyrinth）。这个系列作品共有 270 幅黑白色系的圆形迷宫图，不仅和地铁环形标志相互呼应，迷宫图像也形似两个脑半球。

《迷宫》这一系列作品直接反映了伦敦地铁的繁忙复杂，被戏称为"迷宫园"（Maze）。迷宫底部都有个红色标识，表示目前所在的位置，吸引旅客由此开始探索迷宫。每一幅迷宫图都只有一条路可以走到迷宫的中心点，然后再按原路返回入口（图 13）。

马克·瓦灵格分享创作的灵感来自每天来去匆匆的人们，他们循着一成不变的路线乘地铁出门、回家；表面上，地铁站内看似混乱拥挤，但实际上，每个个体都只是遵循各自单一的生活轨道。

图 13　伦敦地铁中的英国艺术家马克·瓦灵格的《迷宫》作品

2016年："艺术地图"项目

伦敦交通局（TfL）于 2016 年推出第一本《艺术地图》，这是关于地下艺术的综合指南，将主要公共艺术作品在地铁线路图上进行了标注，旨在帮助旅行者更轻松地找到地铁站中的公共艺术作品。该系列手册免费面向公众发放。

艺术车站计划组织每 6 个月委托一位艺术家为 Pocket Tube 地图创建一个新的艺术作品，所有作品都可以免费观看（图14）。

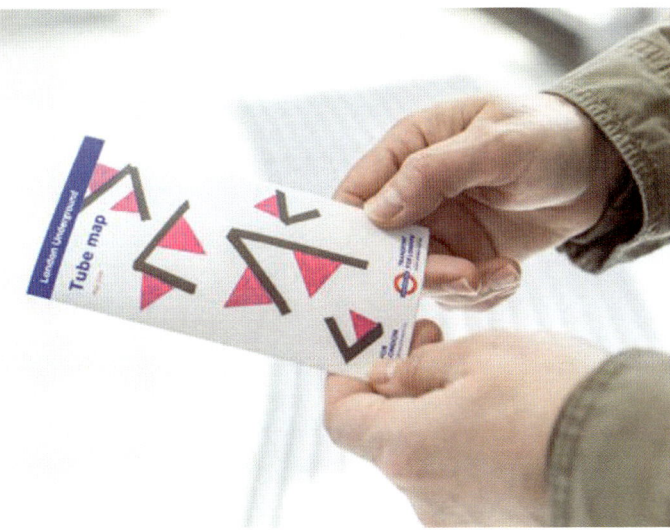

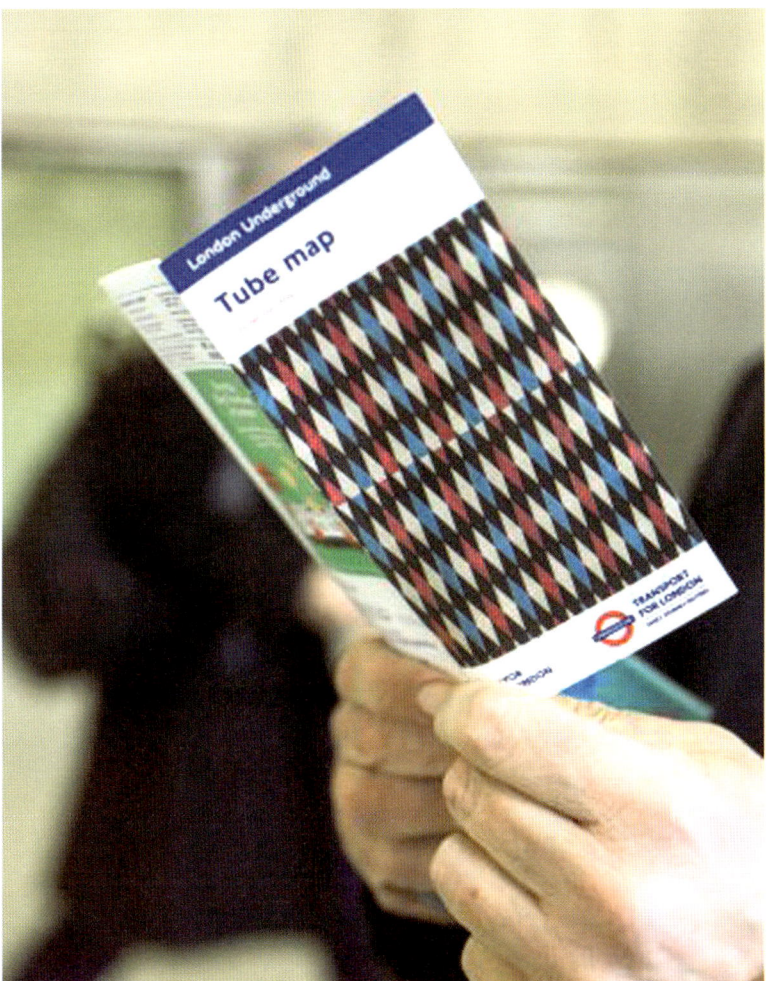

图14　伦敦地铁《艺术地图》

维多利亚线——座椅与公共艺术结合

对于艺术爱好者来说，维多利亚系列的瓷砖车站墙壁上还有独特的艺术品。维多利亚线路车站最初是蓝色和灰色的。当它建成时，伦敦交通局决定将每个车站用淡蓝色铺设，并委托知名艺术家设计单独的部件以区别他们，每个车站都在座位凹处装饰有瓷砖图案，以帮助识别车站。维多利亚线共 16 站，采取公共艺术与座椅相结合的方式，共 16 站设置了公共艺术，占比 100%（图 15）。

图 15　伦敦地铁维多利亚线独特艺术品

伦敦轨道交通线网调研

伦敦地铁一直是城市公共艺术最先锋与最执着的传承者。早期的伦敦地铁曾在当代艺术领域异军突起，留下许多经典艺术资源。2000 年，伦敦"地铁艺术计划"组成立，专门负责管理地铁公共艺术事务。计划组拥有专业化的管理团队，旨在通过多样的艺术计划丰富每天数百万乘客的旅程体验，并积极尝试和探索新的艺术形式，不断将伦敦地铁艺术推向世界级的高度。

传承与突破

时至今日，伦敦地铁艺术已然颠覆了单纯借由平面设计、装置装饰等视觉传达手段美化地铁网络的传统模式，地铁艺术计划组善于利用新媒体与新技术，并积极与学校、社区、艺术机构等进行广泛的社会合作，力图使公众最大限度地分享与体验地铁艺术之旅的匠心独运。

多元化的艺术形式

伦敦地铁的艺术形式十分多元化，通常可分为永久性艺术作品和临时性艺术项目两类。前者多为通过绘画、装置等美术范畴内的艺术手段对地铁站及沿线设施进行装饰与美化。尽管伦敦地铁在这种"传统"领域早已经验丰富，但地铁艺术计划组却力图通过永久性作品塑造经典，以扩大其持续的影响力，并与不同艺术家合作完成地铁地图的封面设计。至今已有十多位艺术家参与过这项艺术工作（图 16 至图 20）。

公益性与公众参与

伦敦地铁以"公众参与"为前提，开展了公众创作、主题导览与讲解、主题展览等一系列的艺术活动，鼓励公众参与艺术事件，激发人们探索与思考艺术主题的深层含义以及所涉及的社会问题。

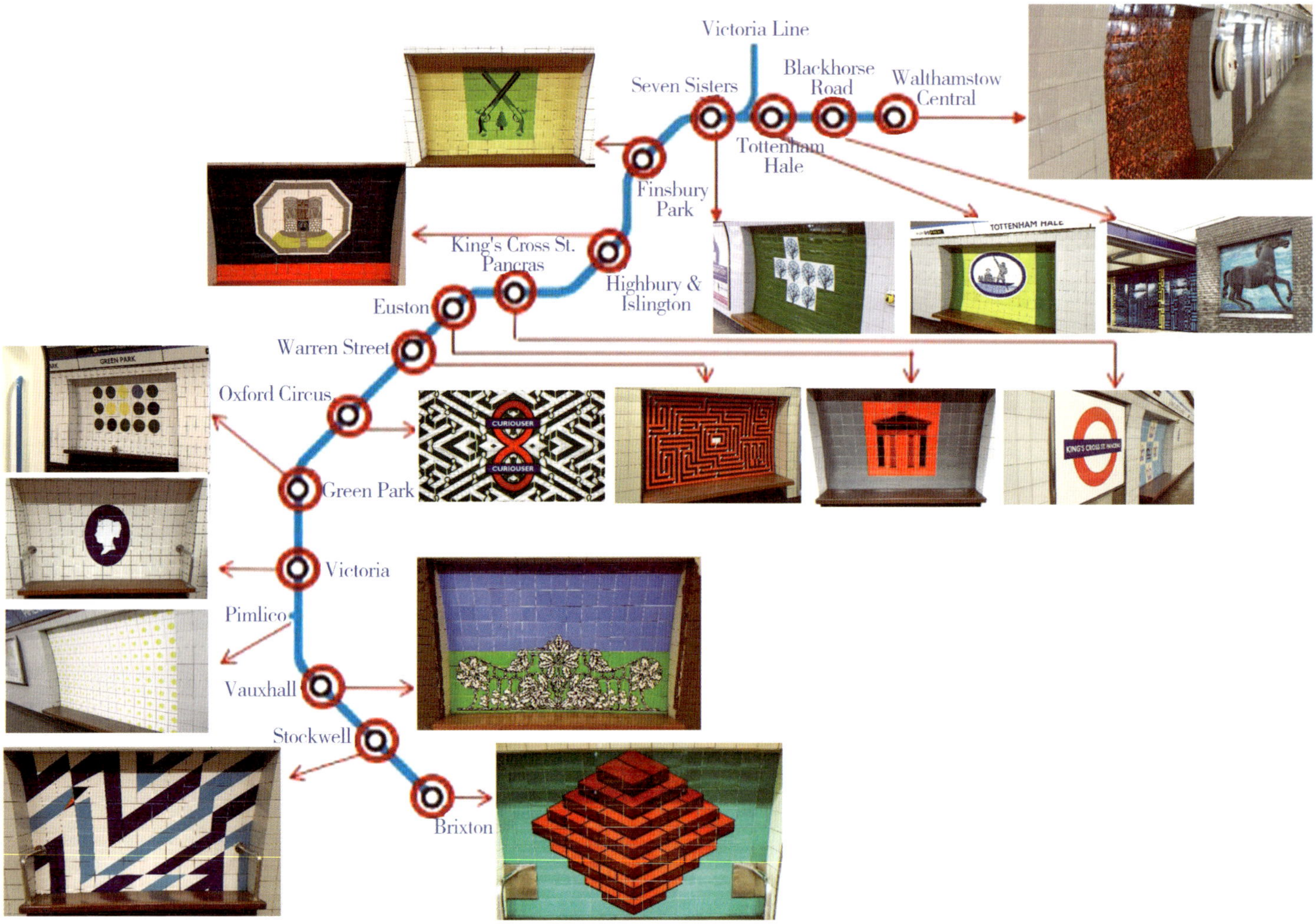

图 16　伦敦地铁维多利亚线

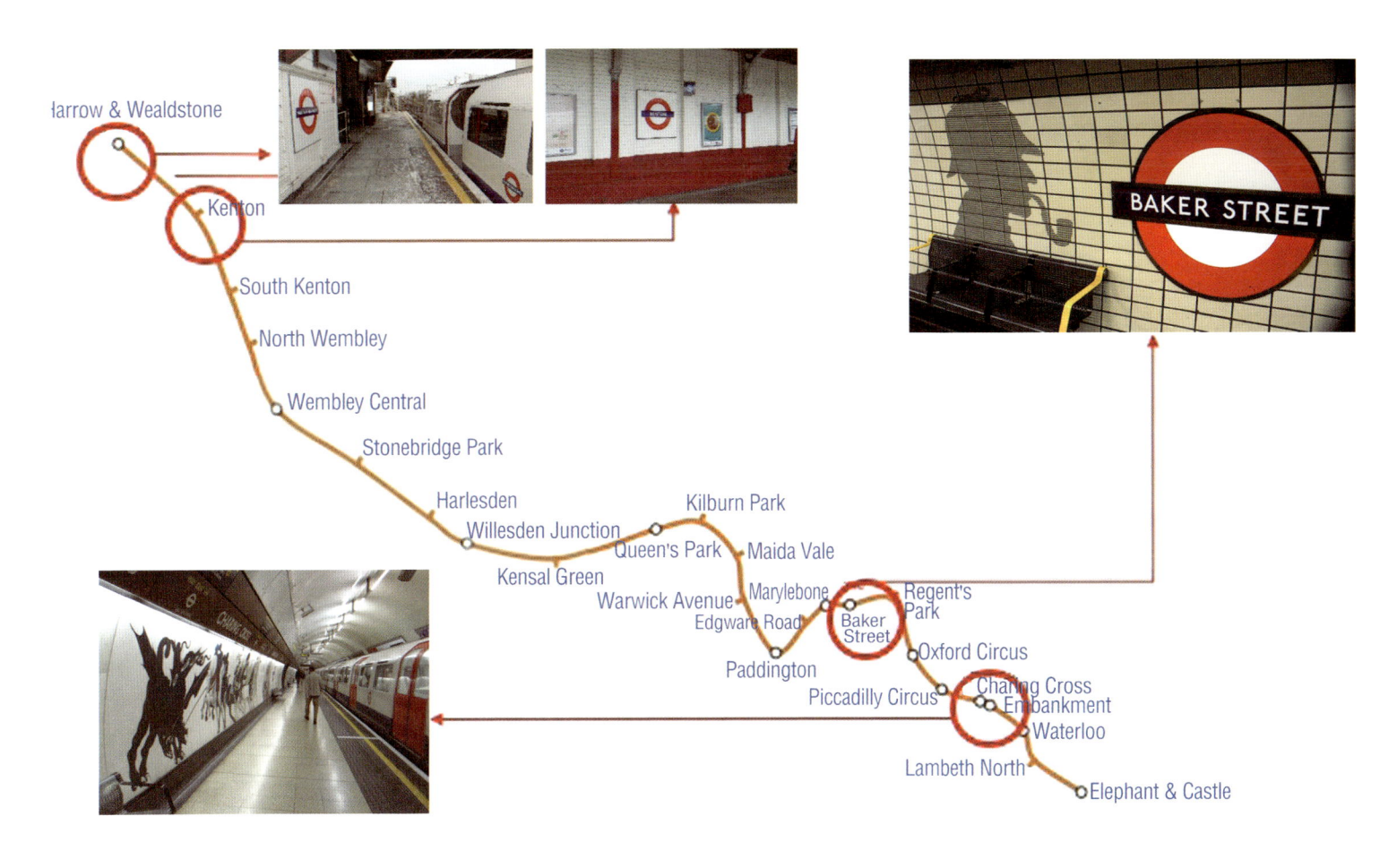

图 17　伦敦地铁贝克卢线

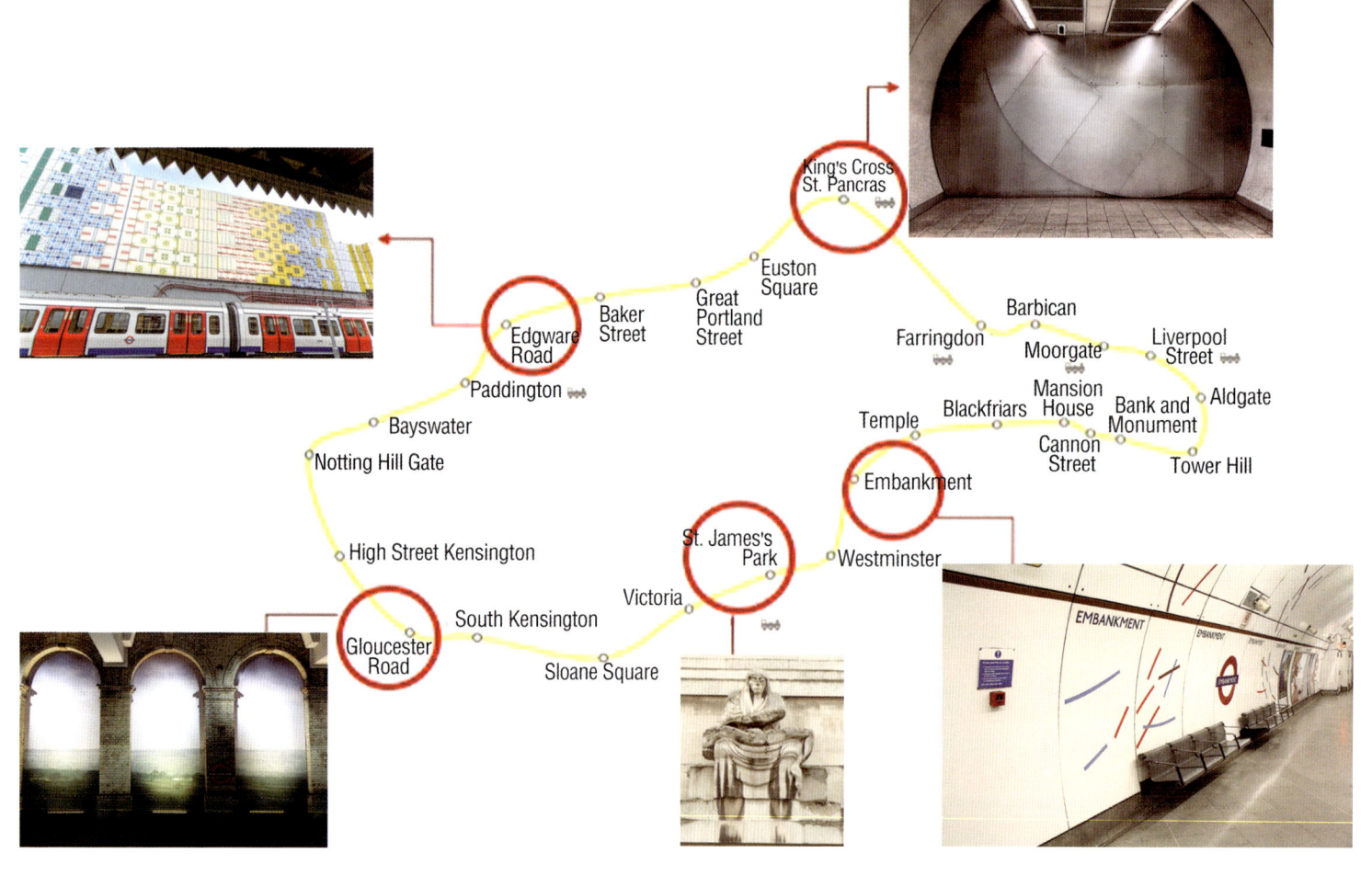

图 18　伦敦地铁环状线

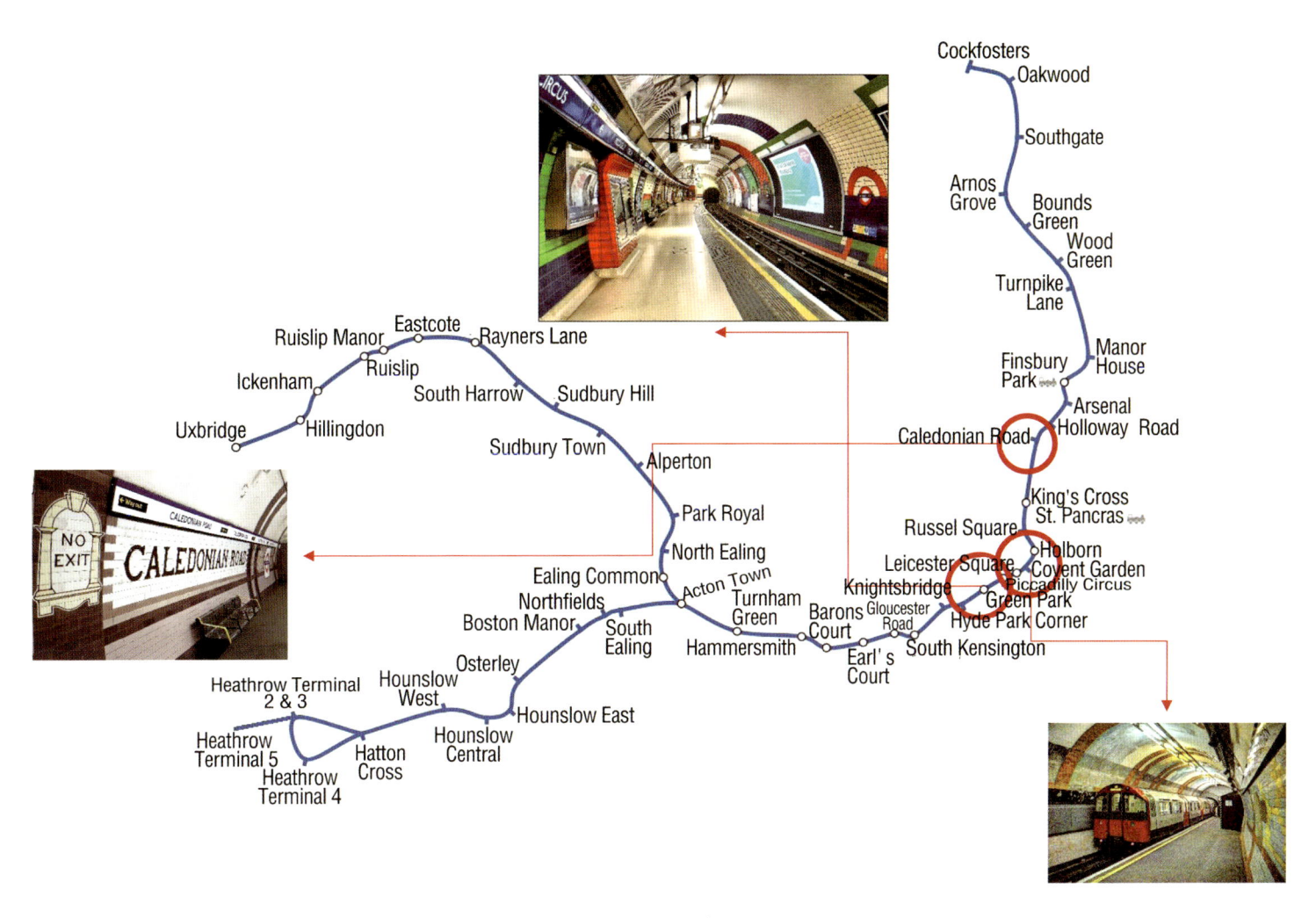

图 19 伦敦地铁皮卡迪亚线

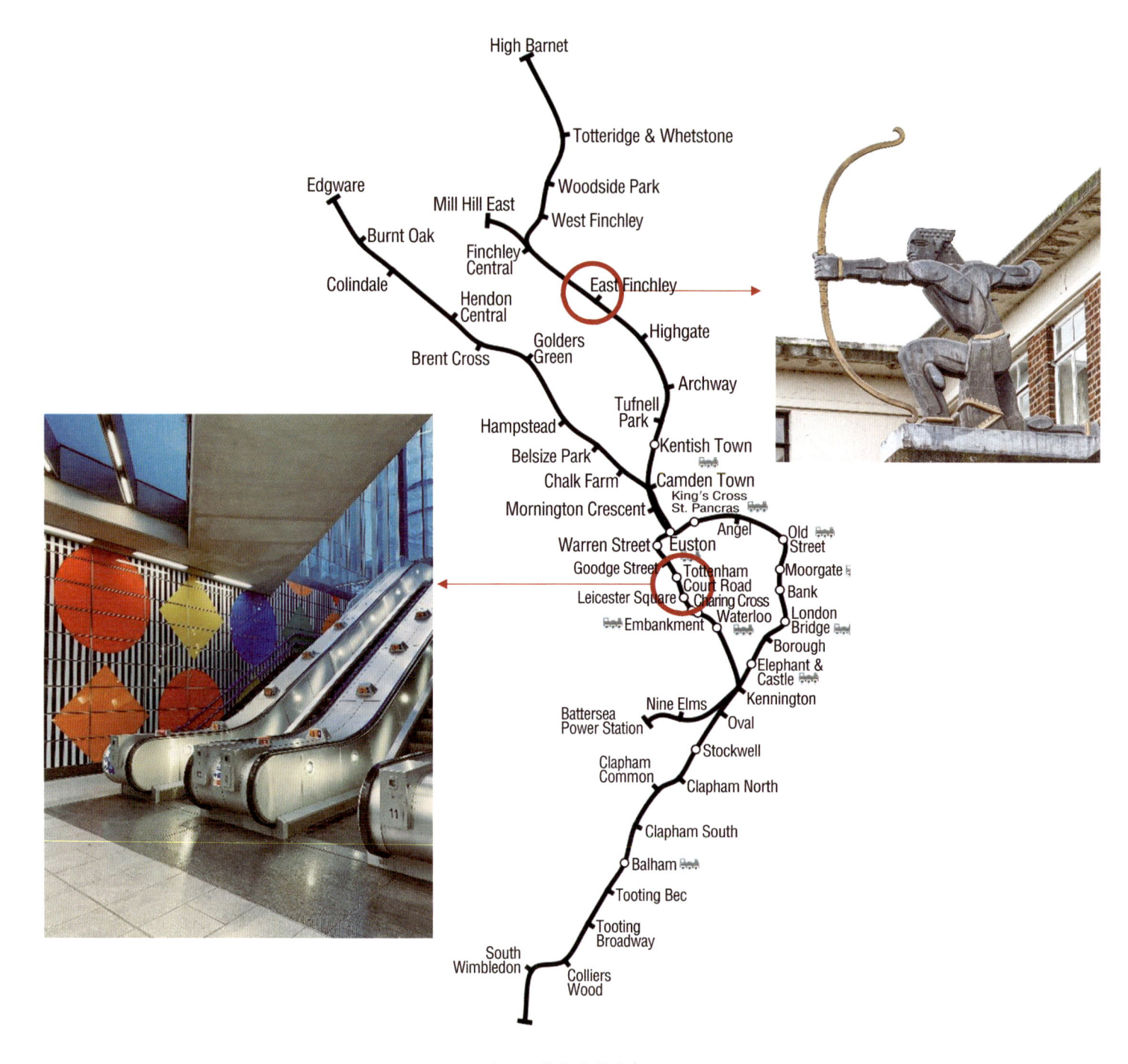

图20　伦敦地铁北线

伦敦地铁空间的艺术形式与内容丰富多样，浮雕墙、插画、雕塑、文化站墙、艺术灯箱、一体化设计空间等二维、三维艺术形式多样，特别是艺术车站计划成立后，善于利用新媒体与新技术，不断尝试与推出新的艺术形式。但因为地铁特殊交通空间的局限性，大部分永久性的艺术形式还是以平面形式为主（图21）。

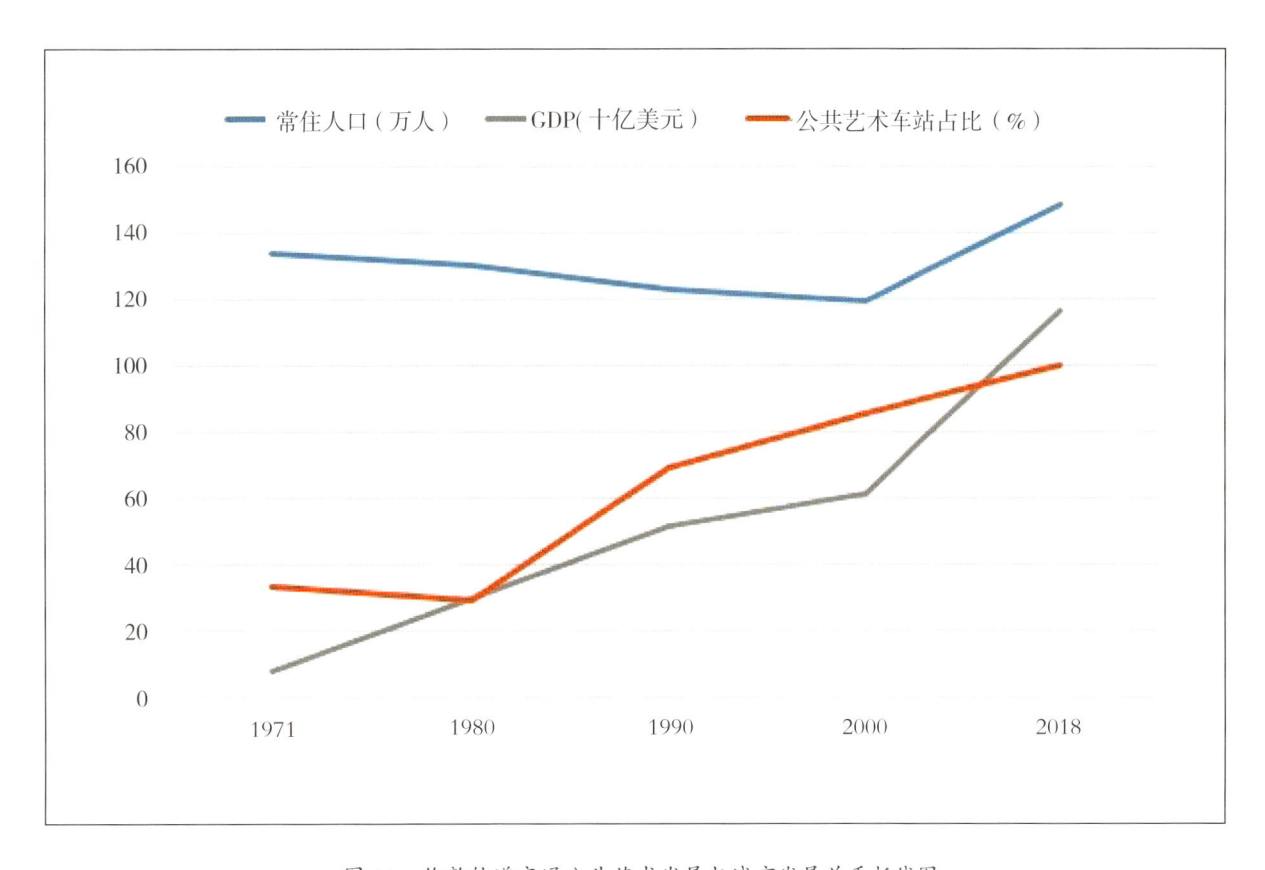

图 21　伦敦轨道交通公共艺术发展与城市发展关系折线图

一百多年来，伦敦地铁公共艺术历久弥新，不断地丰富着城市艺术文化遗产。早期的伦敦地铁曾一度成为传播当代艺术的前沿阵地，而伦敦地铁"艺术车站计划"的成立又将其推向新的高度，使其国际化的艺术水准在世界范围内独领风骚。

城市文化
空间
样本考

慕尼黑

慕尼黑轨道交通发展概况

慕尼黑地铁由慕尼黑运输公司（Münchner Verkehrsgesellschaft，简称 MVG）营运。系统隶属慕尼黑交通协会，并与慕尼黑城铁一起构成市内的公共交通骨干。慕尼黑地铁有 6 条线路，分别是 U1、U2、U3、U4、U5、U6，共设有 96 个车站，里程 103 千米。慕尼黑地铁站多请艺术家设计公共艺术，特色鲜明，且一体化车站建设成熟（图1）。

慕尼黑城内有近百个地铁站，从 20 世纪 70 年代便开始运营。当年的站台设计不仅满足于每站不一样的颜色，

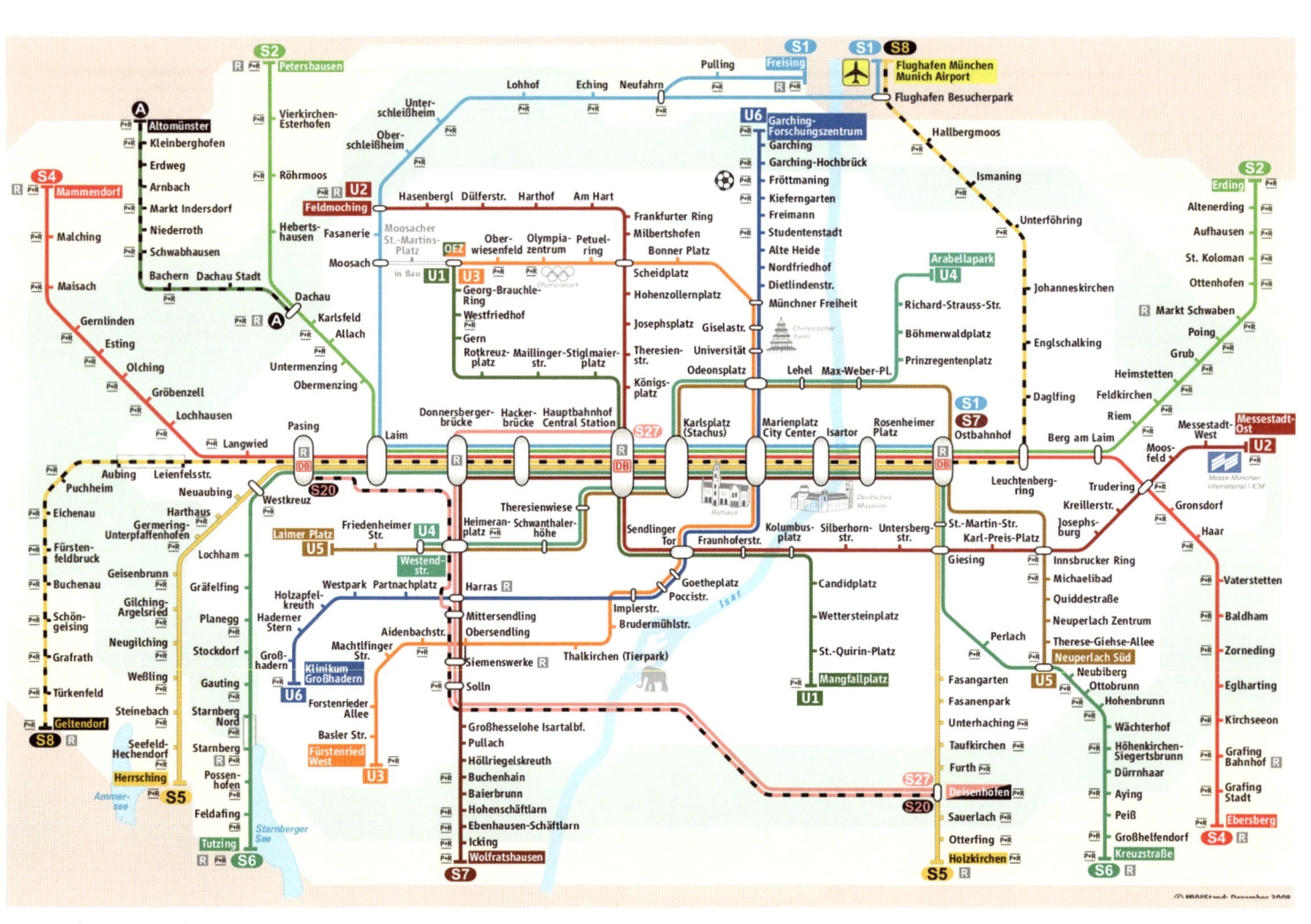

图1　慕尼黑地铁线路图

而且是每站的建筑设计和个性特色都相对鲜明，融入地铁站附近的人文特色，树立独一无二的标志。在 20 世纪 80 年代中期，慕尼黑政府决定开始使用公共空间进行艺术表达。来自地铁规划委员会的 Rolf Schirmer 觉得这些车站应该"散发出积极的情绪"，并且"使用艺术元素应该有助于使乘客的等待更加愉快"，慕尼黑运输公司，著名建筑师以及当地和国际艺术家之间正在进行的合作，产生了一系列独特的设计（图 2）。

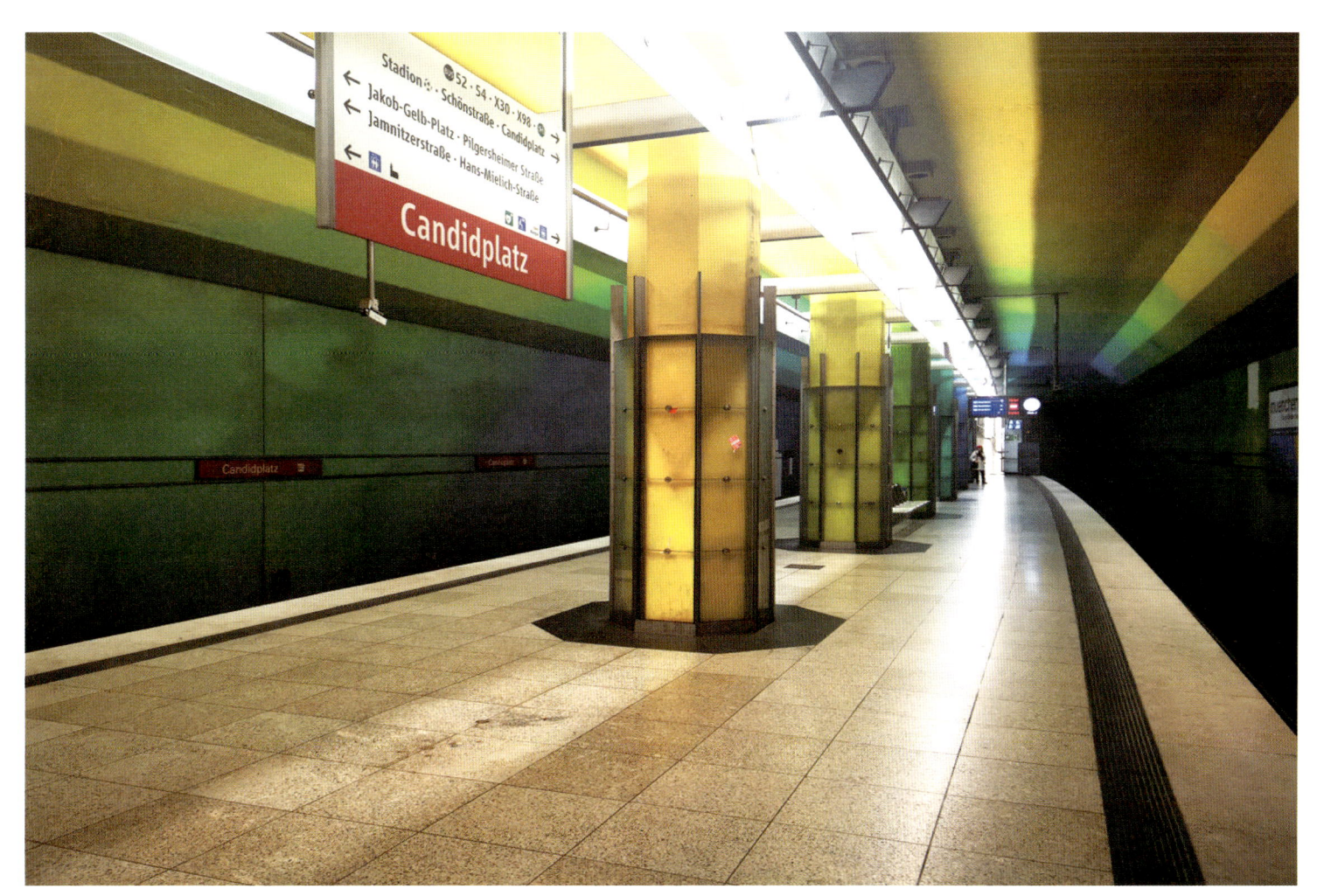

图 2　慕尼黑地铁站

慕尼黑运输公司，著名建筑师以及当地和国际艺术家之间正在进行的合作，产生了一系列独特的设计。慕尼黑地铁公共空间设计以及公共艺术的发展，是与其经济和社会发展的大背景息息相关的，经过分析与调研，大概可以分为以下五个阶段。

慕尼黑地铁网络经过30多年的建设，因第二十届奥运会的契机，从雏形到快速建设，再到现在的平稳建设，经历了不同的阶段，其轨道交通的发展与德国社会大背景及国际地位的提高是相辅相成的，整体上极大地提升了整个慕尼黑的交通状态。地铁站的设计极其具备德国现代主义设计风格特点，既显示历史内涵又有体现现代色彩，既轻松自在又活跃生动，在国际上都具备极强的影响力（图3）。

城市发展概况	时间	地铁发展趋势
1966年，慕尼黑赢得了第二十届奥运会举办权。这是自罗马奥运会12年后奥运会再次回到欧洲举行。	1971年	即将到来的第二十届奥运会真正促进了慕尼黑地铁建设的飞速发展，建设周期由14年缩短为6年半。奥运专线的规划也带来了公共艺术品的出现。这使得1971—1972年大量车站投入运营。站内装修特点明亮简洁，广泛应用混凝土，并利用墙壁浮雕艺术增强可塑性。
1973年，在世界石油危机的冲击下，发达国家出现了战后资本主义经济危机。	1973年	其间，慕尼黑地铁建设速度放缓，且出现了交通限令。
1980—1985年期间，慕尼黑城市郊区化趋势日益明显。	1980年	为连接内城和外围地区，地铁整体呈现扩张趋势。此期间大量站点涌现。车站具有标准化、工业化的特点，并开始融入公共艺术，强调导向集成。
东欧剧变，进而波及德国。最终的影响使得德国能够统一，重新回到欧洲强国的行列。	1989年	德国经济逐步繁荣，国际地位显著提高，国际影响力持续增强，城市建设得到发展，大量公共交通建设得以进步。这个时期的地铁站设计还是延续之前简洁的风格，但开始注重艺术品的结合以及天花板的设计。
欧洲一体化进程加快，全球化趋势加快，为适应可持续发展和国际大都市发展要求，慕尼黑城市发展面临新挑战。慕尼黑新国际机场也在此时期建成。	1993年	站内设计越来越注重细节，在现代感的基础上使一些设计更加有趣。慕尼黑地铁公共艺术大量涌现，与艺术家的合作日益频繁。
欧盟正式诞生。德国国际化影响力逐步稳定，欧洲共同体中领军国家，国际交流增强，城市多元化文化氛围浓厚。	2000年	地铁空间设计、灯光照明设计与空间结构等其他设计系统相契合，纳入统一的设计范畴，而不是单独的设计系统。新时期慕尼黑地铁站的公共艺术呈现出越来越多样化的特点，大量经典公共艺术作品出现。

图3 慕尼黑轨道交通发展趋势调查时间轴

1964—1979 年准备期与奥运大发展期

慕尼黑地铁兴建于 1930 年，1941 年停工，原因是第二次世界大战爆发。第二次世界大战期间，慕尼黑地铁遭到前所未有的破坏，第二次世界大战之后，慕尼黑地铁建设比较缓慢，慕尼黑的地面交通日渐恶化，市议会开始探讨地下轨道的建设。1964 年，市议会决定正式兴建地下铁路。

1966 年，慕尼黑获得第二十届奥运会举办权。奥运会促进了慕尼黑地铁的飞速建设，当局加快工程速度，建设周期由 14 年缩短为 6 年半。奥运专线的规划也带来了慕尼黑地铁站内公共艺术品的出现（图 4）。

图 4　慕尼黑奥运会会场

1971年，慕尼黑建设第一条地铁U6路段开通，12站地铁站投入运营，1972年投入运营的地铁站共4站，且全部有公共艺术的出现。总体来说，从空间设计上看，这期间站内装饰相对简洁，展现时代风格和德国崇尚的现代美感（图5、图6）。

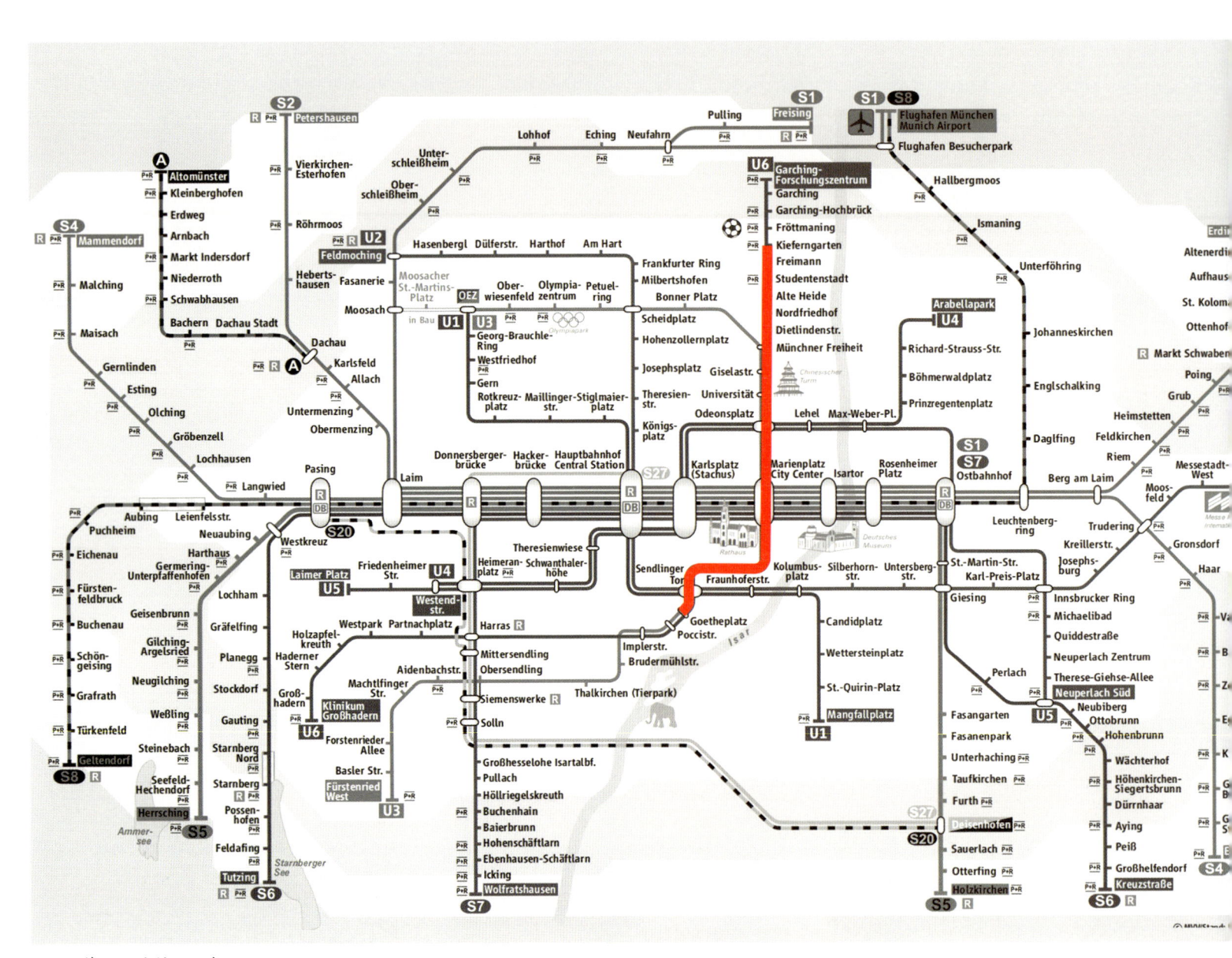

图5　慕尼黑地铁U6线

城市文化空间样本考／慕尼黑

图6　慕尼黑地铁 U6 线站

城市文化空间样本考

　　站内空间色彩不同，形成了标准化设计趋势，站内装修特点明亮简洁，广泛应用混凝土，并利用墙壁浮雕艺术增强可塑性（图7）。

城市文化空间样本考／慕 尼 黑

图7　慕尼黑地铁 U3 线站内装饰

1973年，在世界石油危机的冲击下，发达国家出现了战后资本主义经济危机。德国慕尼黑同样受到了影响，其间慕尼黑地铁建设速度放缓。1973—1979年期间，慕尼黑地铁几乎没有建设新的站点，仅在1975年期间U6线开通了2个新站点模仿站（Implerstrabe）与哈拉斯站（Harras），以及1978年开通了1个新站点波西街站（Poccistrabe）。究其原因，一方面此时期地铁处于奥运专线井喷期建设后的休整期，另一方面经济危机直接反映在公共交通的建设上，此期间政府对公共交通服务的投入预算缩减，且出现了交通限令（图8、图9）。

图8　慕尼黑地铁U6线哈拉斯站（Harras）

图 9　波西街站（Poccistrabe）（U3，U6）

1980—1989 年艺术介入新发展期

1980—1989 年期间，随着慕尼黑城市郊区化趋势日益明显，为连接内城和外围地区，地铁整体呈现扩张趋势。此期间大量站点涌现（图 10、图 11）。

1984 年 U4/5　　西街（Westendstrae）- 卡尔广场（Karlsplatz）

1986 年 U4/5　　卡尔广场（Karlsplatz）- 音乐厅广场（Odeonsplatz）

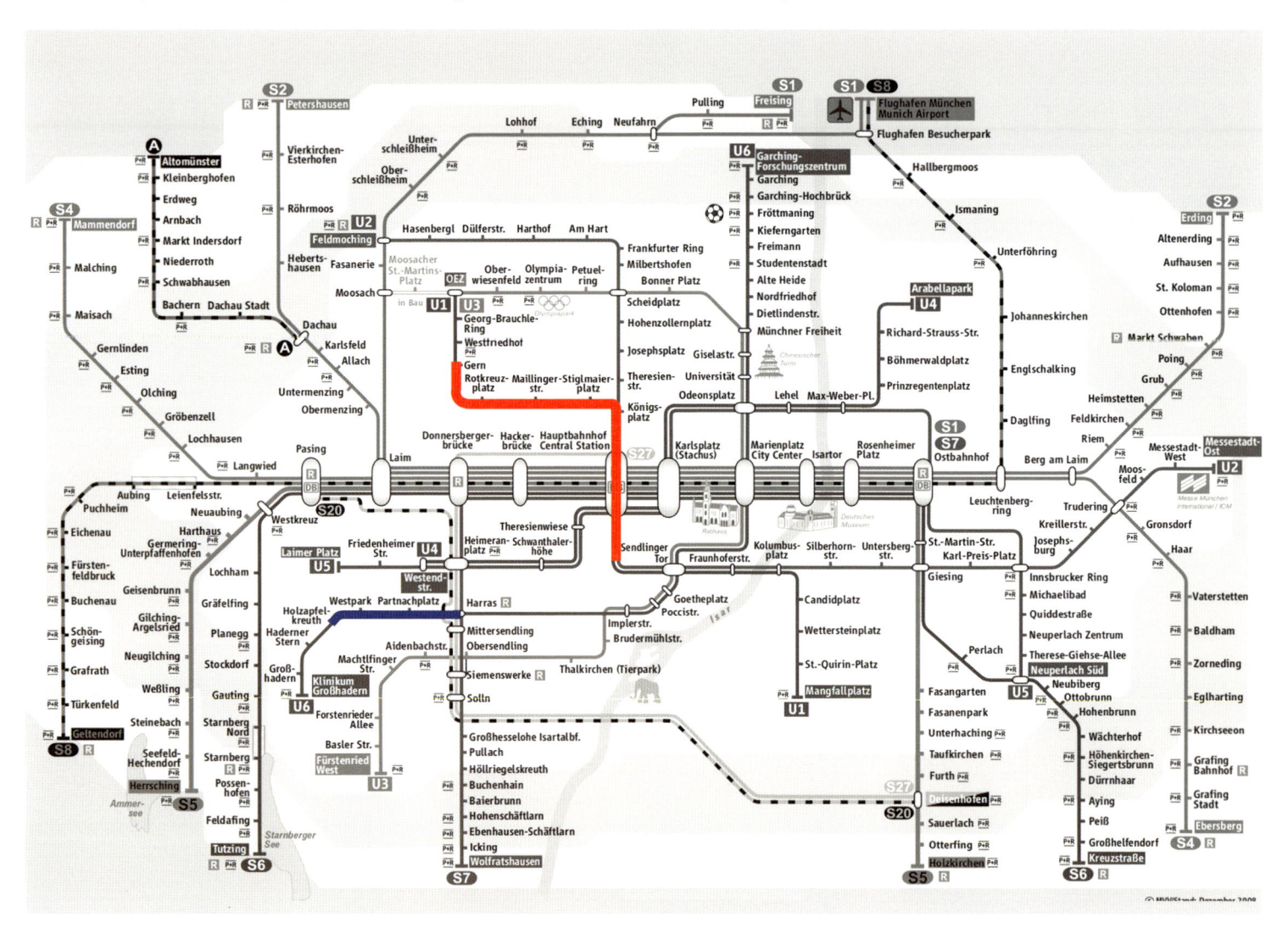

图 10　U6 西侧 哈拉斯 - 霍尔扎菲尔克鲁斯 (Harras-Holzapfelkreuth) 路段、U1 西侧 中心站 - 红十字广场 (Central Station-Rotkreuzplatz) 路段

1988年 U4/5　　　西街（Westendstrae）- 莱默广场（Laimer Platz）
1988年 U5　　　　音乐厅广场（Odeonsplatz）- 因斯布鲁克之环（Innsbrucker Ring）
1988年 U4　　　　马克斯·韦伯（Max-weber）- 阿拉贝拉公园（Arabellapark）

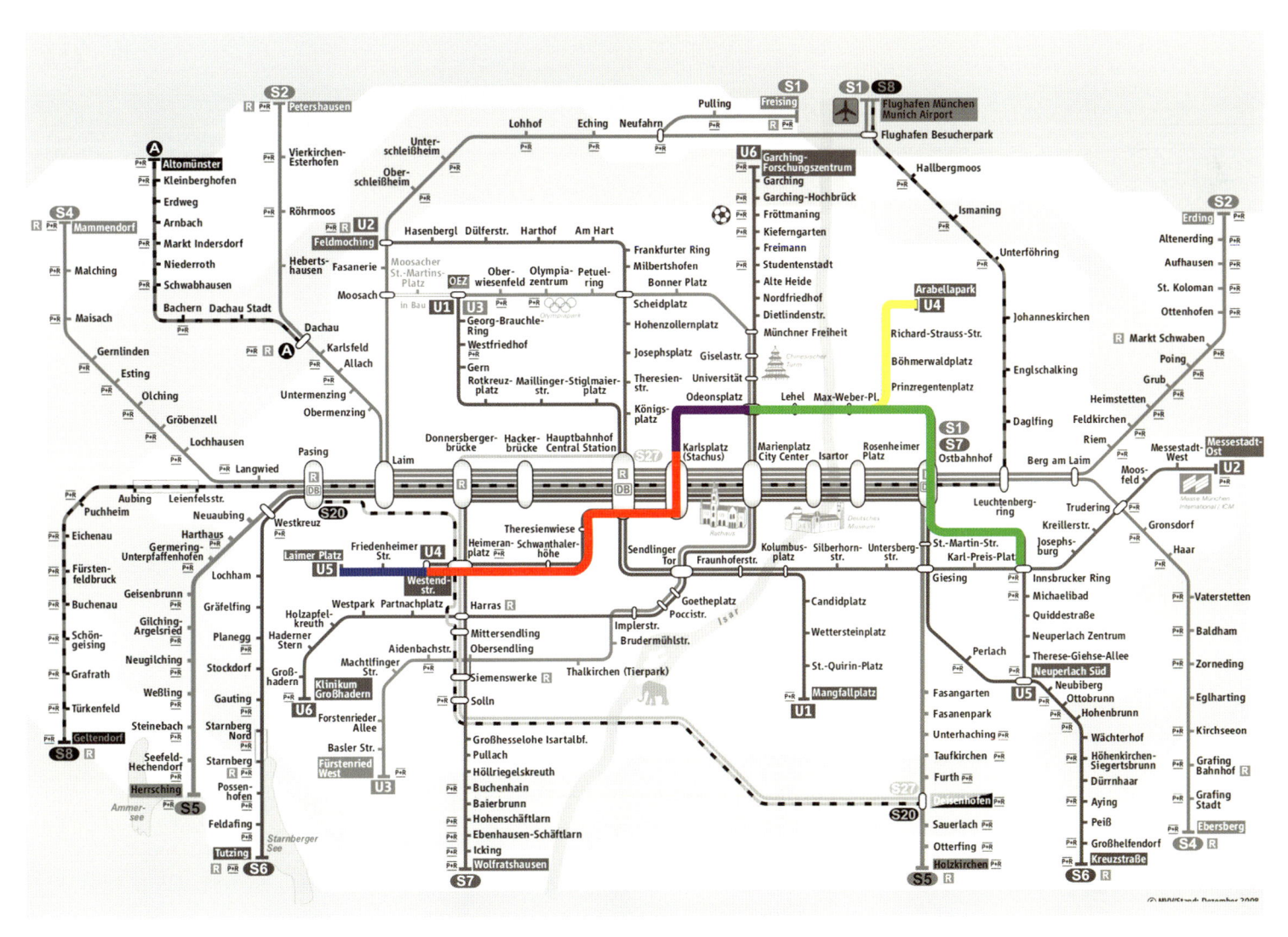

图 11　慕尼黑地铁 U4、U5 部分路段

1980年U2、U5沙伊德广场－纽佩拉赫南（Scheidplatz-Neuperlach Süd）路段开通。车站具有标准化、工业化的特点，融入公共艺术，强调导向集成，站内使用铝板装饰墙面，彩色瓷砖装饰柱子，色彩亮丽，体现简洁而强烈的色彩对比与空间感（图12）。

城市文化空间样本考 / 慕 尼 黑

图 12　慕尼黑地铁 U2、U5 沙伊德广场－纽佩拉赫南（Scheidplatz -Neuperlach Süd）路段站

—357—

1984年，U6西侧哈拉斯－霍尔扎菲尔克鲁斯（Harras-Holzapfelkreuth）路段开通、U1西侧中心站－红十字广场（Central Station-Rotkreuzplatz）路段开通，延续了U5的装修风格（图13）。

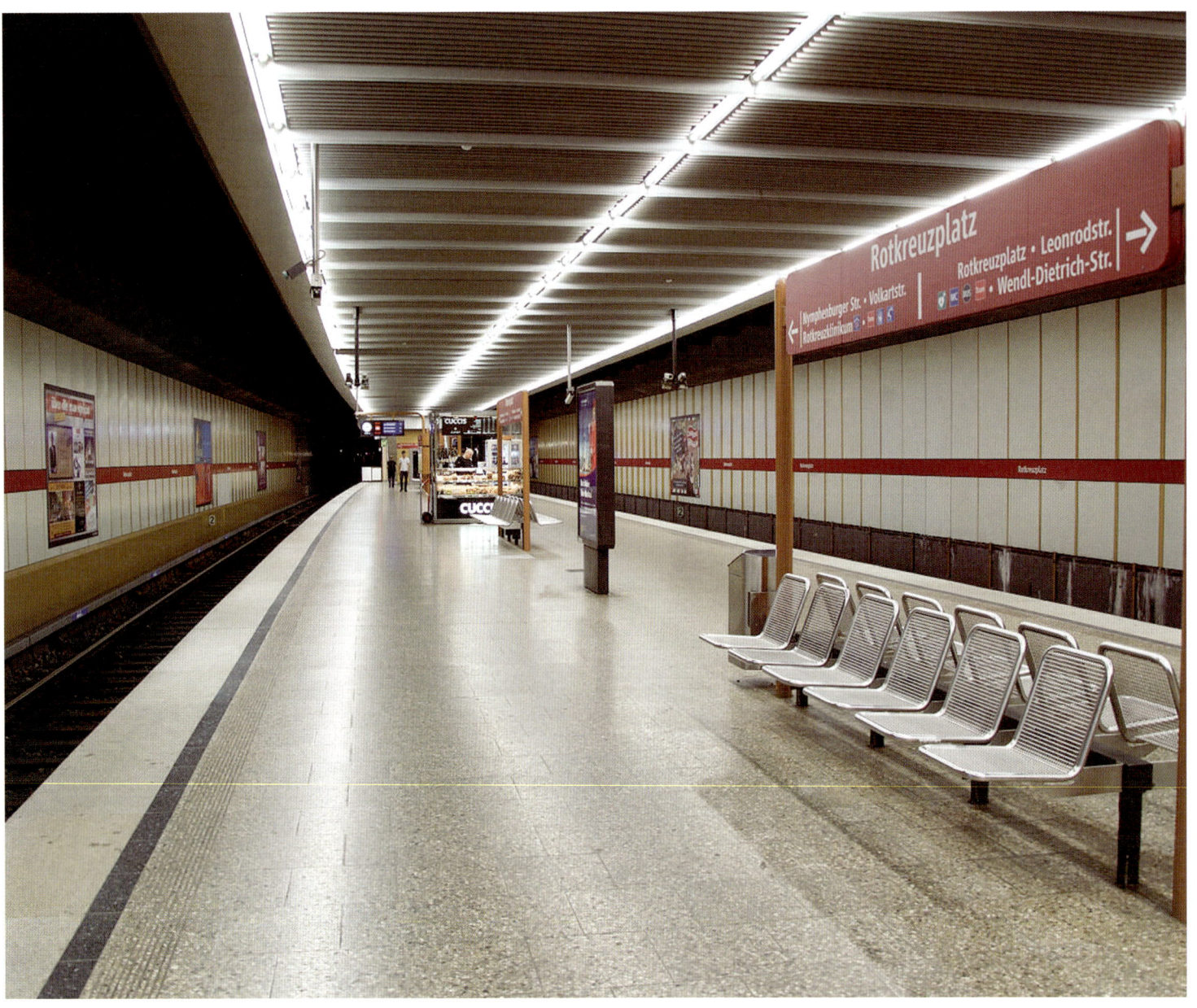

图13　哈拉斯－U6西侧霍尔扎菲尔克鲁斯（Harras-Holzapfelkreuth）路段开通、U1西侧 中心站－红十字广场（Central Station-Rotkreuzplatz）

苔藓田（Am Moosfeld）地铁站空间设计大气简约，超级放大的站点文字体现了大气的设计特征，非常醒目，让人印象深刻（图14）。

图14　苔藓田（Am Moosfeld）地铁站

20世纪80年代中期,慕尼黑政府决定开始使用公共空间进行艺术表达。来自地铁规划委员会的罗尔夫安检员(Rolf Schirmer)觉得这些车站应该"散发出积极的情绪",并且"使用艺术元素应该有助于使乘客的等待更加愉快"。此后慕尼黑地铁空间建设呈现出色彩亮丽、对比强烈、空间感强的风格特征(图15)。

图15 慕尼黑地铁空间风格特征

站内色彩亮丽，体现简洁而强烈的色彩对比与空间感，具有德国现代设计风格，车站具有标准化、工业化的特点，并开始融入公共艺术，强调导向集成。开始注重艺术品的结合以及天花板的设计（图16）。

图16 慕尼黑地铁现代设计风格

城市文化空间样本考

　　这个时期的地铁站设计还是延续之前简洁的风格，可见慕尼黑地铁的风格走向是很一致的，这种延续性和德国的现代主义设计有很强的关联性。更加注重与艺术品的结合以及天花板的设计，极具德国现代设计风格（图17）。

城市文化空间样本考 / 慕 尼 黑

图 17　慕尼黑地铁设计风格

1989—1996年艺术发展成熟期

1989年期间，东欧剧变进而波及德国。最终的影响使得德国能够统一，重新回到欧洲强国的行列。德国经济逐渐繁荣，国际地位提高，城市建设的发展使大量公共交通建设得以进步，为适应可持续发展和国际大都市发展要求，慕尼黑城市发展面临新挑战。慕尼黑新国际机场也在此时期建成（图18、图19）。

U3

1989年 U3　伊普勒大街 - 福斯登里德大街（Implerstraße-Forstenrieder Allee）（蓝色）

1991年 U3　福斯登里德大街 - 毛茸韦斯（Forstenrieder Allee-Fürstenried Wes）（红色）

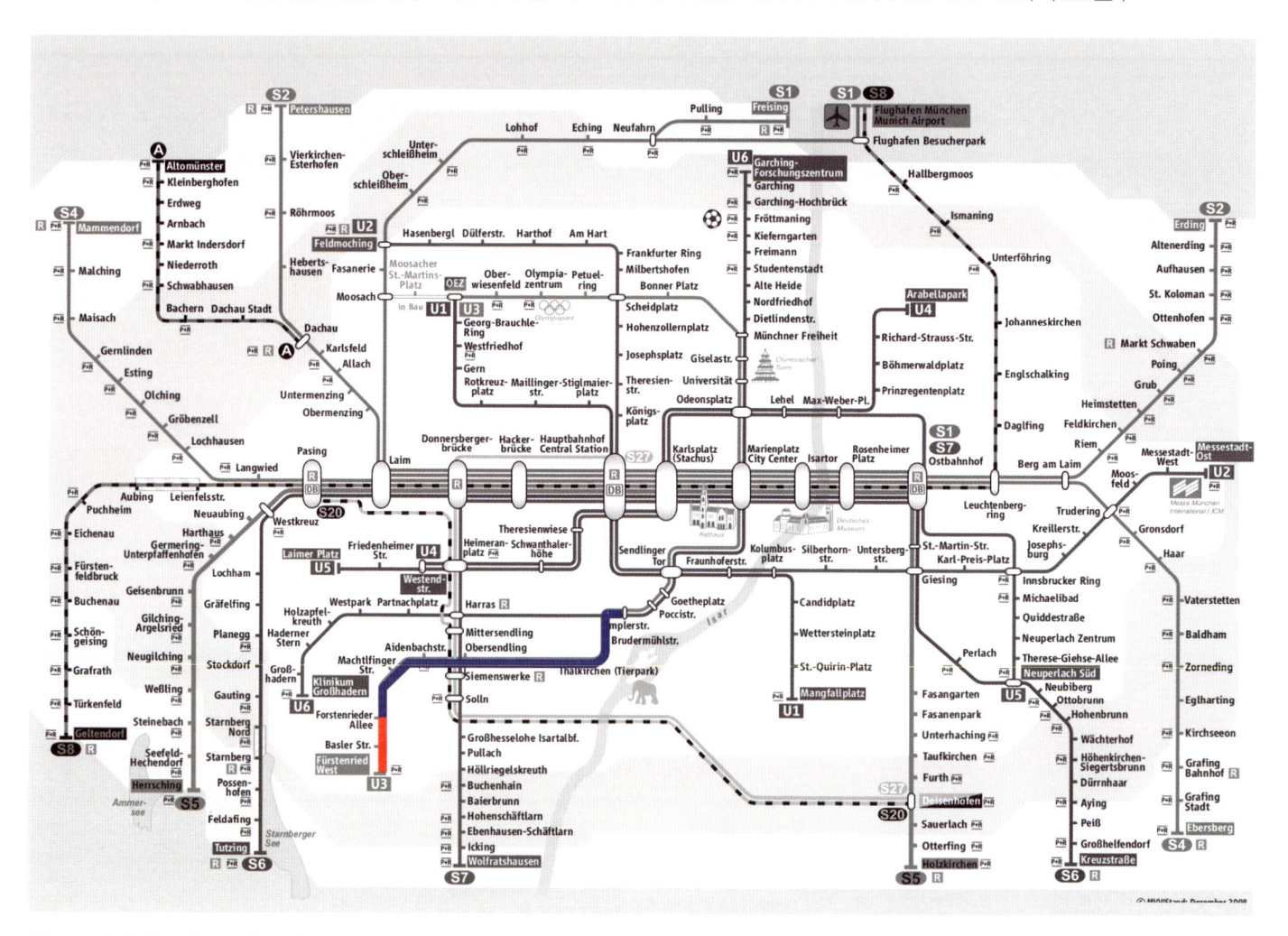

图18　慕尼黑地铁U3部分路段

U2、U6，1993—1996

1993 年 U6（西侧）　　霍尔扎菲尔克鲁斯 - 大沙登诊所 (Holzapfelkreuth-Klinikum Großhadern)（蓝色）

1993 年 U2（北侧）　　沙伊德广场 - 迪弗大街 (Scheidplatz-Dülferstraße)（黄色）

1994 年 U6（北侧）　　松园 - 弗勒特曼宁 (Kieferngarten-Fröttmaning)（红色）

1995 年 U6（北侧）　　弗勒特曼宁 - 加兴 - 高桥 (Fröttmaning-Garching-Hochbrück)

1996 年 U2（北侧）　　迪弗大街 - 费尔德莫金 (Dülferstraße-Feldmoching)（紫色）

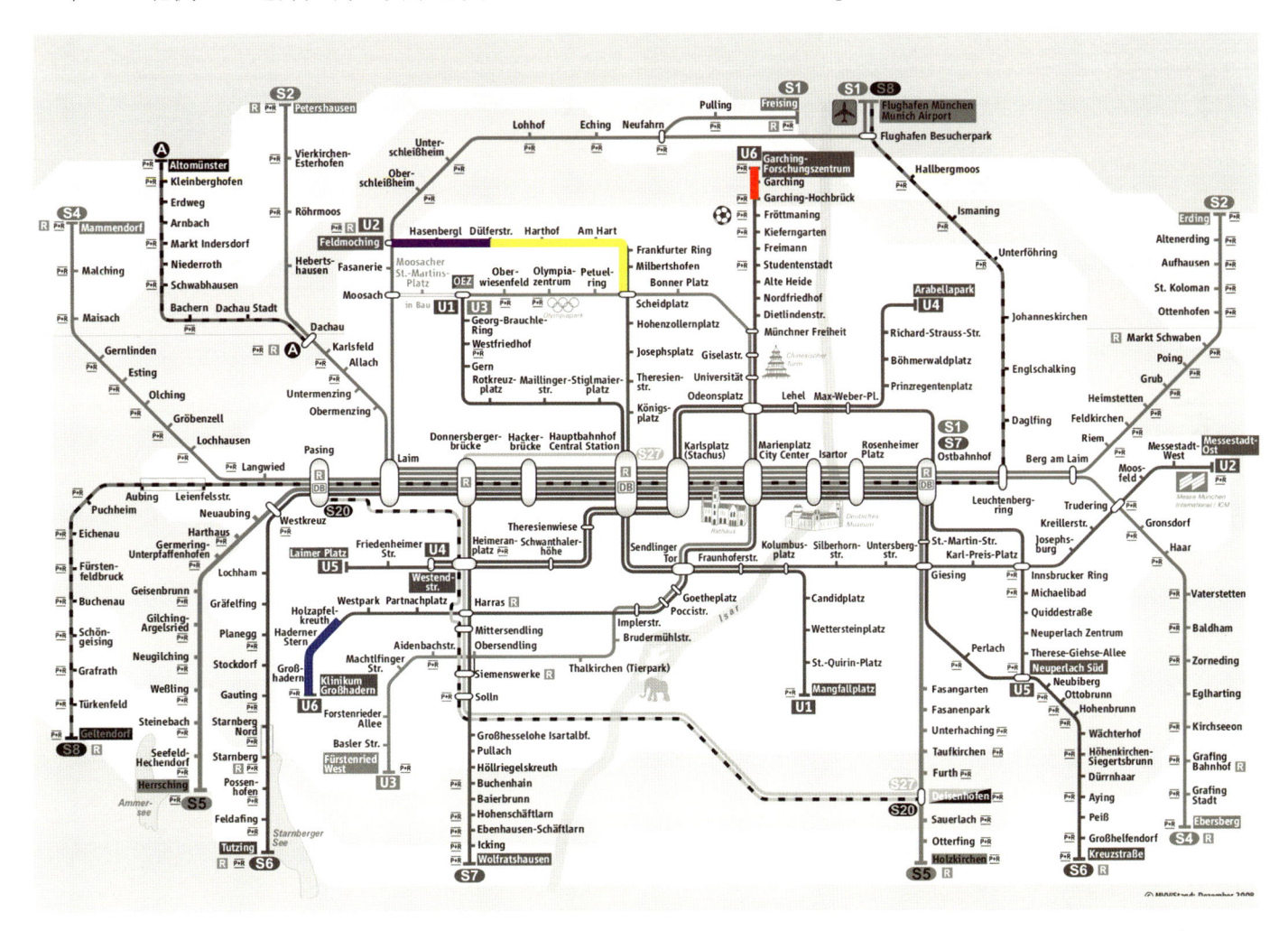

图 19　慕尼黑地铁 U2、U6 部分路段

公共艺术品建设也进入了一个新时期，艺术家们开始大量参与地铁艺术品设计，艺术化的车站大量涌现。这期间站内设计越来越注重细节，在现代感的基础上使一些设计更加有趣，站内设计大胆前卫，更加注重细节，色彩应用极致（图 20 至图 22）。

城市文化空间样本考／慕尼黑

图 20 慕尼黑地铁站艺术化设计

—367—

城市 文化 空间 样本考

城市文化空间样本考／慕 尼 黑

图 21 慕尼黑地铁站艺术化设计

城市 文化 空间 样本考

城市文化空间样本考／慕　尼　黑

图 22　慕尼黑地铁站艺术化设计

经济政治的发展与国力的增强同样影响到了慕尼黑地铁公共空间的建设，站内设计越来越注重细节，在现代感的基础上使一些设计更加有趣，此期间慕尼黑地铁中公共艺术大量涌现，与艺术家的合作也日益频繁（图23至图25）。

图23　费尔德莫金站（Feldmoching）（U2,1996）

城市文化空间样本考／慕尼黑

图24　候选地站（Candidplatz）（U1，1997）

城市 文化 空间 样本考

图 25 约瑟夫斯堡站（Josephsburg）（U2，1999）

1997年至今艺术主导新时期

21世纪，随着欧盟正式诞生，德国国际化影响力逐步稳定，欧洲共同体中领军国家，国际交流增强，城市多元化文化氛围浓厚。这期间地铁空间设计越来越多样化。

U1、U2路段线（1997—2004）

1997年U1（南侧）　哥伦布广场-芒法尔站（Kolumbusplatz-Mangfallplatz）（绿色）

1998年U1（西侧）　红十字广场-西墓地（Rotkreuzplatz-Westfriedhof）（红色）

1999年U2（东侧）　因斯布鲁克之环-欧斯展览中心（Innsbrucker Ring-Messestadt Os）（蓝色）

U1、U2路段中，待车区与天花板高度较低，仅有4.4米的距离，通过对光源的改善，将光源分散于空间中，不会形成强烈的光源直射，改善了空间较低容易产生压抑感的空间感受。

其间，U1、U2路段中的韦特施泰因广场（Wettersteinplatz）地铁站（图26）待车区与天花板高度较低，仅有4.4米的距离，吊顶采用的是经过化学处理的反光铝合金板，可以将光源分散于空间中，两边的大块青绿和大红色会吸收大部分的反射光，因此不会有较为强烈的光源直射，改善了空间较低容易产生压抑感的空间感受。

而2003年建成的格奥尔格·布劳赫勒环路站（Georg-Brauchle-Ring）（图27）采用地铁（metro）界面设计应用到空间墙中，图片和文字均以瓷贴的形式展现。因为色彩较多这就导致墙面易吸引灯光而引起空间亮度不足，因此在地面的设计上采用白色地面设计，这样可以利用地面反射光来增强照明的亮度。上维森费尔德站（Oberwiesenfeld）墙壁是用铝塑板，设计的南侧形象显示了精细的几何图案形成一个迷宫。北侧是橙色的墙面。简洁而强烈的色彩对比与空间感，灯光照明设计与空间结构等其他设计系统相契合，纳入了统一的设计范畴，而不是单独的设计系统。

城市文化空间样本考／慕 尼 黑

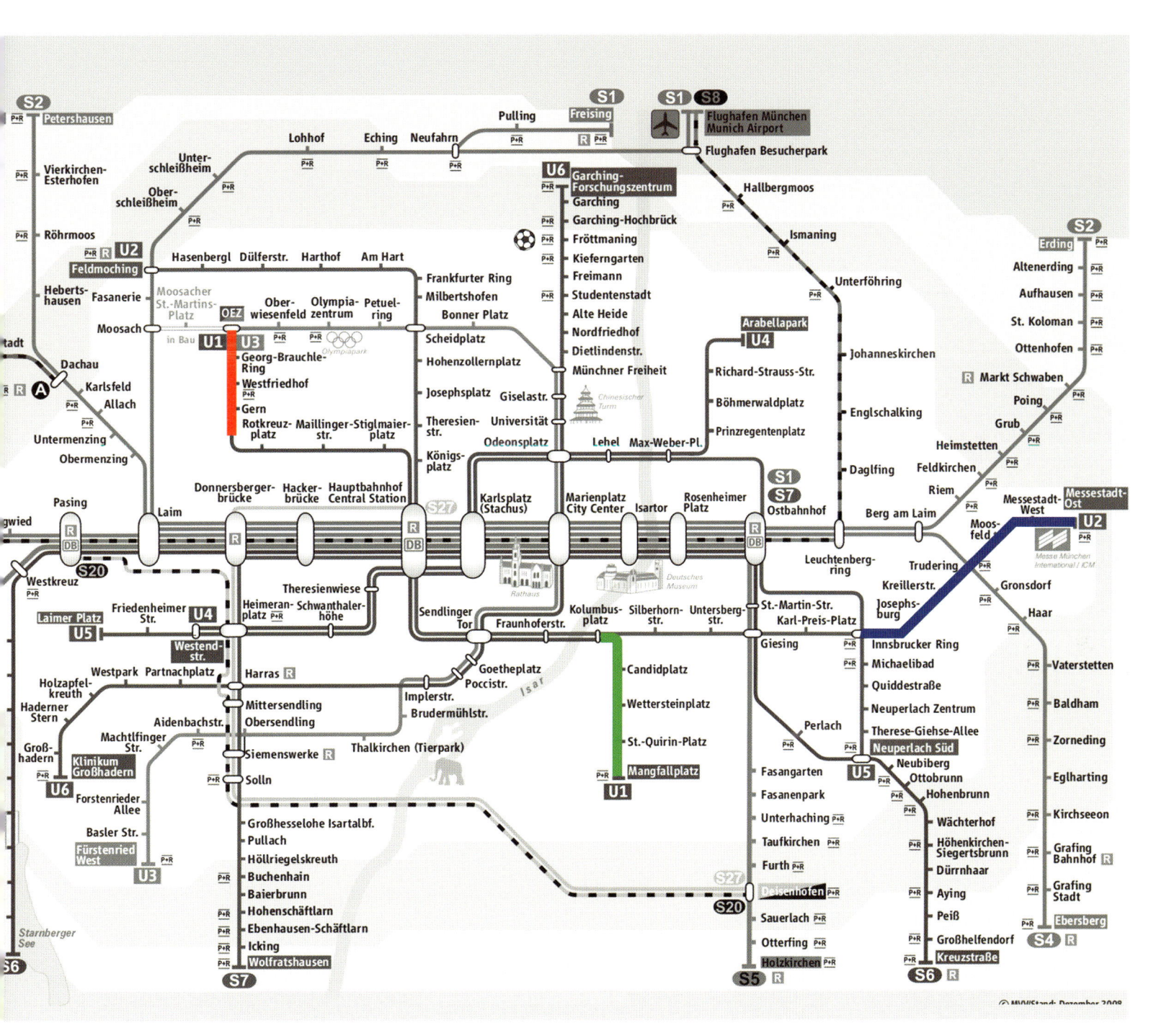

图26 慕尼黑地铁U1、U2路段线

—377—

图 27　格奥尔格·布劳赫勒环路站（Georg-Brauchle-Ring）

城市文化空间样本考／慕 尼 黑

其间空间设计与公共艺术相结合的车站也出现了大量经典案例。2003年，格奥尔格·布劳赫勒环路站（Georg-Brauchle-Ring）的墙面的设计留给了艺术家弗兰兹·阿克曼（Franz Ackermann）。他的作品《伟大的旅程》在无数的长方形墙面上展示了来自车站附近的各种代表，该站标志着地铁站新艺术线的开始。2006年，加兴站（Garching）的墙壁装饰着艺术家的画作，在明亮色彩的鳞片式墙板之间，每个平台隧道中都可以找到三个图片面板（图28）。新时期的慕尼黑地铁公共艺术设计呈现出多样化的趋势。欧伯维森菲尔德（Oberwiesenfeld）于2007年运营，鲁道夫赫兹（Rudolf Herz）艺术家委托他将指纹放在上维森费尔德

图28　加兴站（Garching）

站（Oberwiesenfeld）上，创造了他的作品装饰品（Ornament）；通过操纵感知和运动，他能够夸大并增加空间的广阔性。在其中一面墙上，Herz 使用了黑白面板，这些面板看起来是随机的，直到乘客离开平台（图29）。2010年穆萨奇（Moosach）墙壁上覆盖着76,200张艺术家秋吉雅之（Masayuki Akiyoshi）的个人照片，他们以他的项目"森林"赢得了珍贵的艺术比赛。所有单张图片均在穆萨奇站（Moosach）拍摄，并显示该地区最不同的细节。图像按时间顺序排列，这就是为什么一方面可以产生季节性颜色序列，另一方面可以根据所描绘的性质查看年度周期。

图 29　上维森费尔德站（Oberwiesenfeld）（U3,2007）

简洁而强烈的色彩对比与空间感，灯光照明设计与空间结构等其他设计系统相契合，纳入了统一的设计范畴。新时期的慕尼黑地铁站空间设计是灯光照明设计与空间结构等其他设计系统相契合的完美典范。新时期慕尼黑地铁站的公共艺术呈现出越来越多样化的特点，大量经典公共艺术作品出现（图30至图39）。

图30　穆萨奇站（Moosach）

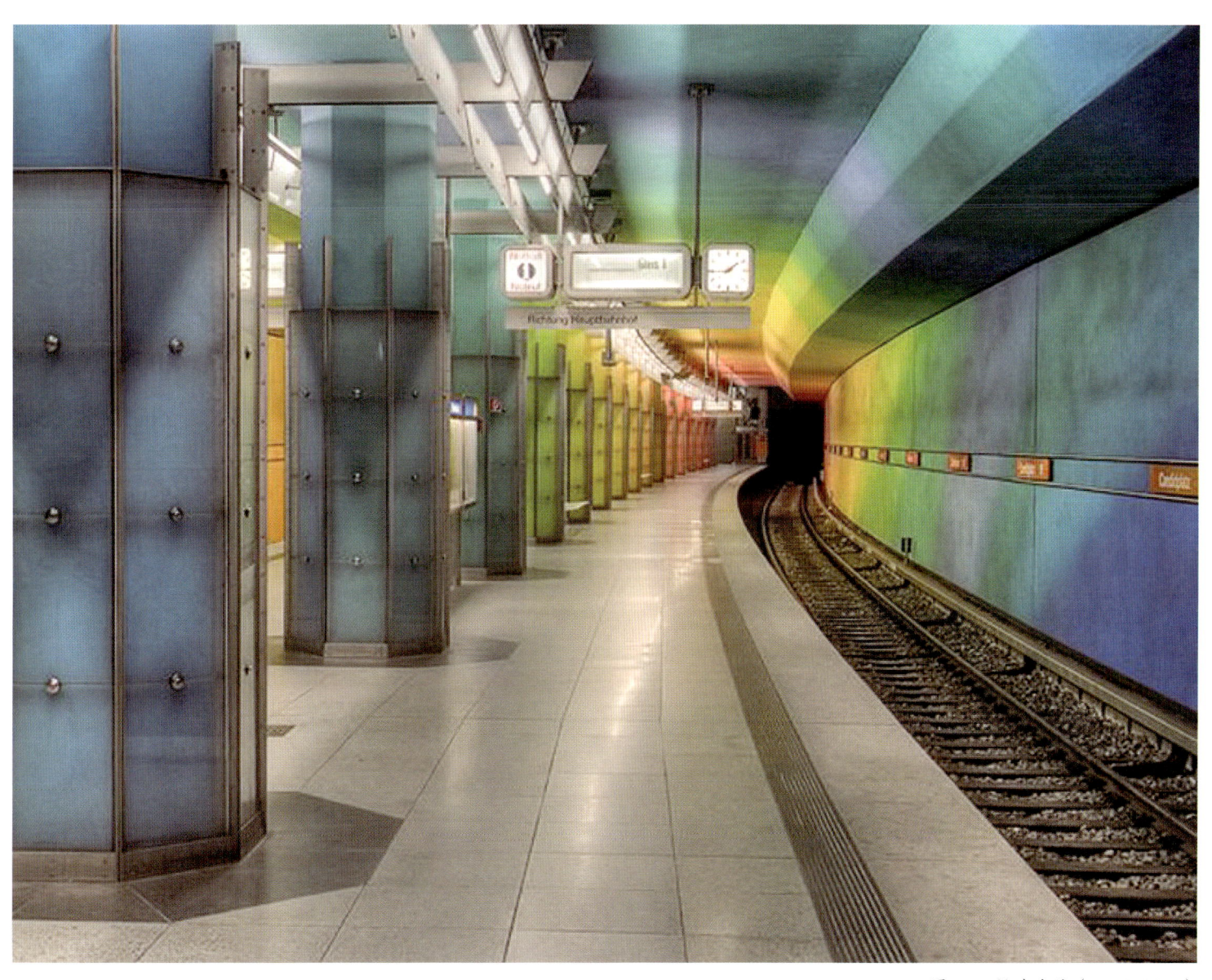

图 31　候选地站（Candidplatz）

城市文化空间样本考／慕尼黑

图 32　大沙登诊所站（Klinikum Großhadern）

城市文化空间样本考／慕尼黑

图 33　玛利亚广场站（Marienplatz）

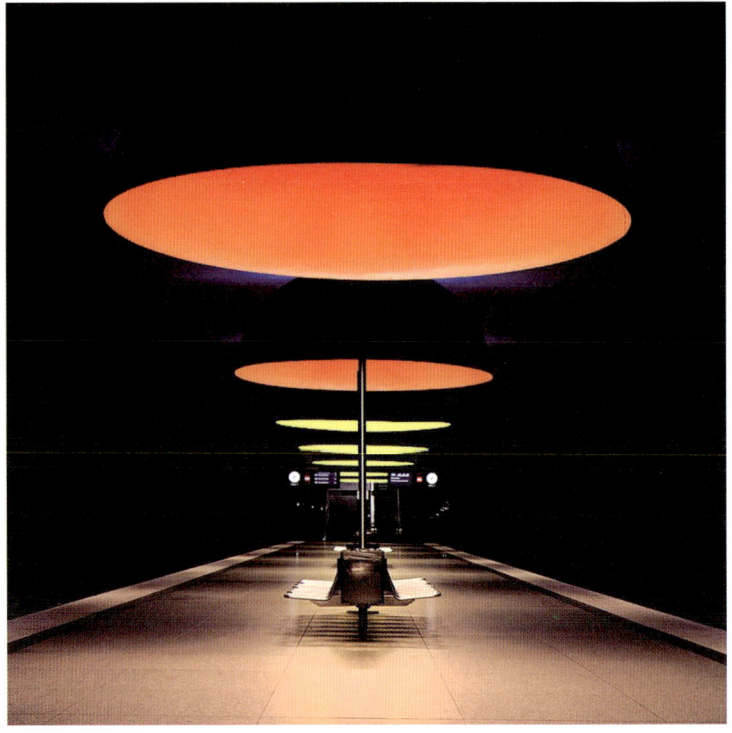

图 34　西墓地站（Westfriedhof）

图 35 韦特施泰因广场站（Wettersteinplatz）

城市 文化 空间 样本考

城市文化空间样本考 / 慕尼黑

图36　哈森格尔站（Hasenbergl）

—389—

城市 文化 空间 样本考

城市文化空间样本考 / 慕 尼 黑

图 37　圣奎林广场站（St.-Quirin-Platz）

城市 文化 空间 样本考

城市文化空间样本考／慕尼黑

图 38　马赫特芬地铁站（Machtlfinger Straße）

图 39　马赫特芬地铁站（Machtlfinger Straße）

慕尼黑轨道交通公共艺术线路调研

慕尼黑轨道交通 U1 线路图共 15 站，其中 6 站设置了公共艺术，占比 40%（图 40）。

图 40　慕尼黑轨道交通 U1 线路图

慕尼黑轨道交通 U2 线路图共 27 站，其中 14 站设置了公共艺术，占比 52%（图 41）。

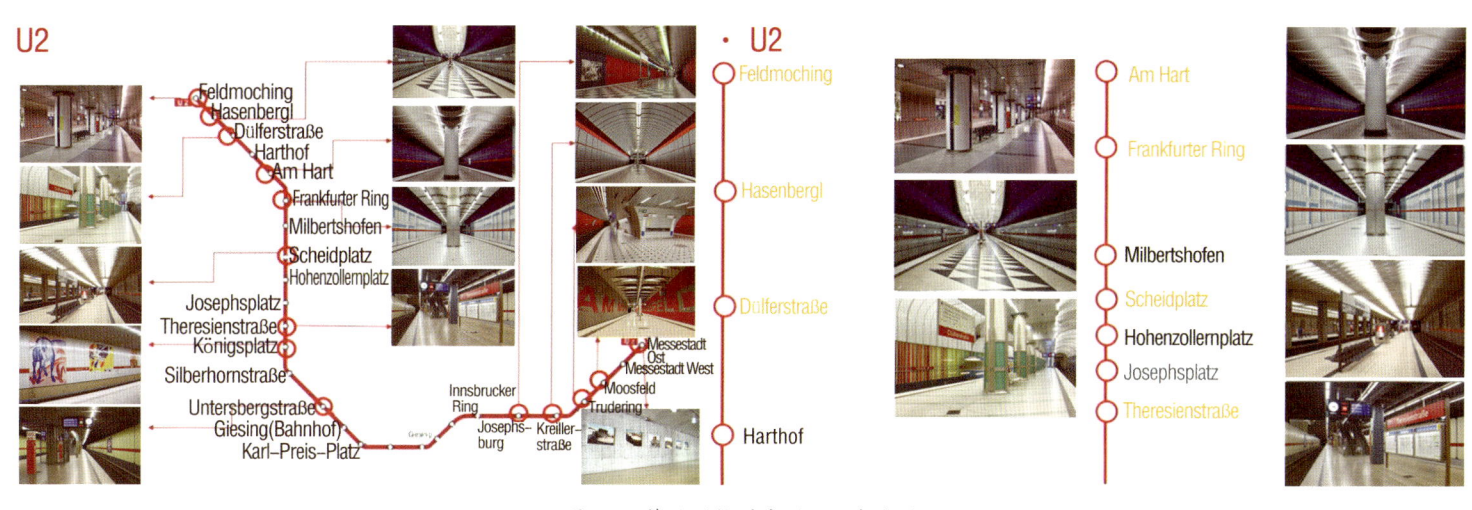

图 41　慕尼黑轨道交通 U2 线路图

慕尼黑轨道交通 U3 线路图共 24 站，其中 17 站设置了公共艺术，占比 68%（图 42）。

图 42　慕尼黑轨道交通 U3 线路图

慕尼黑轨道交通 U4 线路图共 13 站，其中 6 站设置了公共艺术，占比 46%（图 43）。

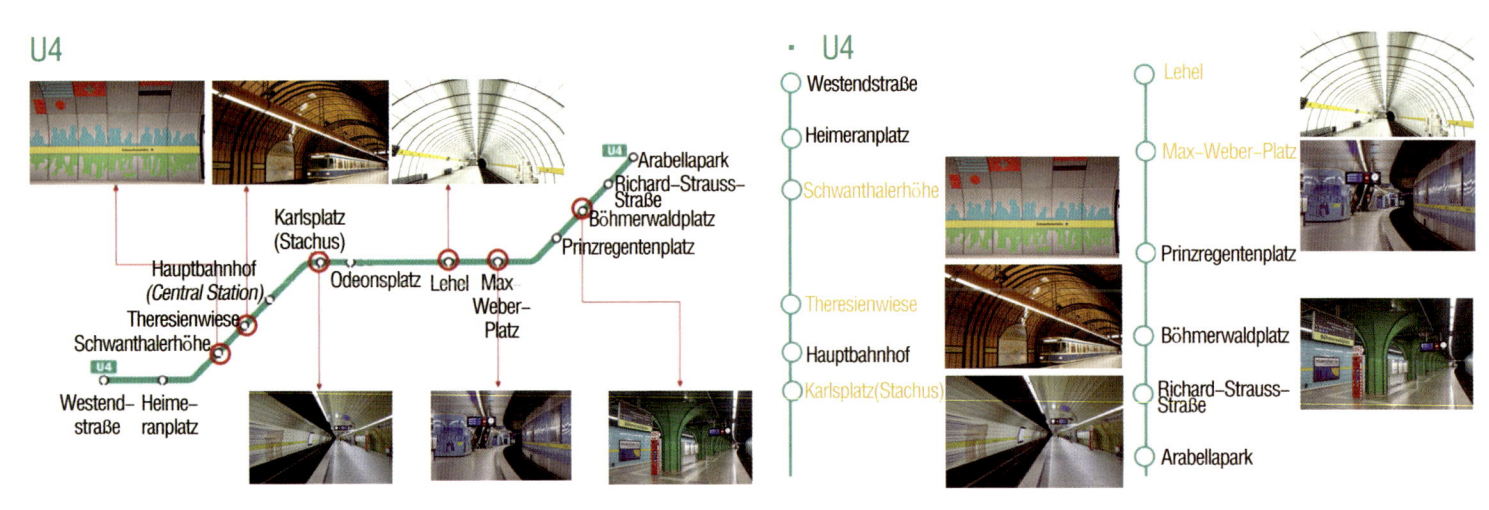

图 43　慕尼黑轨道交通 U4 线路图

慕尼黑轨道交通 U5 线路图共 18 站，其中 9 站设置了公共艺术，占比 50%（图 44）。

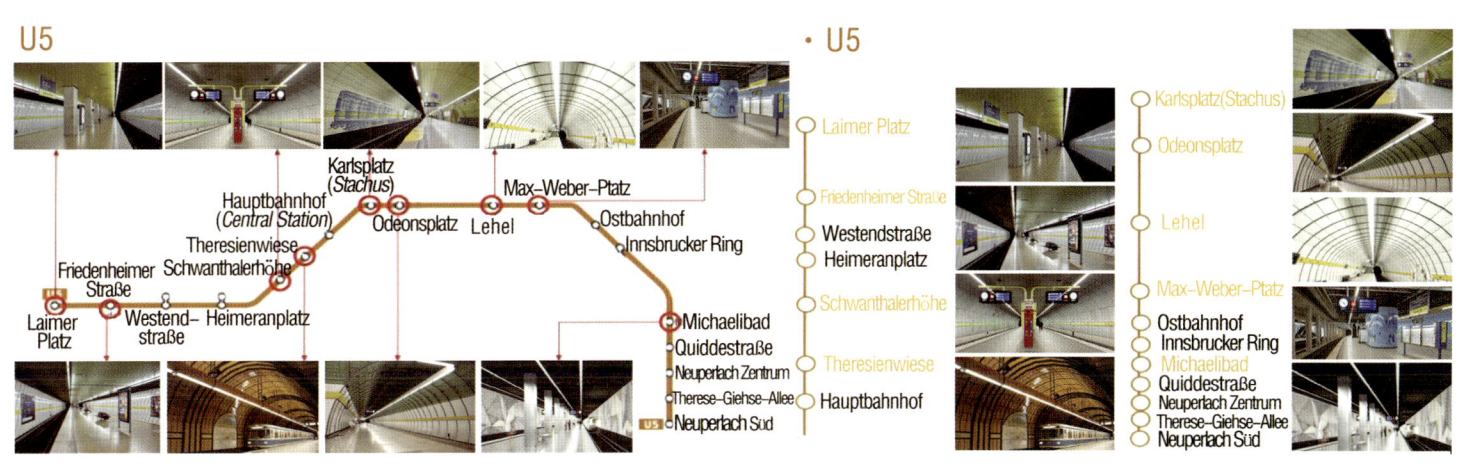

图 44　慕尼黑轨道交通 U5 线路图

慕尼黑轨道交通 U6 线路图共 26 站，其中 14 站设置了公共艺术，占比 54%（图 45）。

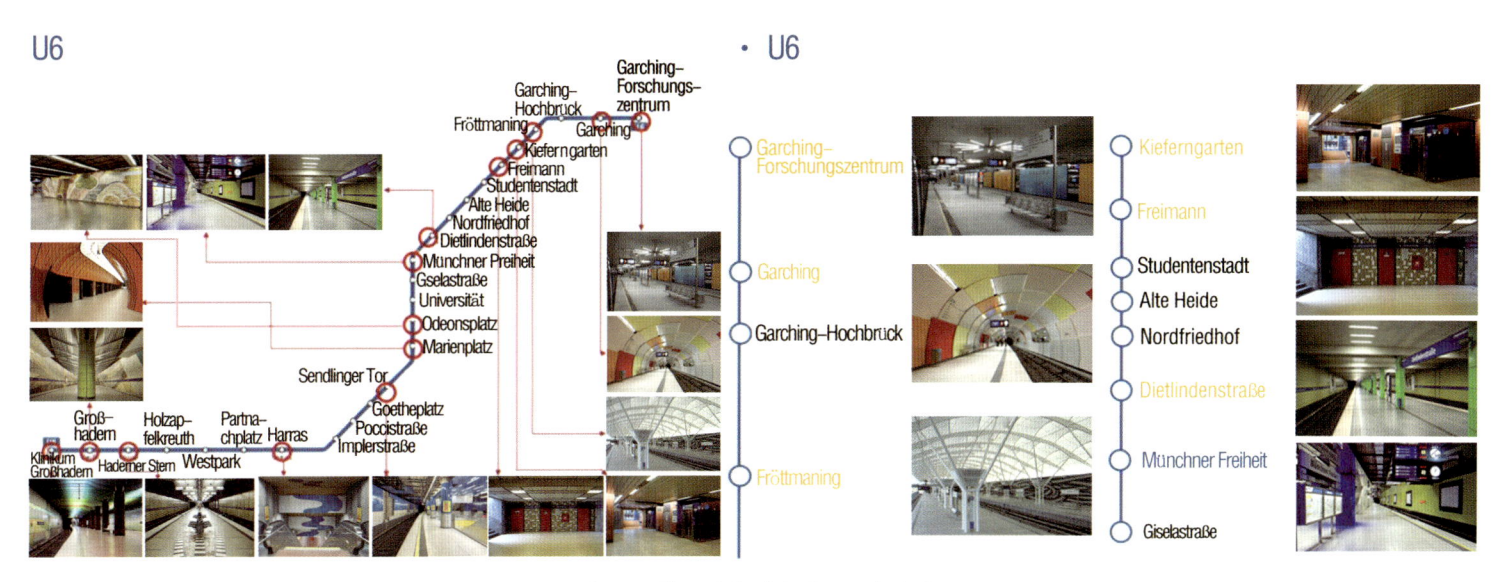

图 45　慕尼黑轨道交通 U6 线路图

慕尼黑地铁共有 96 座车站，其中 49 座车站设立公共艺术。公共艺术车站占比 51%（图 46）。

在慕尼黑不同阶段新建车站中，公共艺术车站占比正在稳步提升，最后达到近乎 100% 的状态（图 47、图 48）。

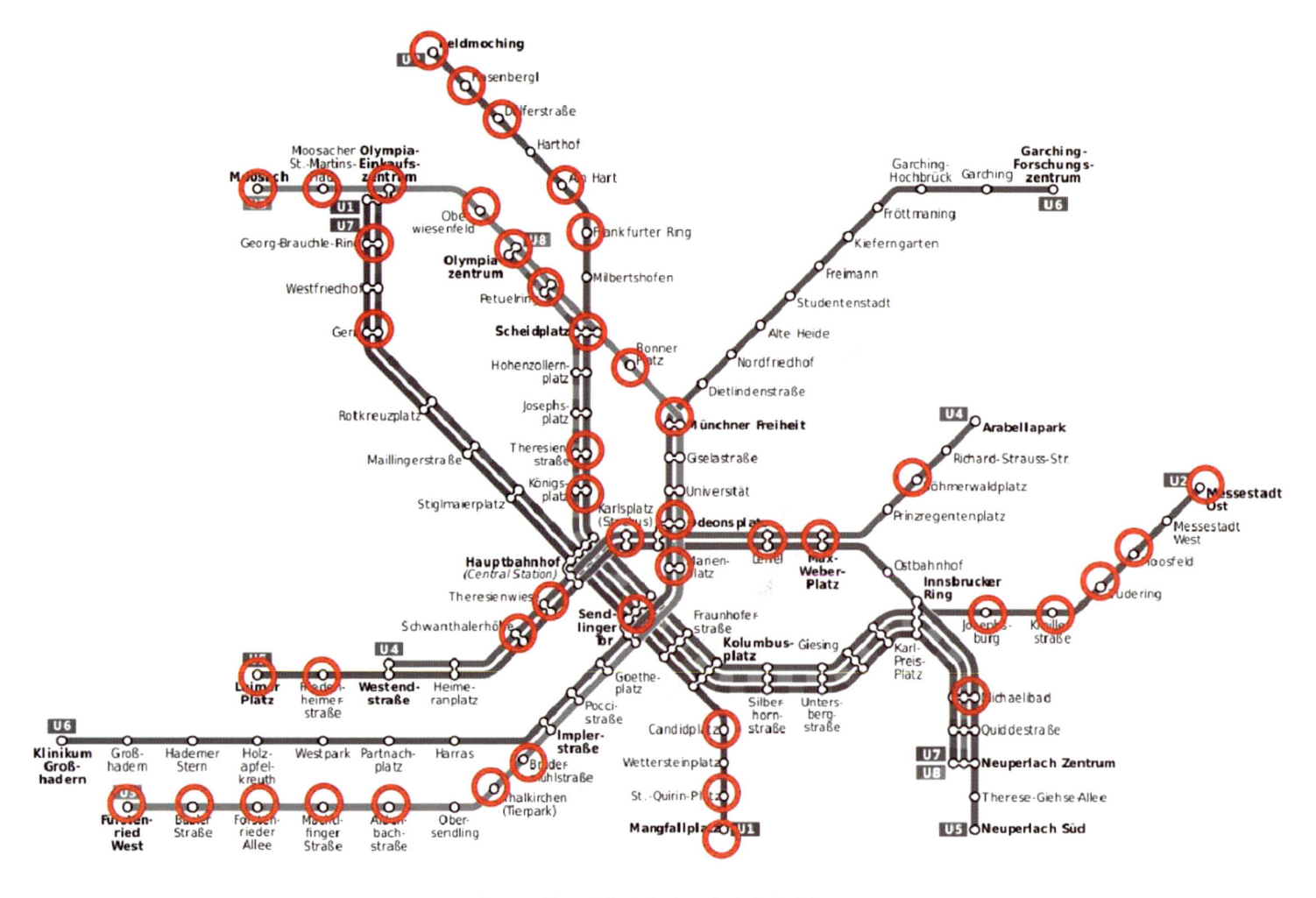

图 46　慕尼黑轨道交通公共艺术发展概况

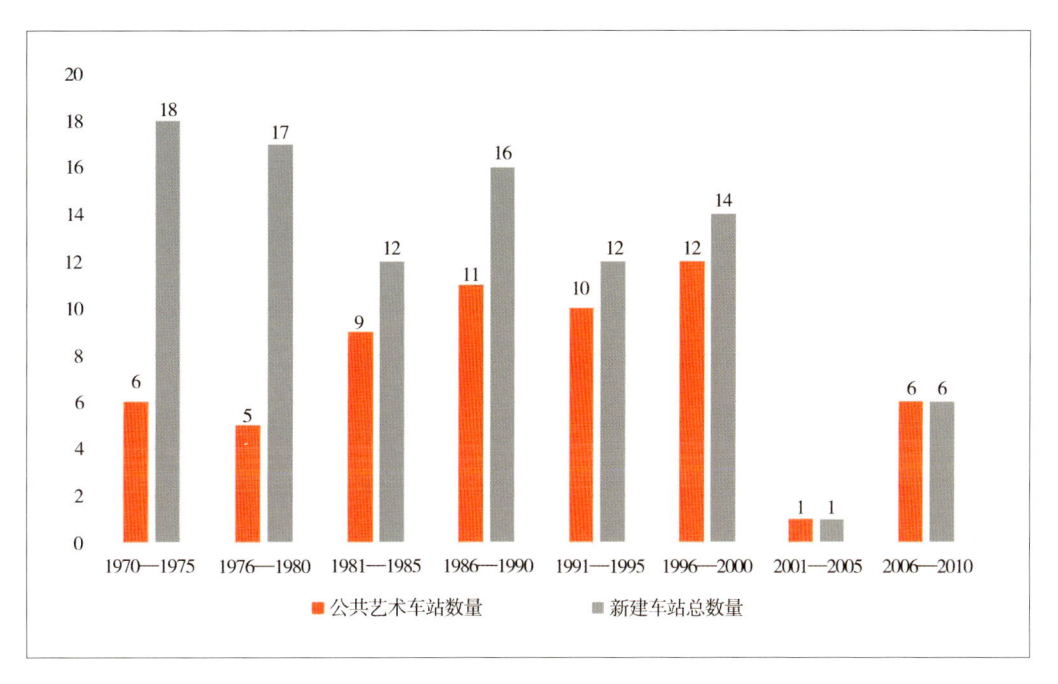

图 47　慕尼黑轨道交通公共艺术车站数量统计

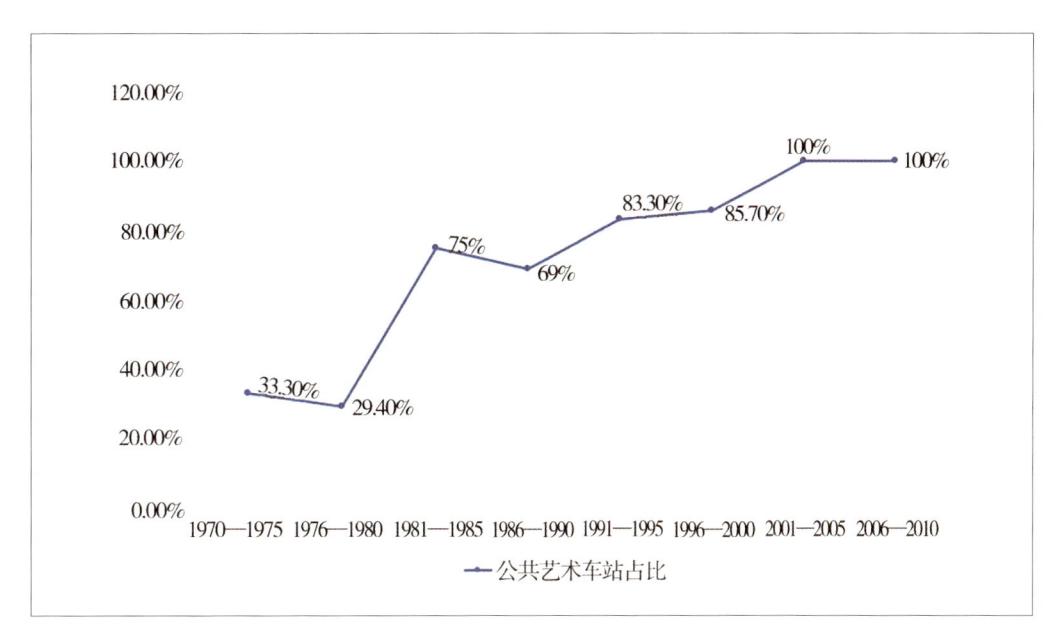

图 48　慕尼黑轨道交通公共艺术车站占比折线图

总体来说，新时期的慕尼黑地铁站空间设计是灯光照明设计与空间结构等其他设计系统相契合的完美典范。灯光被纳入了统一的设计范畴，而不是单独的设计系统。新时期慕尼黑地铁站的公共艺术呈现出越来越多样化的特点，大量经典公共艺术作品出现。

慕尼黑公共艺术发展与城市发展紧密相连，相辅相成，与城市 GDP 的发展成正比关系（图49）。

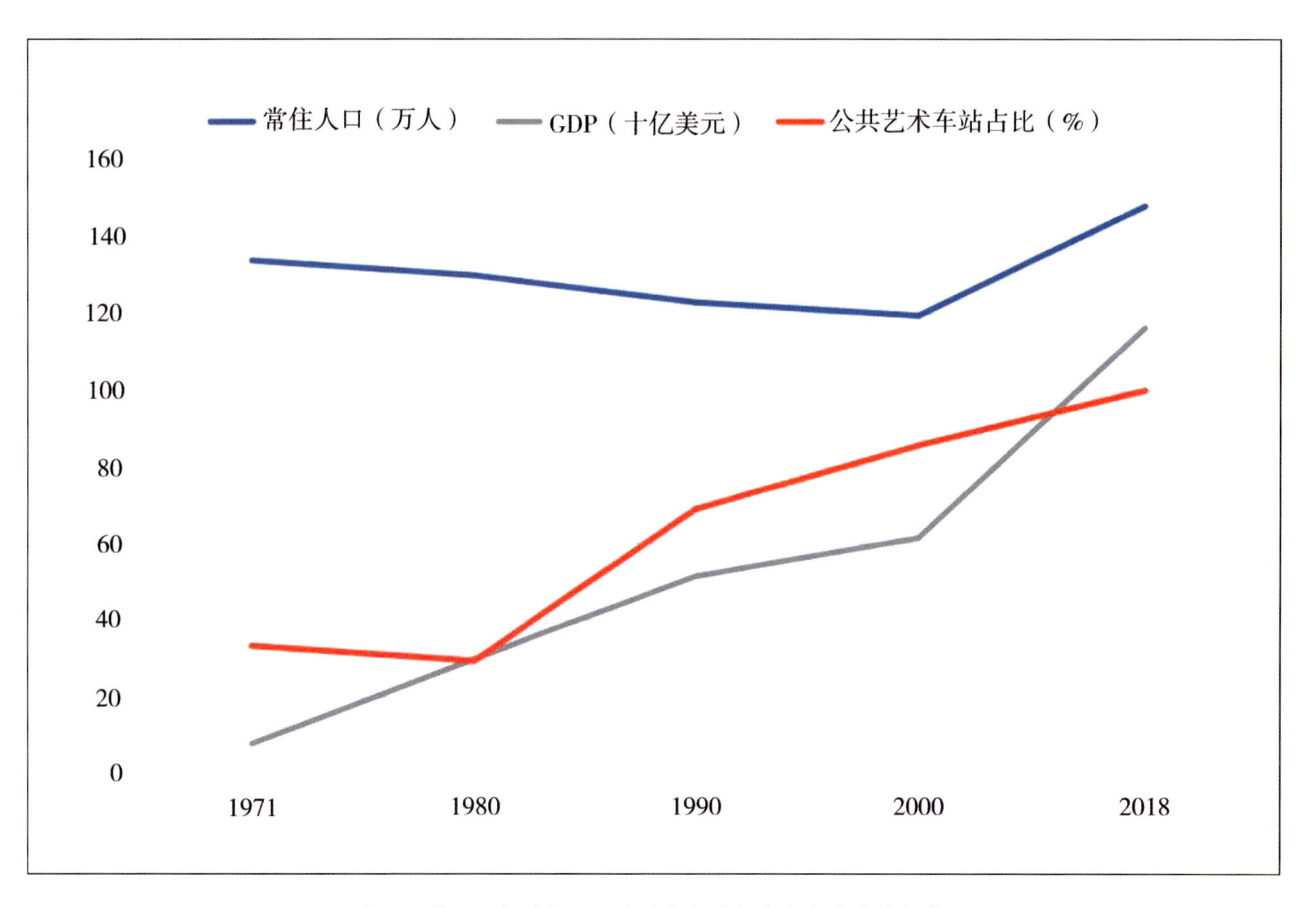

图49　慕尼黑轨道交通公共艺术发展与城市发展关系折线图

慕尼黑轨道交通艺术形式调研总结

慕尼黑地铁空间的艺术形式与内容丰富多样，浮雕墙、插画、雕塑、文化墙、艺术灯箱、一体化设计空间等二维、三维艺术形式多样，大部分艺术形式以平面形式为主，但做空间类的艺术化处理的车站也非常多样（图50）。

慕尼黑地铁站设计理念遵循实用主义原则，如同我国的北京地铁站，实用功能非常完善，但装饰性功能逐渐被弱化。慕尼黑地铁在整体空间设计、导视信息设计方面，为了增加地下空间的亮点，加入了很多明亮的色彩。慕尼黑地铁网络经过30多年的建设，因第二十届奥运会的契机，从雏形到快速建设，再到现在的平稳建设，经历了不同的阶段，整体上极大地提升了慕尼黑的交通状态。地铁站的设计极其具有德国现代主义设计风格特点，既显示出历史内涵又具有现代色彩，既轻松自在又活跃生动，在国际上都具有极强的影响力。

艺术形式 年代	平面类	空间类	装置类
1971—1979			
1980—1989			
1990—1999			
2000至今			

图50　慕尼黑轨道交通不同年代的艺术形式类型

城市文化
空间
样本考

纽 约

纽约地铁发展概况和发展阶段

纽约地铁（New York City Subway）是美国纽约市的城市轨道交通系统，由纽约市政府拥有，隶属纽约市公共运输局（New York City Transit Authority），于1904年通车，为全球历史最悠久的公共地铁系统之一，也是国际地铁联盟（CoMET）的成员，由纽约大都会运输署（MAT）营运。纽约地铁拥有468座车站，商业运营路线长度为394千米，总铺轨长度达1370千米。其中40%的路轨形式为地面或高架。纽约地铁是世界上最著名的十大地铁之一，也是世界上最繁忙的地铁系统之一。站内每日提供24小时服务，车站覆盖纽约的曼哈顿、布鲁克林、皇后区和布朗克斯。除G线、法兰克林大道接驳线、洛克威公园接驳线外，其余路线皆经过曼哈顿。某些车站夜晚或周末时会关闭，但不会影响整体运营。纽约地铁的许多车站有夹层设计，乘客可以从各个入口进入并抵达站台，而不需事先跨越街道。夹层也能让乘客在车站内直接同行车方向的站台间移动。乘客经由阶梯进出车站后走向售票机购买车票地铁卡（Metro Card）。在入口旋转闸门刷卡进入站台，一部分北曼哈顿和其他区域的车站是高架式，乘客须经由楼梯、电扶梯或电梯向上前往车站和站台（图1、图2）。

A系统（IRT）

路线	名称
1	百老汇-第七大道慢车
2	第七大道快车
3	第七大道快车
4	莱辛顿大道快车
5	莱辛顿大道快车
6 6	莱辛顿大道快车/慢车
7 7	法拉盛快车/慢车
S	42街接驳线

B系统（BMT / IND）

路线	名称	路线	名称
A	第八大道快车	L	14街-卡纳西线慢车
B	第六大道快车	M	第六大道慢车
C	第八大道慢车	N	百老汇快车
D	第六大道快车	Q	百老汇快车
E	第八大道慢车	R	百老汇慢车
--	--	W	百老汇慢车
F	第六大道慢车	S	法兰克林大道接驳线
G	布鲁克林-皇后区跨区慢车	S	洛克威公园接驳线
J	纳苏街慢车	Z	纳苏街快车

图1　纽约地铁标识（左图）和路线（右图）

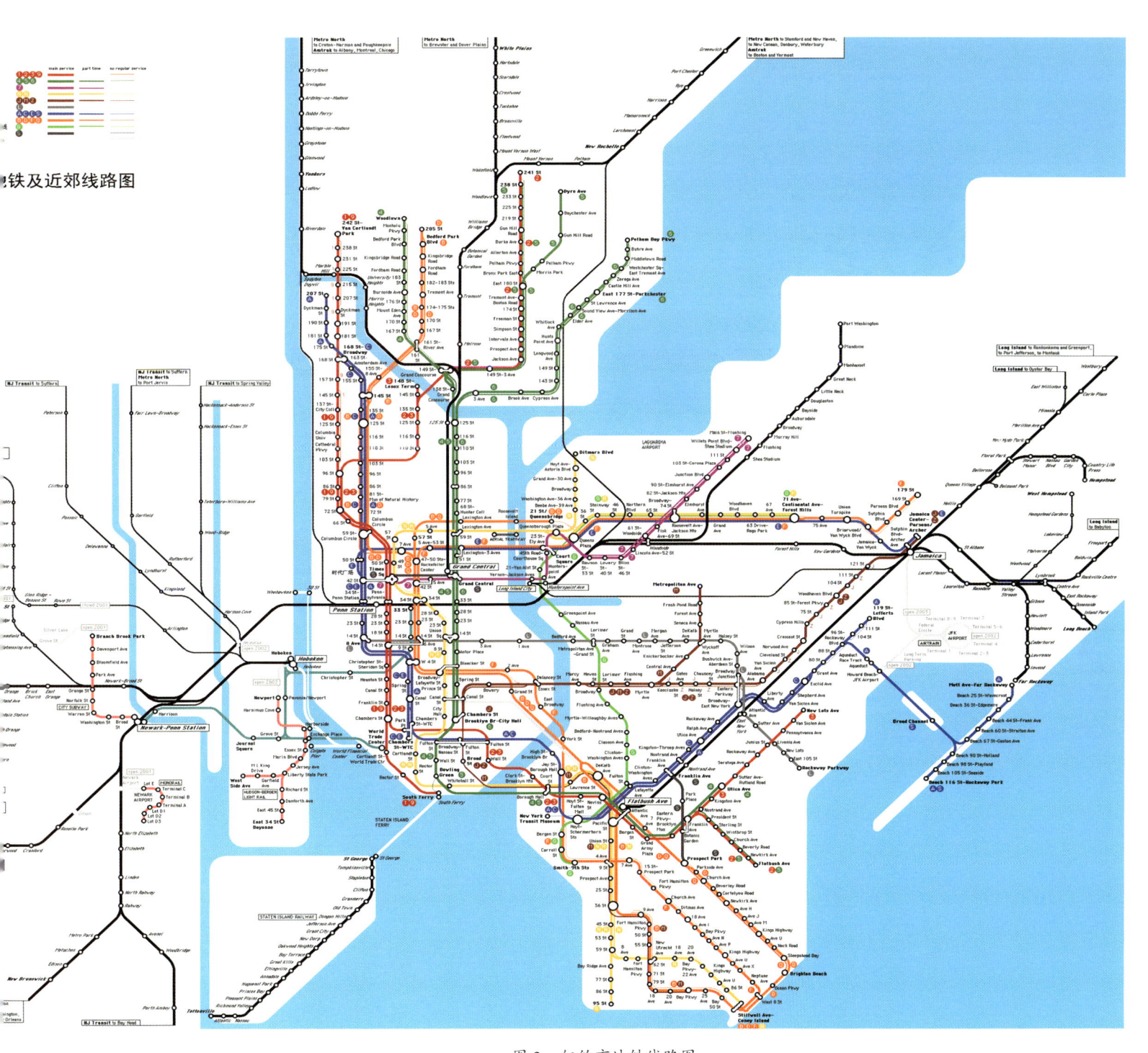

图2 纽约市地铁线路图

关于系绳艺术博物馆艺术与设计（MTA Art & Design）项目

1982年，系绳艺术博物馆（Museum of Tethered Art）开始了一项投入数百万美元的地铁改造计划以扭转多年来的衰退，系绳艺术博物馆艺术与设计部门成立于1985年，领导层认为原创的、优秀的、综合的艺术作品是地铁修复重建计划中不可或缺的一部分。这个决定得到了政策制定者和艺术界专家的支持，不少委员会得以成立并制定推出地铁公共艺术相关的政策和程序。这个项目的成立体现了当时历史保护和公共艺术运动开始影响公共政策，全美不少城市陆续开始自己的城市重建改造项目。

因为地铁系统的特殊设施和条件，地铁内的公共艺术作品需要使用耐用持久、易维护的材料，因此MTA的公共艺术作品一般使用瓷砖、马赛克、青铜或玻璃等材料。除了负责艺术作品的保护修复，系绳艺术博物馆艺术与设计部门还负责站台内艺术作品设计元素的选择以及让乘客在地铁站台内，例如地铁门、售卖机以及车厢内，感受艺术之美。

MTA公共艺术项目和作品

第二大道地铁线和延长线路项目第一期——63街、69街、83街和94街（图3）。

纽约当局于1929年就已构思兴建第二大道线，辗转花了近70年才建成。 2017年，纽约第二大道地铁线改造工程项目第一期推出公共艺术计划，在4个站点分别邀请一位艺术家设计永久性的艺术作品，这个当代艺术计划成为目前纽约地下最大规模的公共艺术项目。

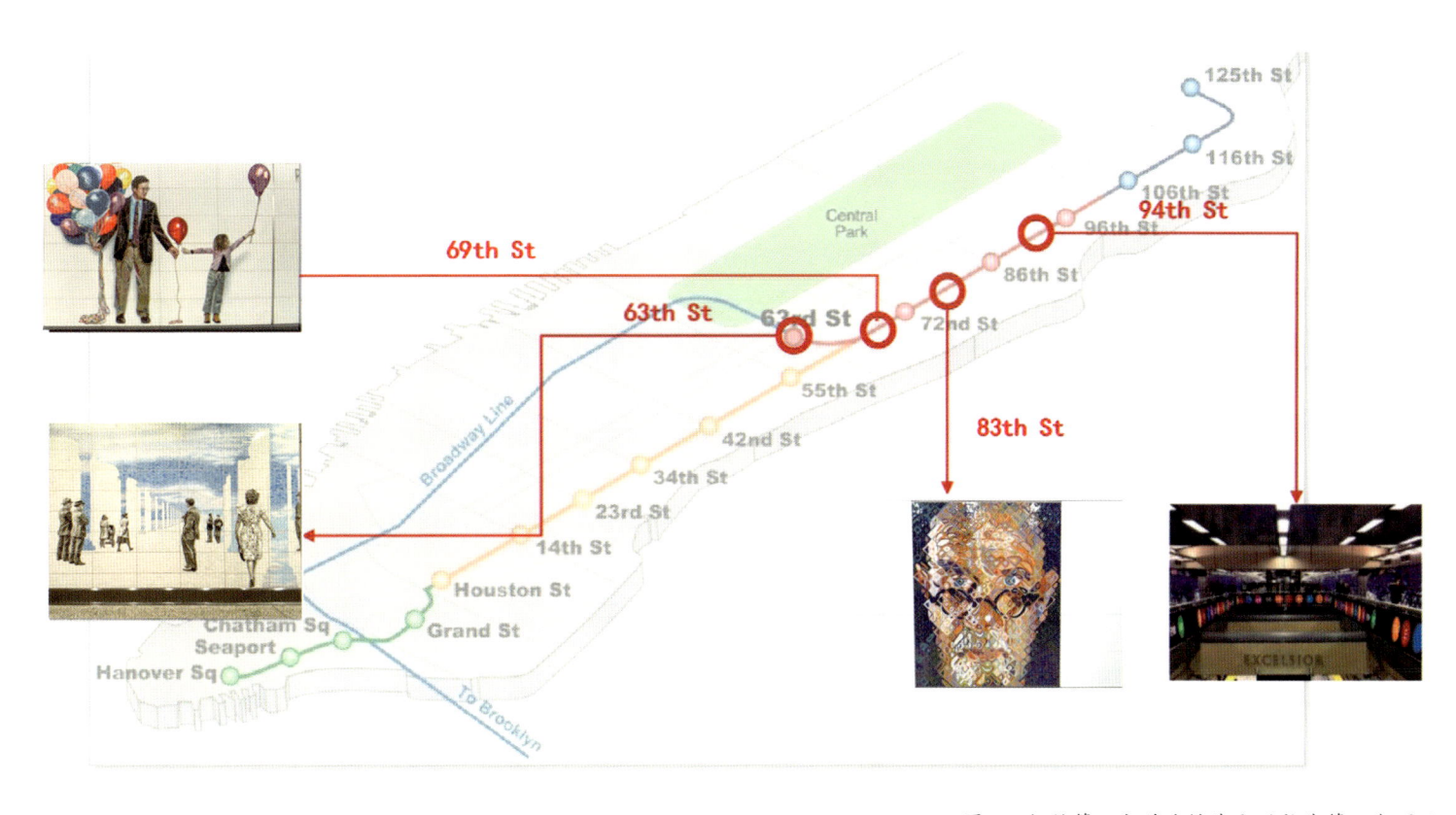

图3 纽约第二大道地铁线和延长线第一期项目

纽约第二大道地铁线 69 街站（图4）

图4　纽约第二大道地铁线 69 街站

巴西裔画家维克·穆尼兹创作的《完美陌生人》，墙上映现着纽约的多元人物群像，此幅作品由 30 个人组成，描绘了不同国籍、不同种族、不同性别、不同职业和教育文化背景的众生相。有些画像是真实纽约人的写照，而每个人也都能在画像中找到自己的身影。作品中的人都是普通人，但每一个普通人都希望自己成为别人眼中"完美的陌生人"。身处地铁之中的乘客们，会感同身受，也许记得的只有陌生的面庞，而画面中的每个人也只是生活中的你我他（图5）。

图 5　维克·穆尼兹的作品《完美陌生人》

纽约第三大道地铁线 63 街站（图6）

图6 纽约第三大道地铁线 63 街站

城市文化空间样本考／纽约

以瓷砖、玻璃马赛克和覆膜玻璃为材料创作了《高架铁路》。这一作品展现了这条地铁线的历史：手扶梯入口处交错的起重机记录了1940年代拆除了第二和第三大道高架铁道的场景；电梯旁的墙上，20世纪的绅士淑女与衣着新潮的来往行人碰撞着美国的变迁（图7、图8）。

图7　纽约第三大道地铁线63街站《高架铁路》壁画

图 8 纽约第三大道地铁线 63 街站

城市 文化 空间 样本考

纽约第二大道地铁线 83 街站

83 街的 12 幅作品是由上百万块马赛克拼制成著名艺术家们的画像。英国当代艺术家塞西莉·布朗、非裔美国艺术家卡拉·沃克、摄影家辛迪·舍曼等等，朴素、平静而又有让人浮沉的力量。体现的是："城市就是各种文化、各种人的集合。而艺术的丰富性也让人联想到描绘和建立一个人的形象的多种方式。"（图 9、图 10）

图 9　纽约第二大道地铁线 83 街站

城市文化空间样本考／纽约

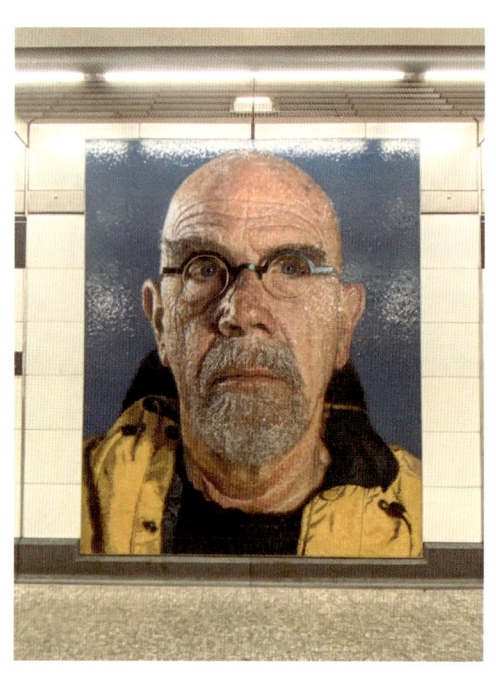

图 10 人物像（马赛克）

纽约第二大道地铁线 94 街站

采用 4300 张瓷砖贴片制作的《建筑蓝图》（图 11、图 12）。当乘坐电梯或者列车启动时，画中随风飘扬的碎片如飞鸟一般，给乘客动态感。作品表达了"现代人在移动过程中难以置信的速度"，以此反对过快的节奏让生活失去了诗意与美好。希望人们思考自己的生活方式与生活节奏。

图 11　纽约第二大道地铁线 94 街站

图 12　纽约第二大道地铁线 94 街瓷砖贴片作品《建筑蓝图》

城市文化空间样本考／纽约

MTA 公共艺术品项目其他站点作品

34街（声音装置）

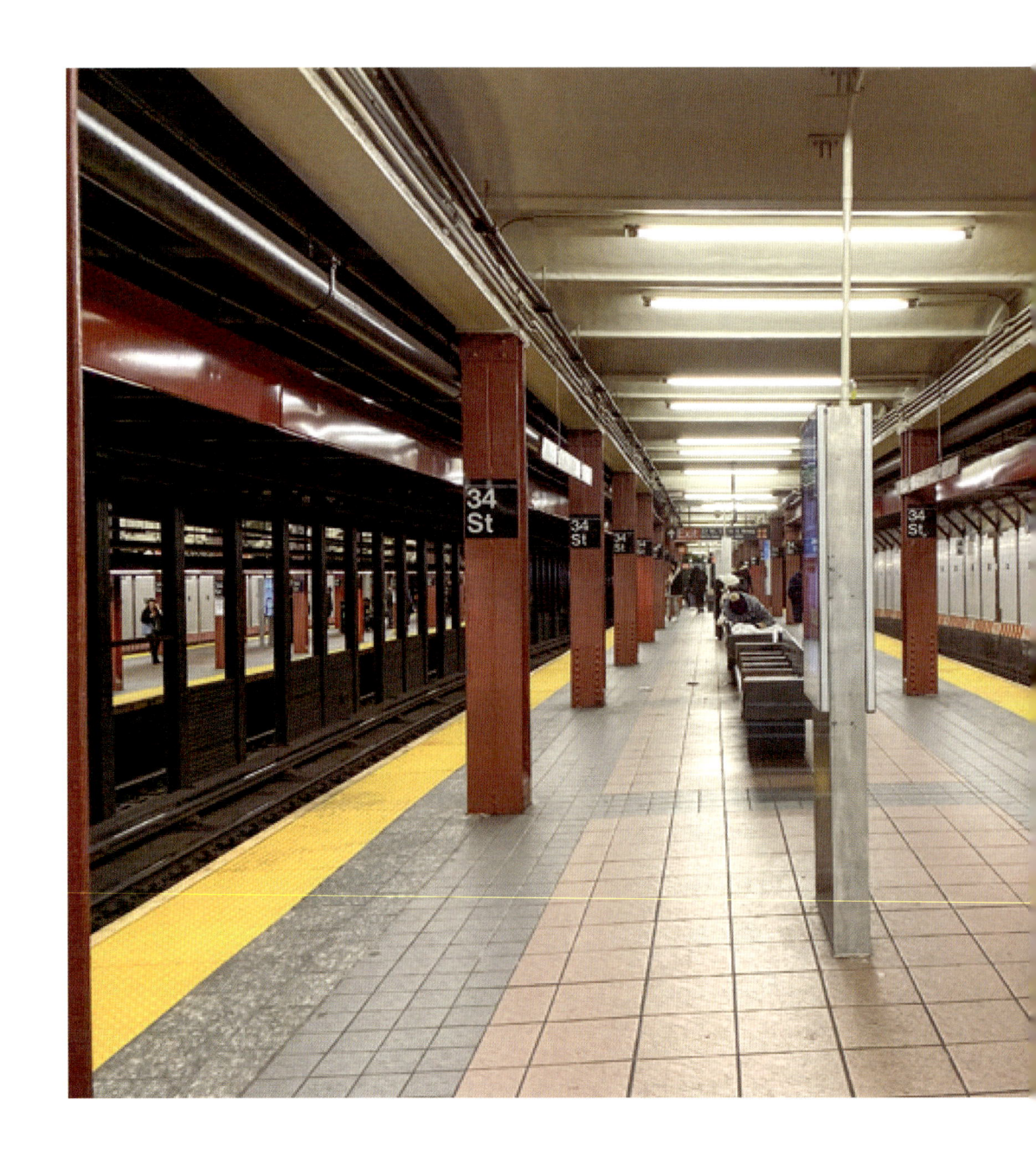

第6大道34街（34 st at 6th ave）。

该站的艺术品为绿色长方体的声音互动装置。在透明方块下缺口处的感应装置前挥手，会发出乐器等声音，还会亮起灯。艺术家希望这件作品可以给陌生人互动的机会（图13）。

城市文化空间样本考／纽 约

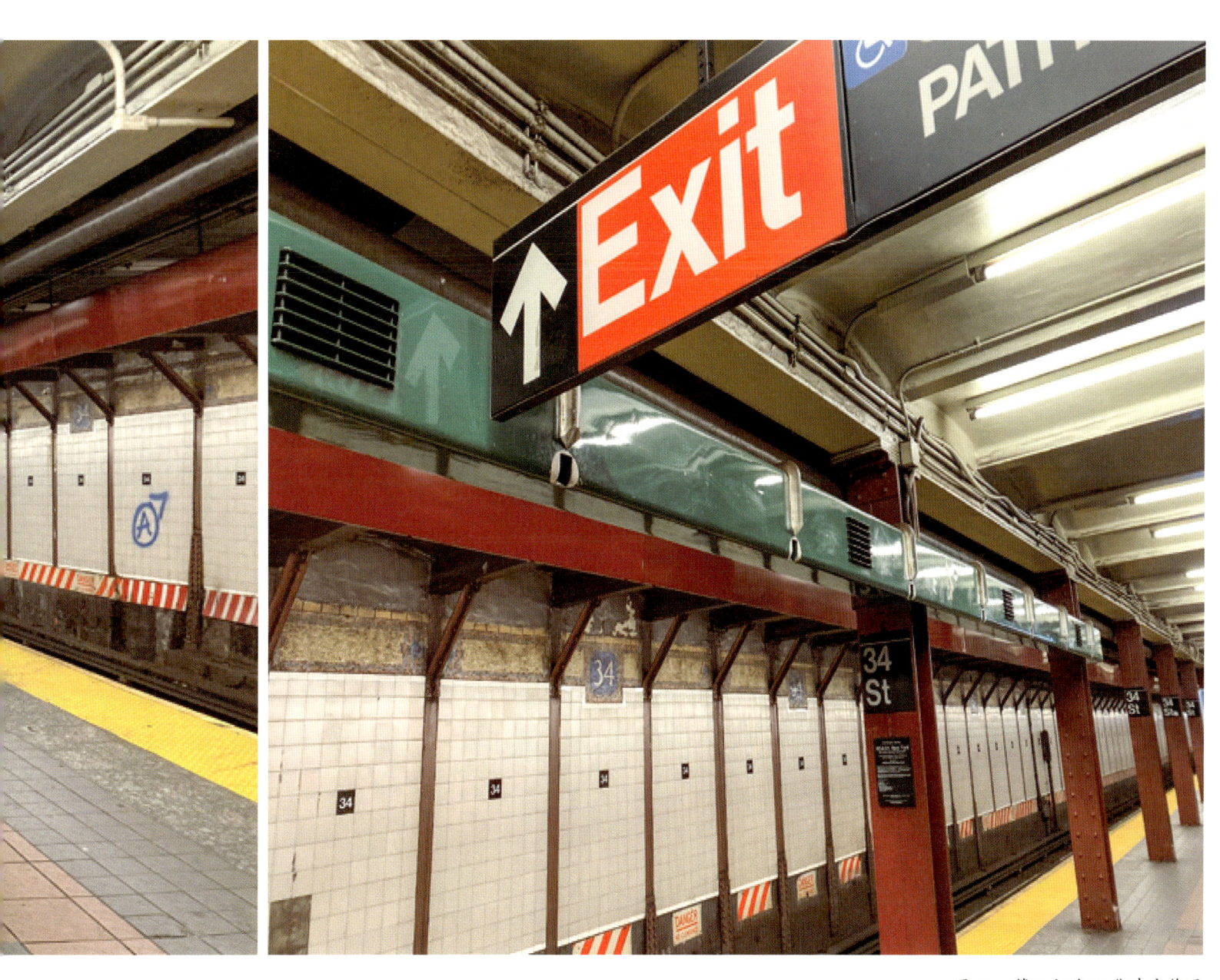

图 13　第 6 大道 34 街声音装置

23街（飘浮帽子）

第5大道23街/麦迪逊广场（23 st at 5th ave / madison square）。

站内共有120顶帽子，重现了1880—1920年间，在23街地铁站周边经过的名人所佩戴的帽子，当时这里是主要的文化娱乐区，附近还有各类时尚百货店等（图14）。

图14 第5大道23街瓷砖贴片作品《飘浮帽子》

14街（艺术雕像）

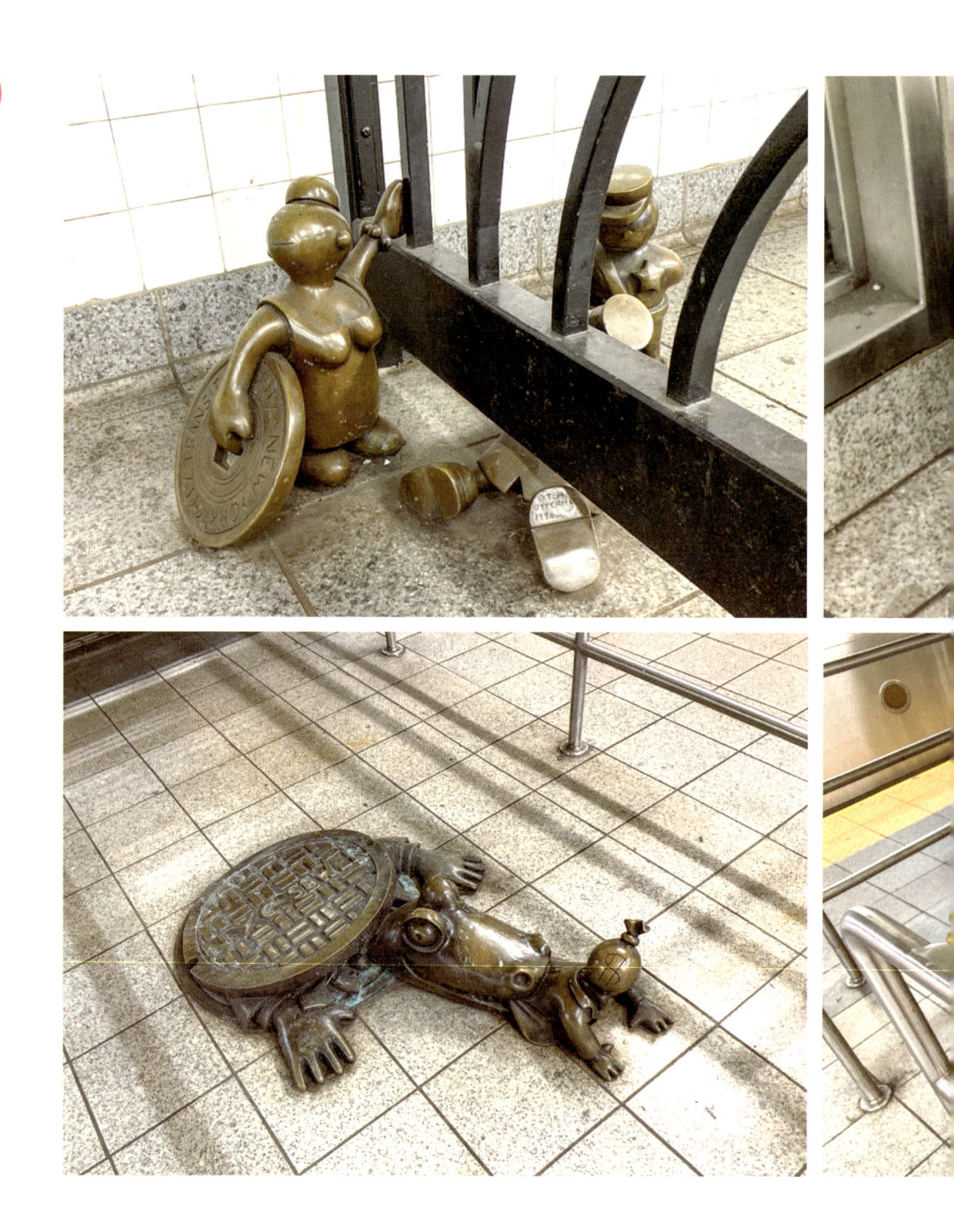

第8大道14街（14st at 8th ave）。

2004年创作的青铜雕塑设置在多处角落，展现了多种事件场景。这个系列作品共有100多个，最后安装了大约25个（图15）。

城市文化空间样本考／纽约

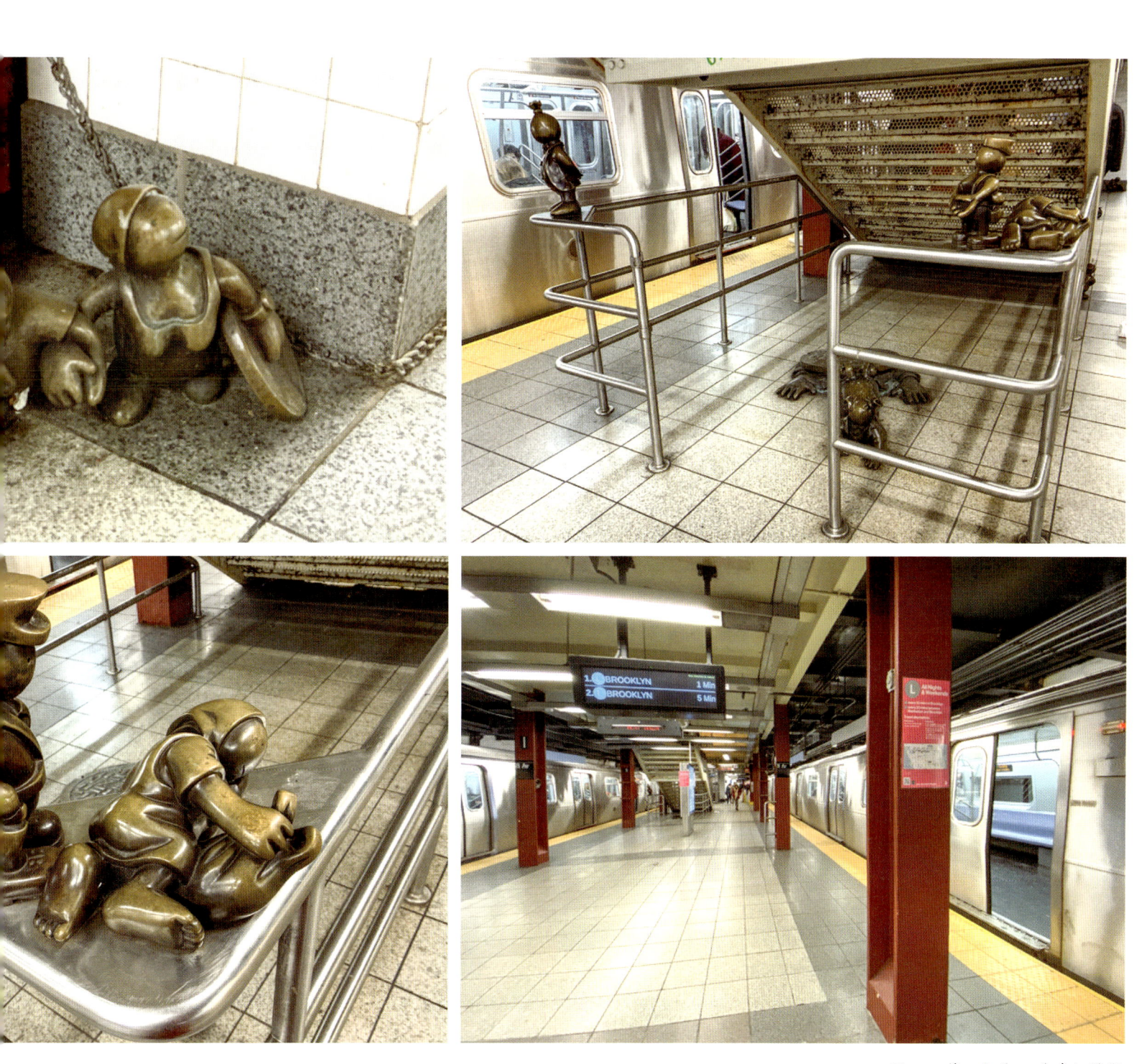

图 15　第 8 大道 14 街青铜雕塑

42街（波普艺术）

时代广场42街（42st at times square）。

美国波普艺术之父利希滕斯坦（Lichtenstein）于1923年出生于纽约，时代广场壁画以其早期作品的变化，反映了他的创作生涯。利希滕斯坦还自由地从其他艺术家和设计师的作品中挪用并整合了图像。例如，壁画右侧的

带帽人物源自旧的巴克·罗杰斯（Buck Rogers）漫画，标志性的 42 图像则源自一系列地铁建筑细节的图纸。旨在纪念其创造者及其所在地。画面充满未来感的子弹头列车通过车站的场景描绘了地铁的精神、线性运动和动态能量（图 16）。

图 16　利希滕斯坦"波普艺术"

城市 文化 空间 样本考

纽约最大地铁换乘中心

富尔顿换乘中心是纽约市新建最大的地铁换乘枢纽，拥有 27 个入口，6.6 万平方英尺的零售和商业办公空间，九条地铁线路交汇，每天换乘人数达 30 万人次，被称为纽约地铁"中央车站"。该地铁换乘枢纽建设历时 10 年，设计充满现代感，尤其是顶部的穹顶天幕设计，利用自然光和材料反光效果，使车站大厅显得富

丽堂皇。地铁站被玻璃和钢铁的外壳包围，中间的圆形屋顶可以透进自然光。内部有一部螺旋楼梯，一部玻璃电梯，中庭宽敞明亮。可为乘客在几个线路之间提供"无缝"换乘，大大提高换乘效率。综合来说，该站是纽约地铁站的重要象征（图17）。

图17 富尔顿换乘中心

这座庞大且身姿如鸟的世贸中心交通枢纽站名为眼窗（Oculus），由著名西班牙建筑师圣地亚哥·卡拉特拉瓦（Santiago Calatrava）设计。以翱翔的飞鸟为基本造型，连接纽约市 11 条地铁线路以及纽约至新泽西铁路，融换乘车站、购物中心和人行通道等多项功能为一体。整座建筑结构，从外观上看，就像一只洁白的和平鸽，张开双翅，正欲展翅飞翔，是曼哈顿最受欢迎的站点之一（图 18）。

图 18　纽约世贸中心交通枢纽站

城市文化空间样本考／纽约

城市文化
空间
样本考

巴 黎

巴黎地铁发展概况和发展阶段

巴黎地铁是法国巴黎的地下轨道交通系统，于1900年起运行至今。目前巴黎地铁总长度220千米，居世界第十七位，年客流量达15.06亿（2010年），居世界第九位。由16条线路、380座车站、87个换乘点构成的"蜘蛛网巢"。正线总数共计16条，其中包含了14条主线和2条支线（图1）。

巴黎作为重要的世界文化、艺术中心，地铁发展与艺术的发展密不可分。随着国家经济实力的增强、艺术性的发展，地铁公共艺术的设计也与地上联系紧密，向乘客展示世界艺术中心的多元魅力。而作为浪漫之都的巴黎，其地铁结构和规模百年来却遵循传统和风格的一致性。巴黎地铁的一些地铁站按照不同主题被装饰成如同艺术馆、博物馆、剧院和音乐厅等，充满艺术氛围。

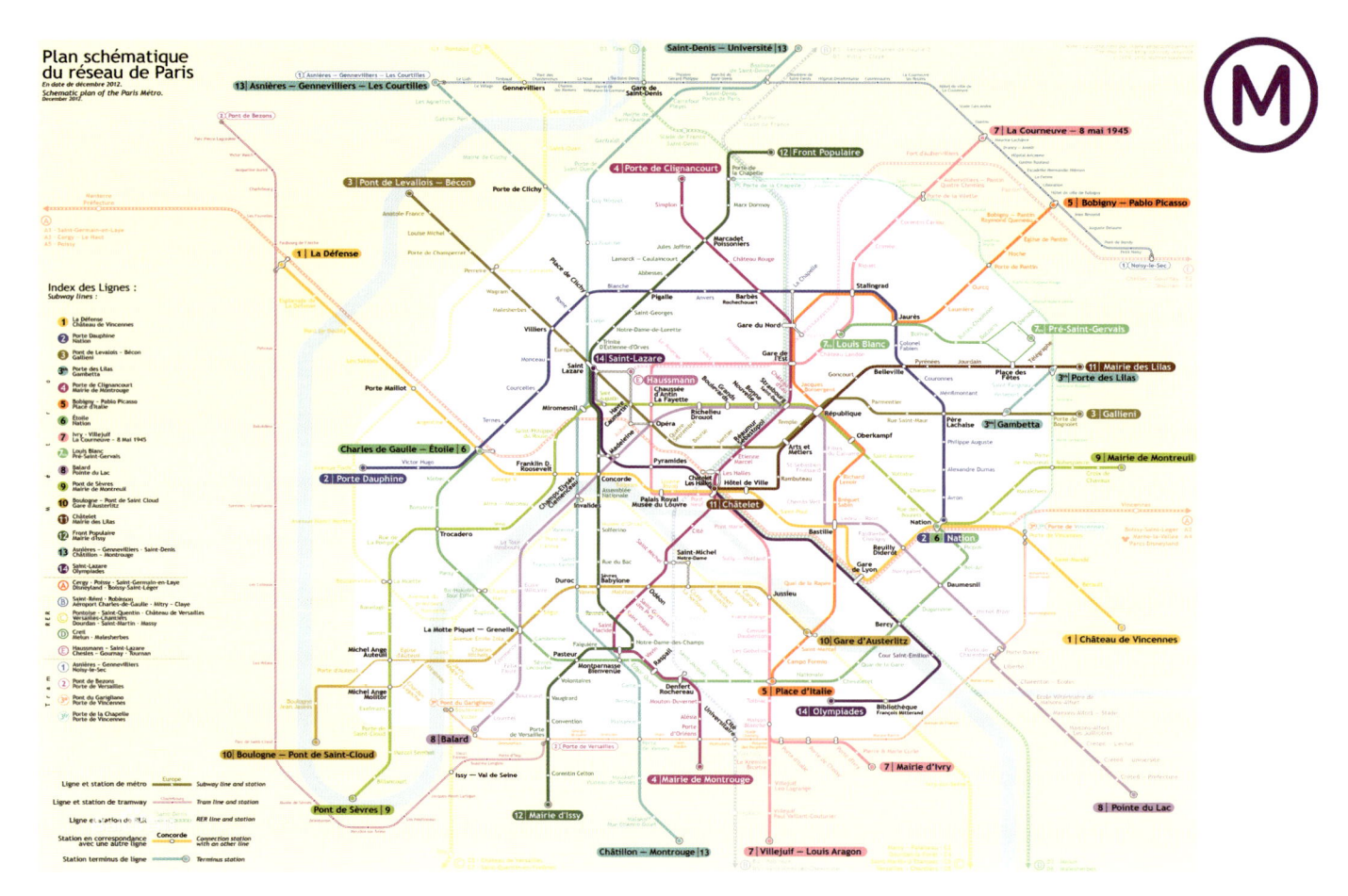

图1　法国巴黎地铁运营图

巴黎轨道交通发展趋势

巴黎地铁建设整整跨越了一个世纪，20世纪的艺术发展影响了公共交通环境的设计风格，从最初的1900年新艺术运动样式到现代主义、未来主义风格样式，不同时期建设反映了不同的艺术潮流。地铁发展趋势也与城市发展相辅相成，站内公共艺术风格多元化，路网完整性等都是新兴城市发展轨道交通的参考典范（图2）。

城市发展概况	时间	地铁发展趋势
· 1900年世界博览会与夏季奥运会在巴黎举行。城市发展导致原有的公共交通，如公共马车、有轨电车等无法满足市民的出行需求。此外，当时的巴黎也具备了大规模交通建设的经济基础。	1990年	1990年，巴黎地铁首条线路随巴黎世博会开幕启用。法国建筑师赫克托·吉马德共设计141处新艺术风格的地铁出入口。建造之初都是单纯为解决地面的交通堵塞问题，站内风格被规划为整齐划一的美学形态，车站内并没有什么装饰。
· 第一次世界大战和第二次世界大战期间，巴黎都没有遭到严重破坏。在战争期间巴黎的文化及艺术迅速发展，并吸引了许多著名艺术家、音乐家、文学家聚集，巴黎处于艺术鼎盛时期。		巴黎地铁扩张速度明显放缓，其间主要致力于更新列车、翻新车站内部装饰。站内艺术装饰经历了装置艺术、色彩装饰艺术等风格的转变。1948年至1967年对73个车站进行了"镶边墙装饰"。
· 中产阶级家庭搬到郊区，巴黎人口逐渐减少。20世纪70年代，戴高乐总统时期的文化部部长提出保护与发展计划，整合不同时期的风格，设立博物馆及保护文化古迹，各种艺廊及工作室又开始聚焦于此。	1968年	20世纪60年代中期至今，又有三次路网调整，大量地铁线路向郊区延伸。文物保存概念扩张到地铁车站空间内，文化部长发起"文化车站"概念。首先对卢浮宫的地铁进行了车站与博物馆的文化意象连接。1977年，市政府制定出15年的文化活力计划"博物馆车站构想"，使得地上地下的地点感一致。
· 20世纪科学与技术大发展，是世界上重要的文化中心之一。在教育、娱乐、时尚、艺术、金融、媒体等方面都有重要影响。是世界上最重要的国际大都会之一。	1980年	1974年现代装饰艺术、1988年的翅膀与火焰风格的装饰作品等都发展起来。透过这些风格展现使车站更多元化。
· 外来移民人口的增加，失业者与外来移民造成许多社会问题，区域之间产生社会鸿沟，特别是从20世纪80年代中期开始，例如1989年法国大革命两百周年。2005年法国骚乱。	1990年	巴黎捷运公司以全国竞标的方式为地铁的公共艺术设计注入新概念与新活力。其中"人权宣言"陶片艺术墙、国民议会站中代表政治民主精神的设计展现都广受好评。1992年启动了第二阶段15年的文化活力计划，以更开放的国际竞图方式继续将巴黎地铁艺术化。
· 巴黎建都已有1400多年历史，它不仅是法国，也是西欧的政治、经济和文化中心。在21世纪初，越来越多的年轻人搬到这座城市，巴黎的人口再次缓慢增长，巴黎内部社会稍显紧张，与此同时，公共运输发展遇到瓶颈，使用率近30年公共运输已呈现停滞现象。	2000年	2000年是巴黎地铁百年华诞。交通管理公司组织了系列活动："地铁世纪"展，以及将9个地铁站布置成主题站。新世纪的地铁站内形象为更宽阔敞亮的转乘通道，更富有人情味的地下绿化环境；结合城市意象、在地思维和国际观点，构建完善便利的轨道交通网。

图2 巴黎轨道交通发展趋势调研时间轴

● 1900—1968 年初步发展：艺术发展趋势带动地铁空间装饰风格的发展

1900 年：新艺术风潮

巴黎地铁于 1900—1913 年间由法国建筑师赫克托·吉马德（Hector Guimard）设计了 141 处新艺术风格的地下铁出入口，其中有 86 处迄今仍保留着。这些车站灵活运用铸铁与毛玻璃等现代建材元素，以及羊齿植物状的曲线浮凸细部装饰，不完全对称和扭曲变化的文字书写，当时这种设计风格被称为地铁风格（图 3）。

图3 皇太子妃站（Porte de Dauphine）、修道院站（Abbesses）与王宫-卢浮宫站（Palais Royal–Musée du Louvre）

1922 年：装置艺术风格

普伦密特是巴黎 1925 年举行的世界博览会"现代工业装饰艺术国际博览会"的总建筑师，对装饰艺术具有一定的影响力。其装饰艺术风格也影响了当时开通的地下铁车站。

1921 年巴黎地铁 3 号线开通时，其中圣法戈车站（Saint-Fargeau）就通过马赛克瓷砖拼贴让车站的色彩更加多元（图 4）。

图 4　巴黎地铁 3 号线圣法戈站（Saint-Fargeau station）

1954 年：色彩装饰艺术

巴黎地铁站在 1900 年代建造之初就被规划为整齐划一的美学形态，并在后续的翻新工程中得到保留。

1952 年建筑师林格斯（Ringez）也针对地铁 1 号线的罗斯福车站（Franklin D. Roosevelt）进行改造，地铁站也开始利用铁质材质装饰墙面，并透过光线与镜片呈现现代化的车站意象。另外，通过墙面的铝铁材质铺设，再搭配玻璃材质的座椅以及鲜明的灯光渲染，让车站的现代感更为凸显，也为当代的地铁站开辟了另一种新风格（图 5）。

图 5　巴黎地铁 1 号线罗斯福站（Franklin D. Roosevelt station）玻璃座椅

1968—1980 年：路网延伸完善

"博物馆车站"文化活力计划。1号线平台上的瓷砖墙描绘了法国大革命时期巴士底狱（Bastille）的景象，巴士底狱是一栋由堡垒改建的州立监狱，于1789年7月14日遭到人民的猛烈袭击。这五幅壁画是利利安·贝伦伯特（Liliane Belembert）和奥迪·雅克（Odile Jacquot）在法国七月革命胜利200周年时创作的，但是这个早期的车站可以追溯到1900年（图6）。

图6 巴黎地铁1号线巴士底狱（Bastille）壁画

1968年：文化车站构想

文物保存概念扩张到当时的地铁站内空间，发起"文化车站"概念，首先针对卢浮宫的地铁车站进行车站与博物馆的文化意象连接（图7）。

图7 巴黎地铁1号线卢浮-里沃利站（Louvre-Rivoli）

1976 年：博物馆车站构想

1977 年开始，巴黎市政府与巴黎捷运公司制定出长达 15 年的文化活力计划。

瓦雷恩站（Varenne）的岛式月台上放置罗丹《沉思者》的复制品，与院区内的真迹成为车站与博物馆意象相互辉映的公共艺术代表。

13 号线上北边的圣丹尼教堂站（Basilique de St-Denis），车站邻近圣丹尼修道院大教堂，站内公共艺术设计融入了教堂的元素，使得地铁车站成为旅客参观博物馆的起点（图8）。

图 8　巴黎地铁 13 号线瓦雷恩站（Varenne）

● 1980—1990 年过渡阶段：多元化的装饰艺术风格

1980 年：现代装饰艺术

1974年开始，选择了新的装饰方式，车站仍采用传统白色瓷砖，搭配车站座椅和月台上方照明灯箱的颜色变化（比如一个车站为黄色，下一车站为红色）这种装饰方式名为"莫特—安德鲁装饰"。

1980年代中期，20多个地铁站又有了新的装饰风格，经过改造的照明灯罩可以在车站拱顶产生彩色光斑的灯光。

1988 年：翅膀与火焰的装饰艺术风格

1988 年地铁 10 号线上的克吕尼 - 巴黎大学站（Cluny-La Sorbonne），在站台穹顶处装饰马赛克作品"翅膀与火焰"。其位于巴黎市人文荟萃的拉丁区，附近有欧洲最古老的大学以及许多高等学府。为彰显这片区域的风格特点，巴奈尔（Banell）将圣米歇尔 - 巴黎圣母院站（Saint-Michel-Notre-Dame）的站台穹顶以马赛克艺术镶入 46 位与拉丁区历史有关的法国历代名人的签名，让旅客一到达车站就立刻在脑海中浮现出法国的文化史（图 9）。

图 9　巴黎地铁 10 号线克吕尼 - 巴黎大学站（Cluny – La Sorbonne）

1989年：法国大革命后的两百年

为纪念1989年法国大革命两百周年，巴黎地铁公司以全国竞标的方式为地铁公共艺术设计注入新概念与新活力。

巴黎地铁1号线的协和站（Concorde），印有蓝色字母、标点符号与4400块白色数字陶片，在站台墙壁

上拼贴出《人权宣言》的全文，以凸显该站点的特殊历史定位；巴黎第七区的国民议会站（Champs-Élysées-Clemenceau），现代艺术家重新以红、白、蓝、黄、绿色块上勾勒黑色头形线条的广告设计手法，作为国民议会站的识别装饰，以表达现代政治的民主精神。没有面孔的人头形状象征政治最重要的是其背后匿名的广大选民，不同的颜色代表着不同的政治立场与价值（图10）。

图10　巴黎地铁1号线协和站（Concorde）与国民议会站（Champs-Élysées-Clemenceau）

● 1990年至今再发展阶段：第二阶段文化活力计划、新世纪地铁创新

20世纪90年代中期：自然系设计风格

继1977年至1992年的"文化活力计划"，1992年巴黎地铁公司宣布启动第二阶段15年的"文化活力计划"，继续将巴黎地铁艺术化。与前期计划不同的是，新的计划以更开放的国际竞标的方式邀请全世界的艺术家参与，为巴黎地铁带来多元、充沛的文化活力，其成果正在新的世纪里一步一步地呈现。

跨世纪：地铁设计新概念

2000年，面对另一个世纪之交，为了纪念地铁建设一百周年，也为了呈现新世纪巴黎地铁的新风格，巴黎地铁公司邀请了当代艺术家为地铁1号线的大皇宫站设计一个崭新的出入口。这个新车站设计被称为"夜猫族的凉亭"，它包含800个由七种不同颜色组成的铝铸球体。创造了更胜于圣诞节所带来的欢愉，因为它是永久的艺术品（图11）。

城市文化空间样本考／巴 黎

图 11 巴黎地铁 1 号线大皇宫站（Grand Palais）

巴黎 11 号线梅蒂埃站（Arts et métiers）的建设目的是为了纪念巴黎工艺美术馆建馆 200 周年，该车站因其服务的地上工业博物馆而得名。1994 年，两位场景设计师合作创建了这个如凡尔纳文学作品的平行宇宙般的空间。空间设计提取了鹦鹉螺号船身的形象作为装饰元素，铜质铆钉、舷窗与齿轮，让人犹如置身于奇妙历险之中（图 12 至图 18）。

城市文化空间样本考／巴 黎

图 12　巴黎 11 号线梅蒂埃站（Arts et métiers）

图 13　巴黎地铁 11 号线朗布托站（Rambuteau）

图 14　巴黎地铁 9 号线马塞尔·森巴特站（Marcel Sembat）

图 15　巴黎地铁 9 号线阿夫尔－科马丹站（Havre-Caumartin）

图 16　巴黎地铁 9 号线蒙特勒伊站（Montreuil）

图 17　玛德莲娜 Madeleine 站（12号线，14号线）一只 40 平方米的巨大金鹅，色彩斑斓，俄罗斯艺术家设计

城市文化空间样本考／巴 黎

图 18　巴黎地铁 1 号线拉德芳斯站（La Défense）

1. 时间线索

构成了巴黎地铁艺术的纵向骨架。巴黎地铁建设整整跨越了一个世纪，20世纪的艺术发展影响了公共交通环境的设计风格，从最初的1900年新艺术运动样式到现代主义、未来主义风格样式，不同时期建设反映了不同时期的艺术潮流。

巴黎地铁站在1900年代建造之初就被规划为整齐划一的美学形态，并在后续的翻新工程中得到保留。车站墙壁一般用白色瓷砖覆盖，因为20世纪初的车站灯光亮度较低，使用白色瓷砖可以最大限度地反射光线。站名通常以蓝底白字的形式书写于站牌上，但原来由北南公司建造的一些车站则直接将站名以蓝底白字书写于墙砖上。

2. 地点线索

构成了巴黎地铁艺术的横向骨架。由于地铁车站拥有自己的独立空间，特别是地下车站，与周边城市空间环境相对隔绝。为了使乘客置身于车站也能直观地对应地面城市空间，车站的公共艺术承担了信息传递的任务。

巴黎地铁每个站点的设计风格和主题都对应着该站的地面景点。

巴黎轨道交通公共艺术发展概况

巴黎市的区域规划图看起来像个蜗牛壳，1-20区按顺时针方向向外扩展，另外从市中心向外延伸，巴黎大区像靶子一样分为8圈。其中靶子的10环、9环就是地铁夏特莱站（Châtelet），它是世界上最大的地铁枢纽站之一，有8条线路从此经过。

巴黎地铁380座车站中，共有68座车站设立公共艺术。公共艺术车站占比17.8%。

M1—M14 巴黎轨道交通 （图19至图32）

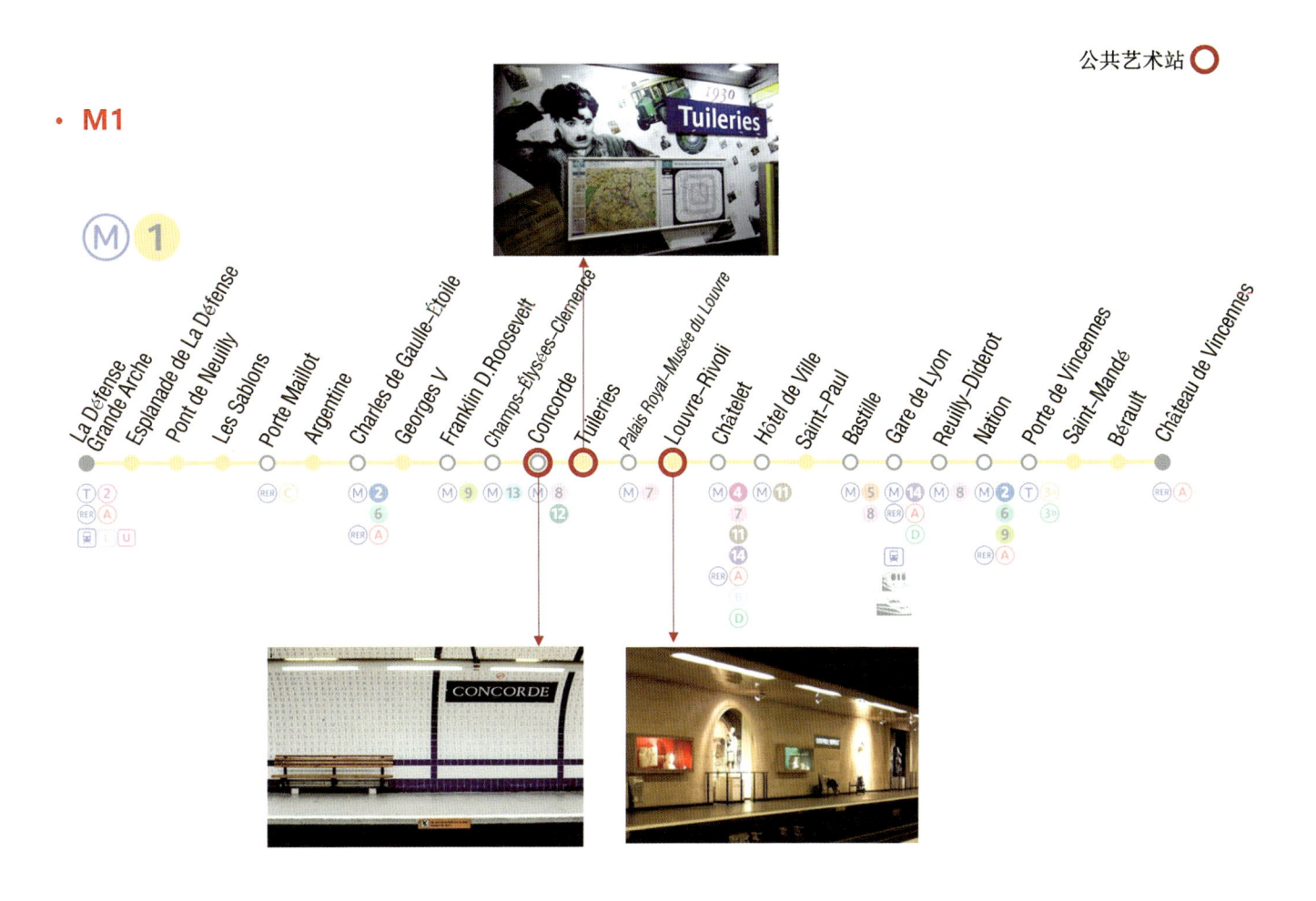

· **M1**

公共艺术站 ⭕

图19　巴黎地铁1号线

城市 文化 空间 样本考

普通车站 ◯

· M2

图20 巴黎地铁2号线

—458—

- **M3**

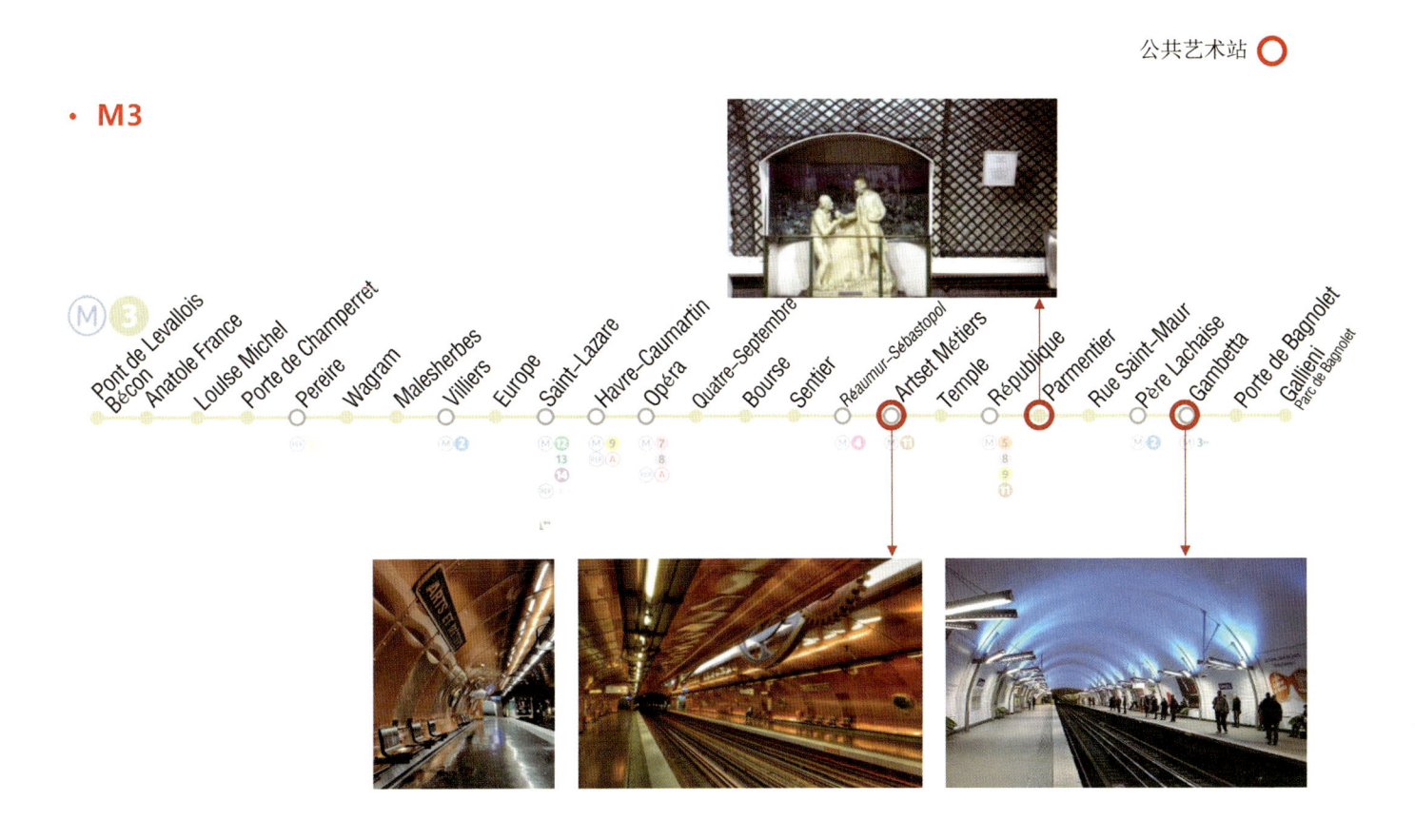

公共艺术站 ○

图 21 巴黎地铁 3 号线

城市文化空间样本考

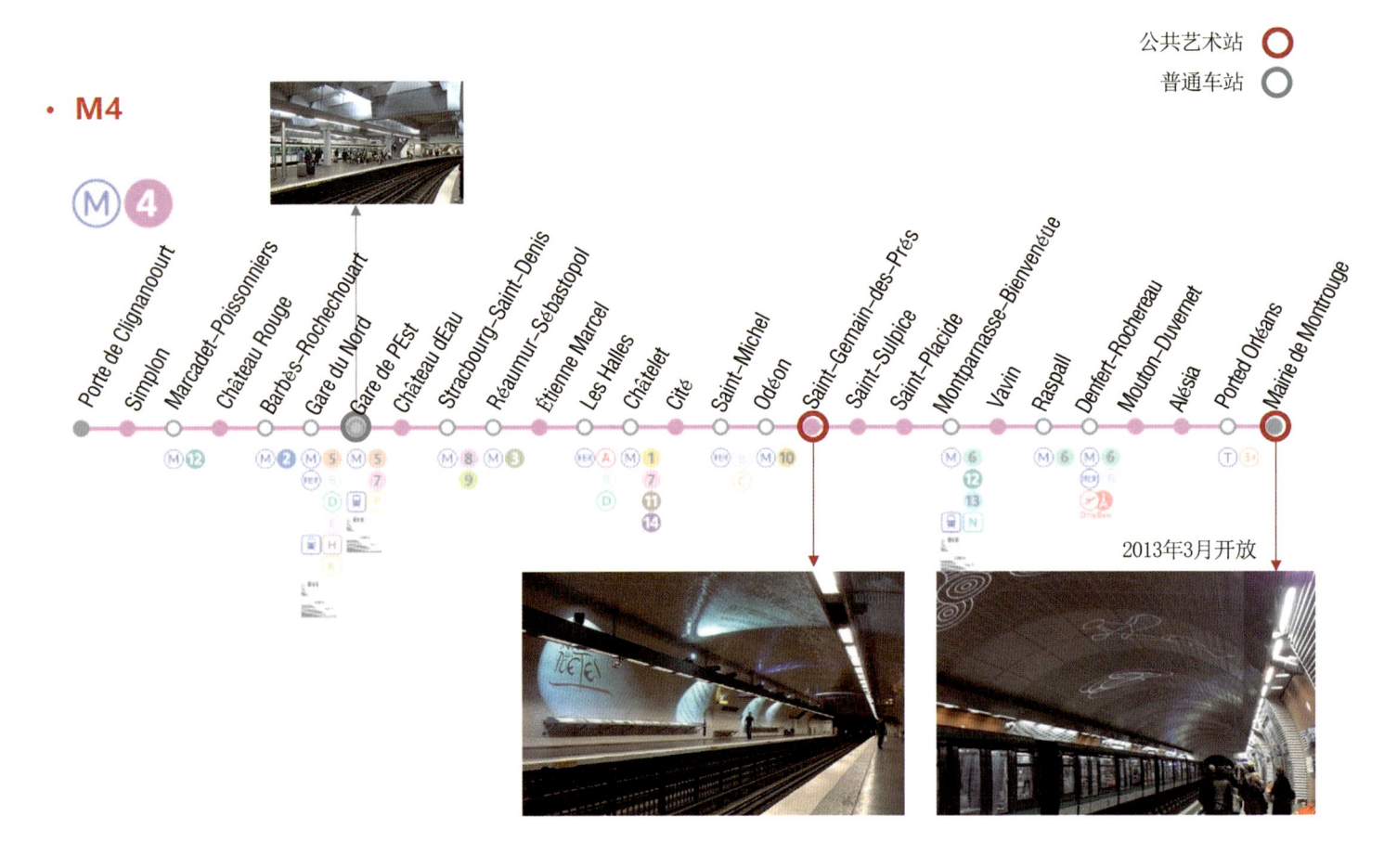

- **M4**

公共艺术站 ◯
普通车站 ◯

2013年3月开放

图 22　巴黎地铁 4 号线

城市文化空间样本考／巴 黎

· **M5**

公共艺术站 ○
普通车站 ○

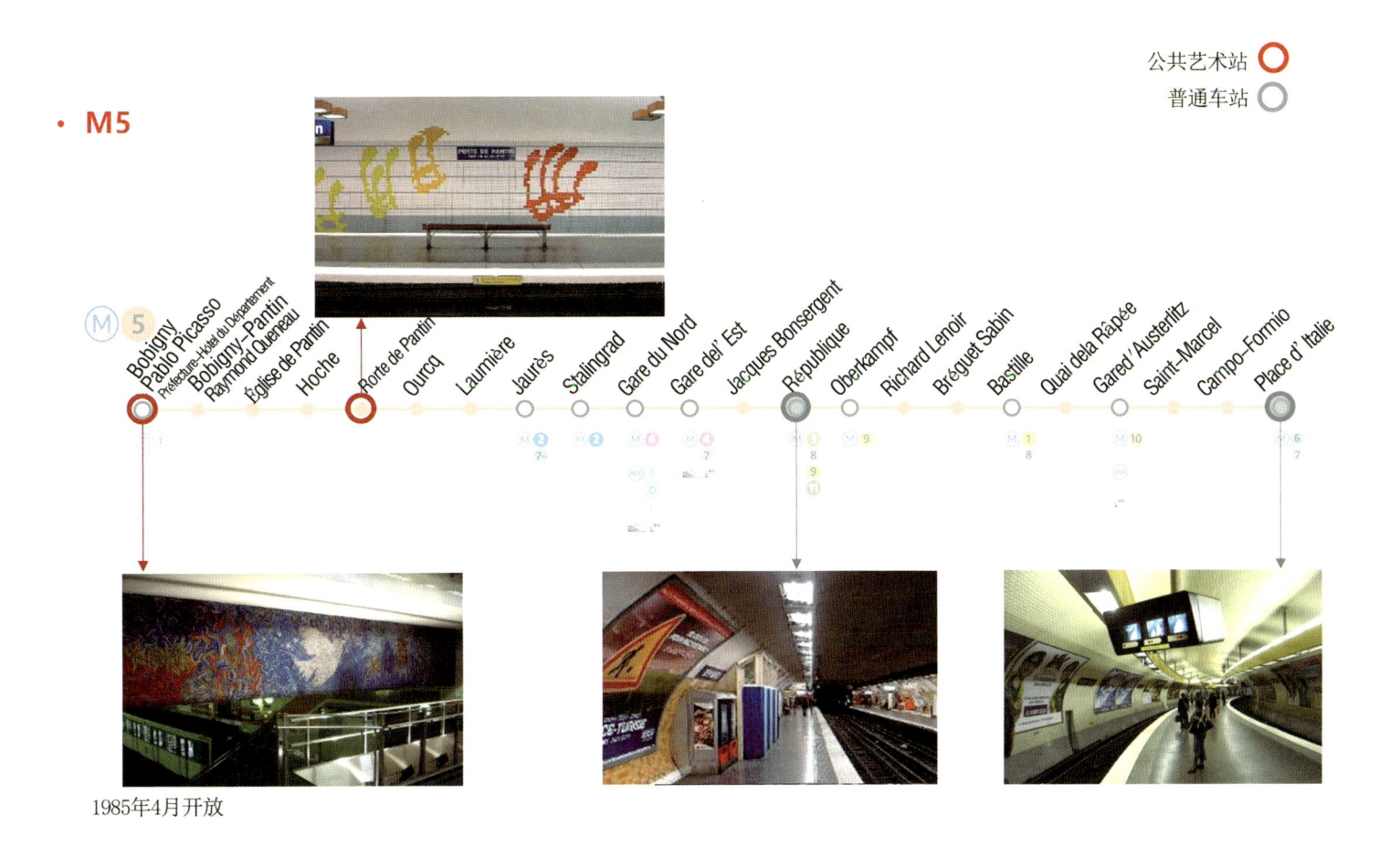

| M5 | Bobigny Pablo Picasso | Bobigny Préfecture-Hôtel du Département | Bobigny–Pantin Raymond Queneau | Église de Pantin | Hoche | Porte de Pantin | Ourcq | Laumière | Jaurès | Stalingrad | Gare du Nord | Gare de l' Est | Jacques Bonsergent | République | Oberkampf | Richard Lenoir | Bréguet Sabin | Bastille | Quai de la Rapée | Gare d' Austerlitz | Saint-Marcel | Campo-Formio | Place d' Italie |

1985年4月开放

图 23　巴黎地铁 5 号线

—461—

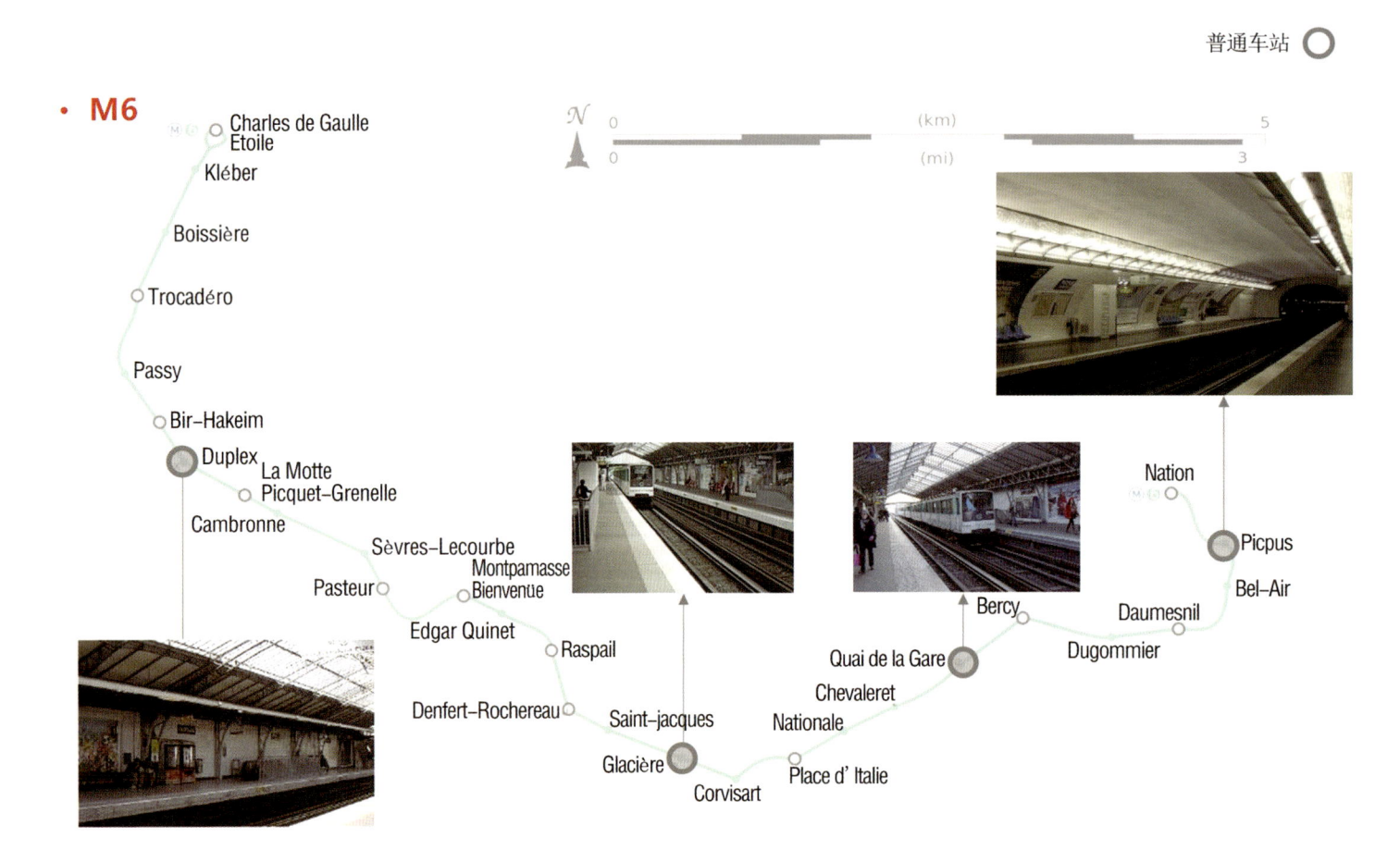

图 24　巴黎地铁 6 号线

城市文化空间样本考／巴 黎

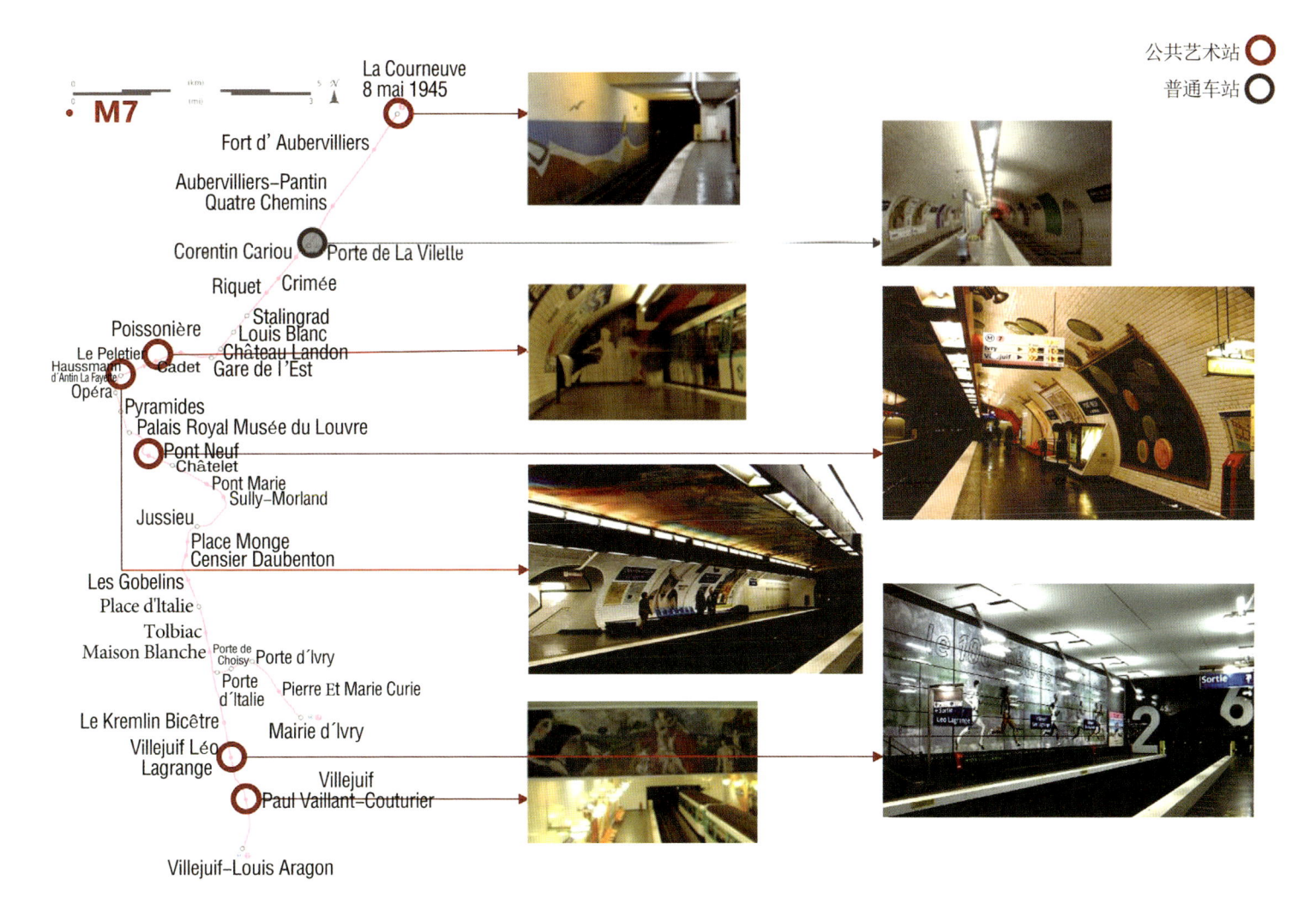

公共艺术站 ○
普通车站 ○

图 25　巴黎地铁 7 号线

—463—

城市文化空间样本考

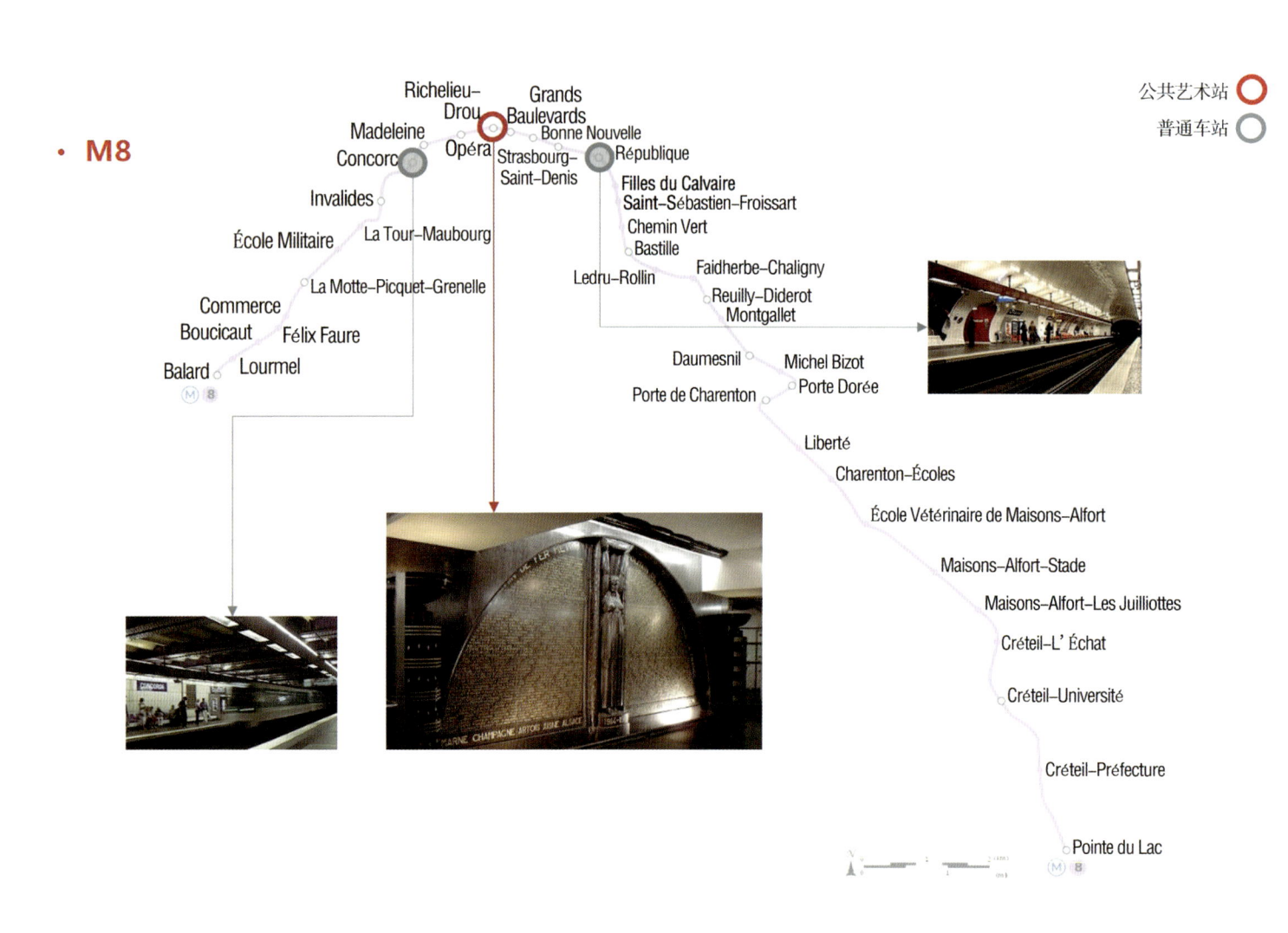

• M8

公共艺术站 ○
普通车站 ○

图 26　巴黎地铁 8 号线

—464—

• **M9**

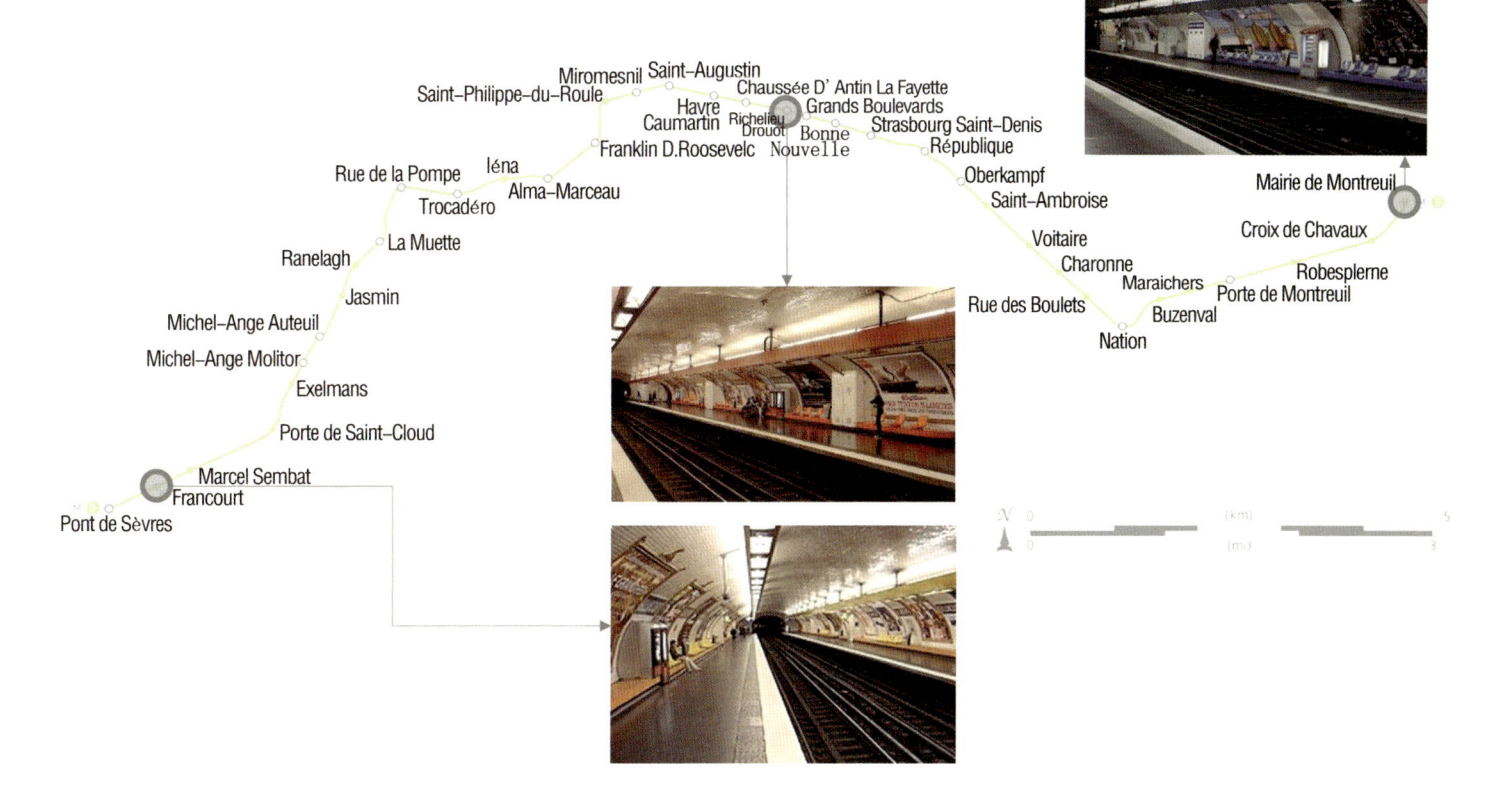

图 27　巴黎地铁 9 号线

城市 文化 空间 样本考

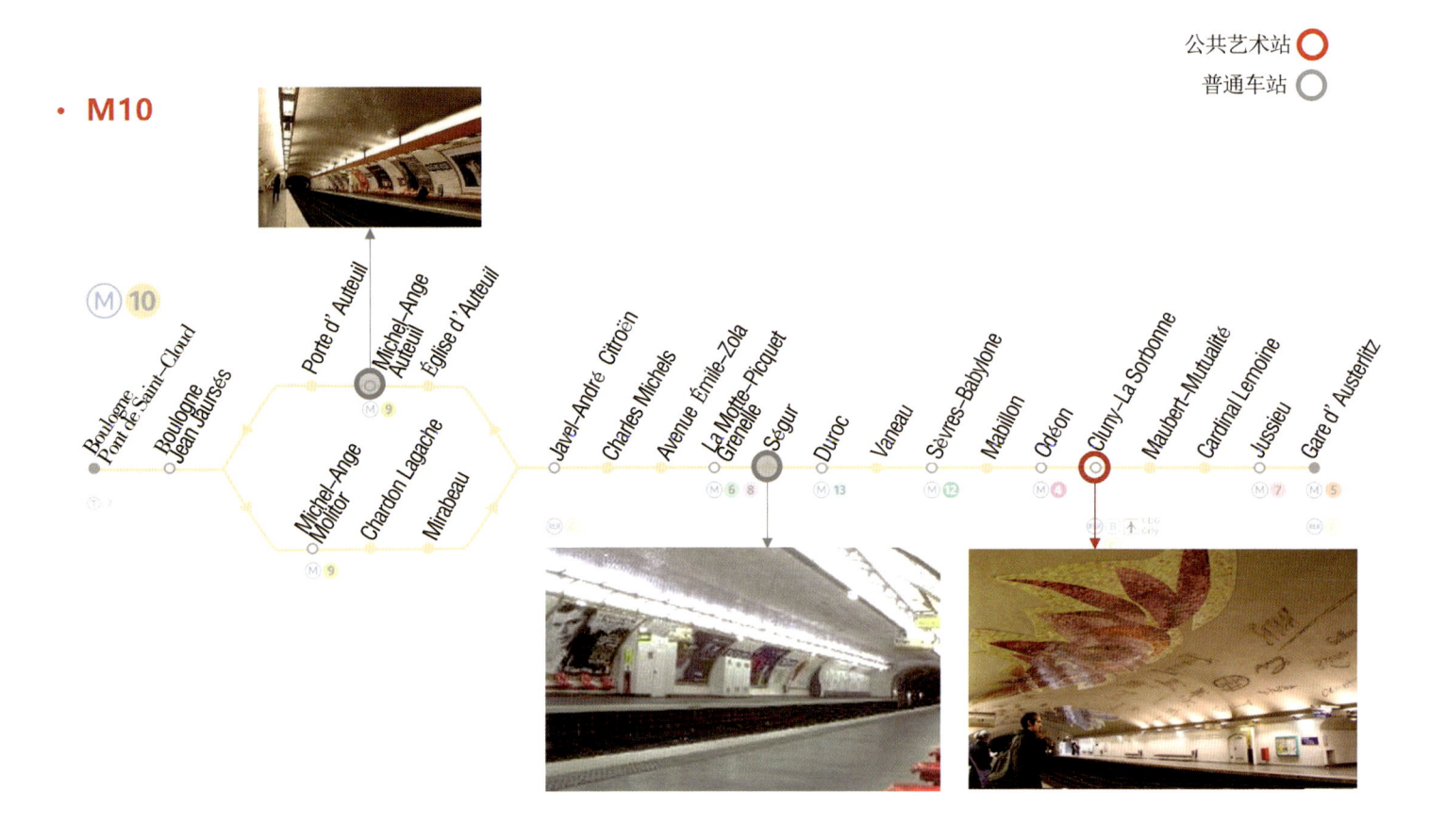

• **M10**

公共艺术站 ◯
普通车站 ◯

图 28　巴黎地铁 10 号线

城市文化空间样本考／巴 黎

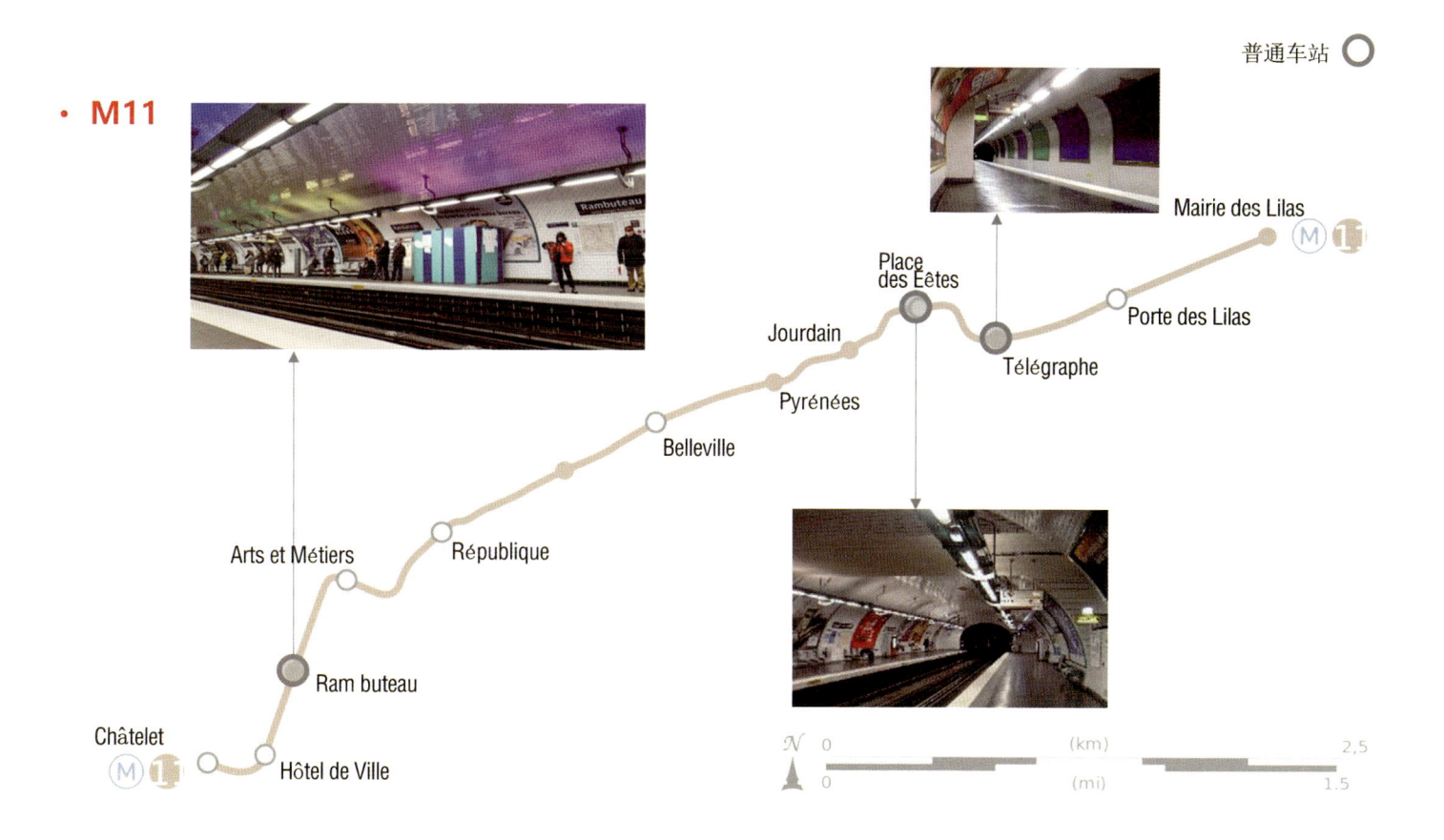

· **M11**

普通车站

图 29 巴黎地铁 11 号线

城市文化空间样本考

• **M12**

公共艺术站 ◯
普通车站 ◯

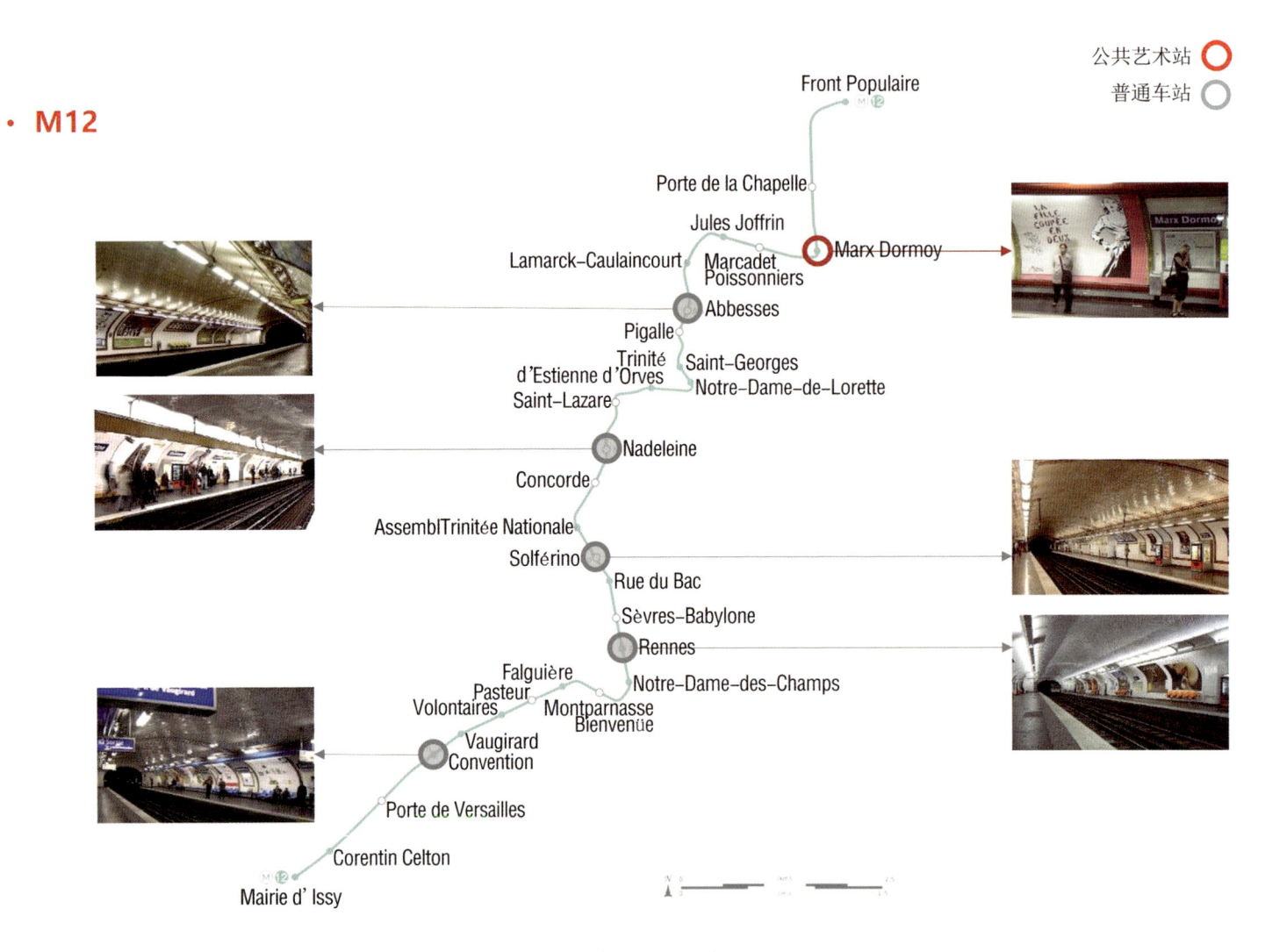

Front Populaire
Porte de la Chapelle
Jules Joffrin
Marx Dormoy
Lamarck-Caulaincourt
Marcadet Poissonniers
Abbesses
Pigalle
Saint-Georges
Trinité d'Estienne d'Orves
Notre-Dame-de-Lorette
Saint-Lazare
Nadeleine
Concorde
Assemblée Nationale
Solférino
Rue du Bac
Sèvres-Babylone
Rennes
Falguière
Notre-Dame-des-Champs
Pasteur
Montparnasse Bienvenüe
Volontaires
Vaugirard
Convention
Porte de Versailles
Corentin Celton
Mairie d'Issy

图 30　巴黎地铁 12 号线

—468—

城市文化空间样本考／巴黎

· **M13**

公共艺术站 ○
普通车站 ○

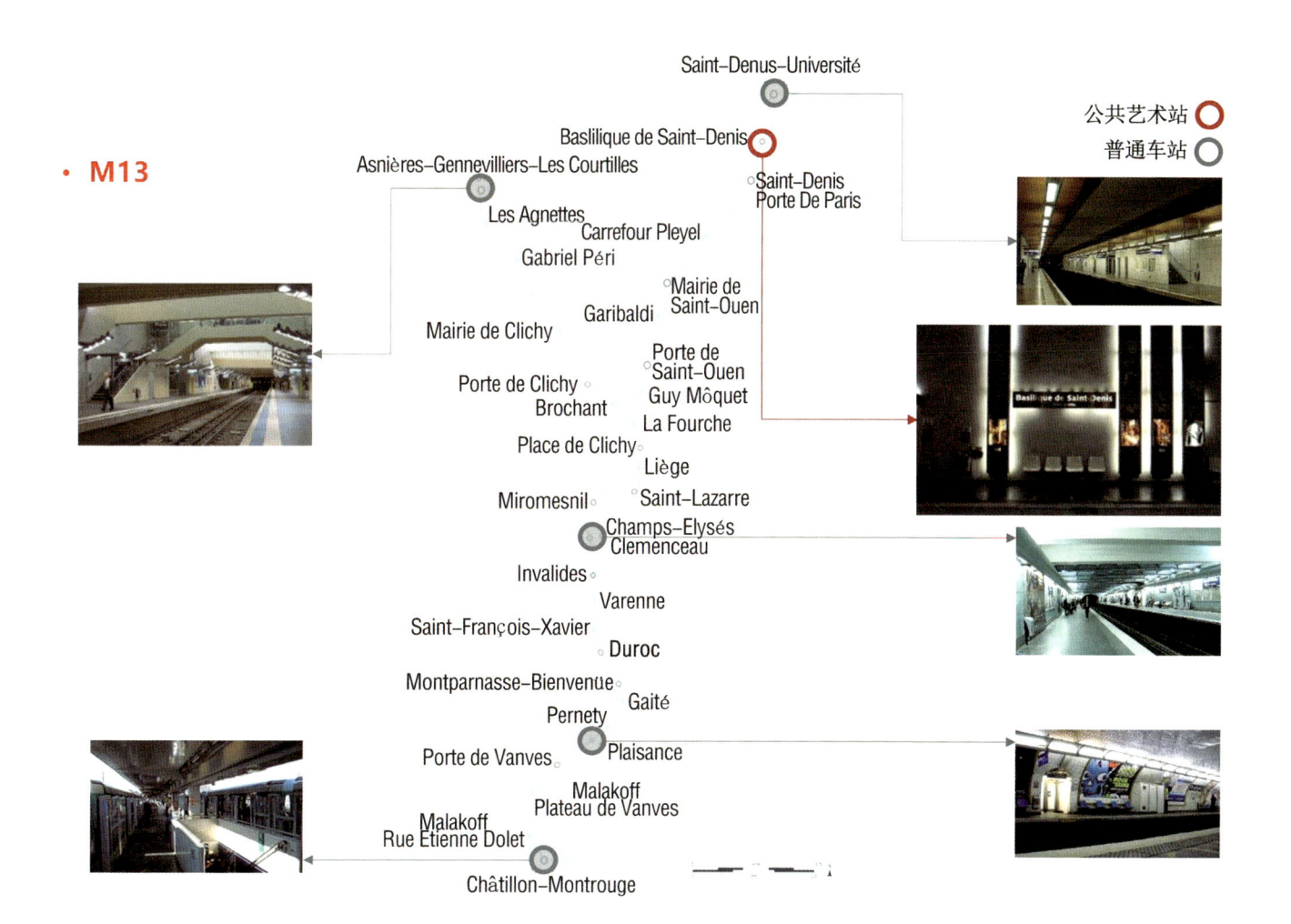

Saint-Denus-Université
Baslilique de Saint-Denis
Asnières-Gennevilliers-Les Courtilles
Saint-Denis Porte De Paris
Les Agnettes
Carrefour Pleyel
Gabriel Péri
Mairie de Saint-Ouen
Garibaldi
Mairie de Clichy
Porte de Saint-Ouen
Porte de Clichy
Guy Môquet
Brochant
La Fourche
Place de Clichy
Liège
Miromesnil
Saint-Lazarre
Champs-Elysés Clemenceau
Invalides
Varenne
Saint-François-Xavier
Duroc
Montparnasse-Bienvenue
Gaité
Pernety
Porte de Vanves
Plaisance
Malakoff Plateau de Vanves
Malakoff Rue Etienne Dolet
Châtillon-Montrouge

图 31 巴黎地铁 13 号线

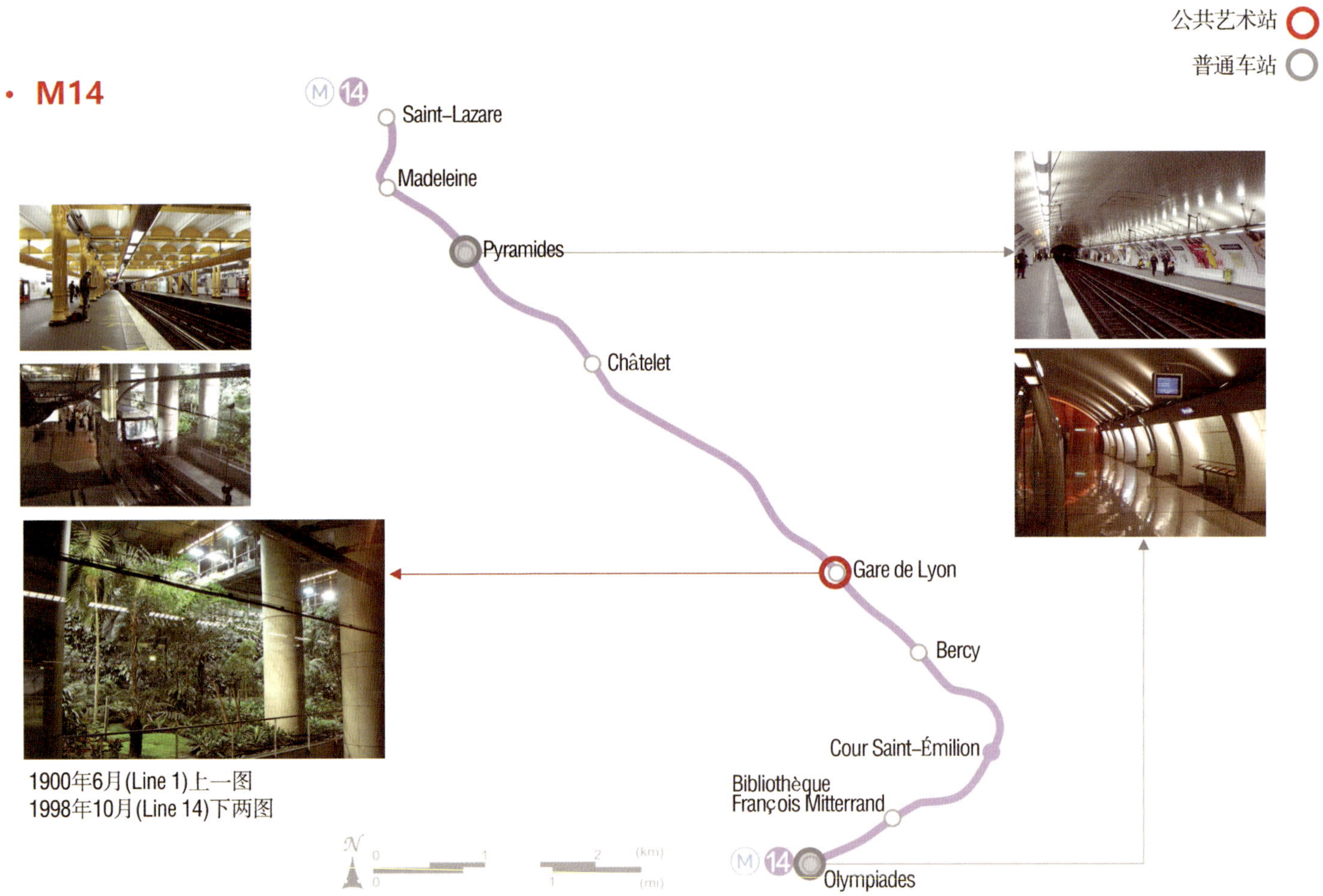

城市"文化"空间样本考

- **M14**

公共艺术站 ◯
普通车站 ◯

1900年6月(Line 1)上一图
1998年10月(Line 14)下两图

图 32　巴黎地铁 14 号线

巴黎 RATP（大众运输公司）法国政府交通部下属公共交通企业官网 https://www.ratp.fr/en 周边景观、文化建筑、历史地标等与地铁线路网之间结合制作的电子游览地图（图33）。

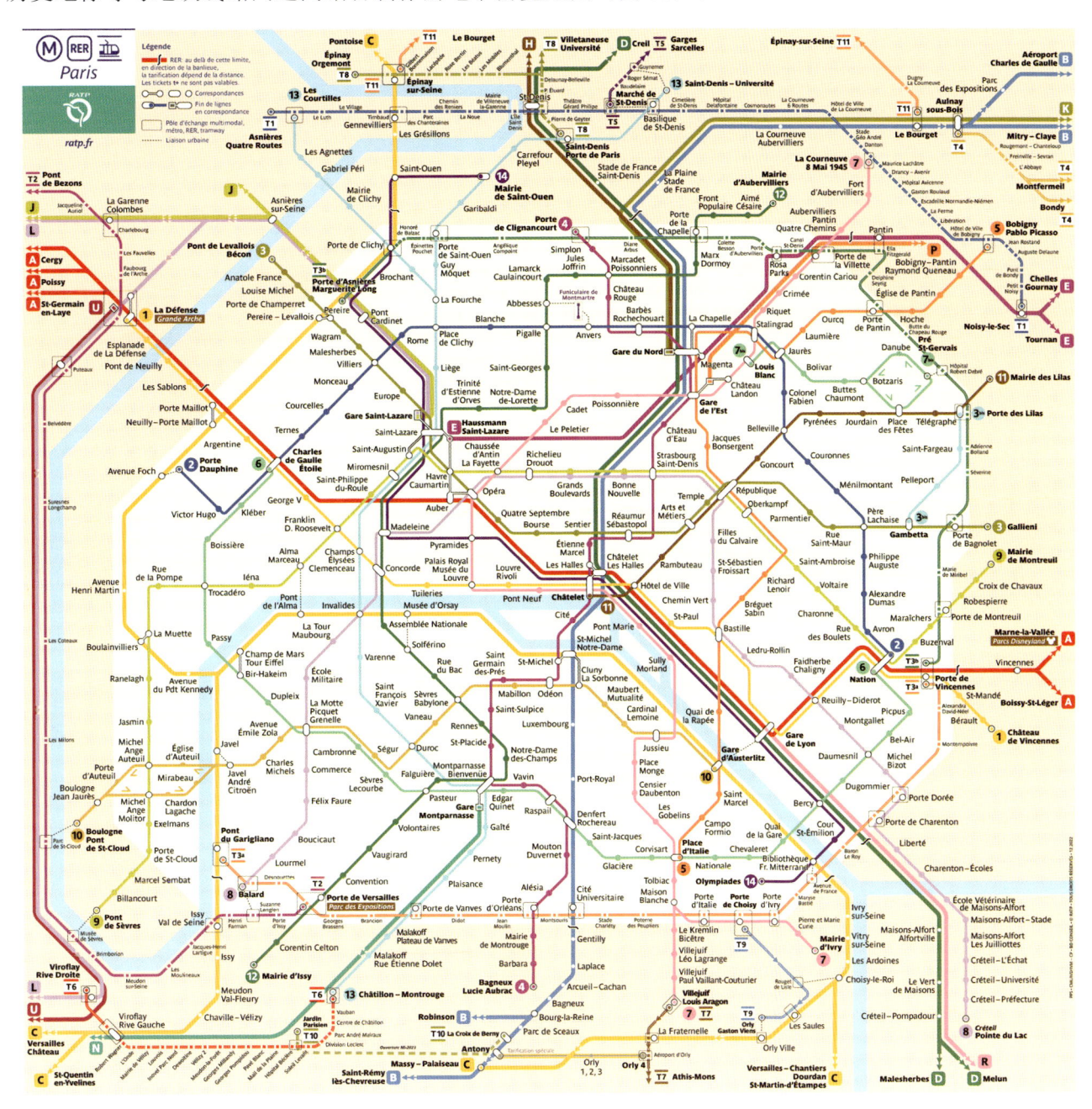

图33 巴黎电子游览地图

巴黎作为重要的世界文化、艺术中心，地铁发展与艺术发展密不可分。随着国家经济实力的不断增强，艺术性的发展，地铁公共艺术的设计也与地上文化联系紧密，向乘客展示了世界艺术中心的多元魅力（图34）。

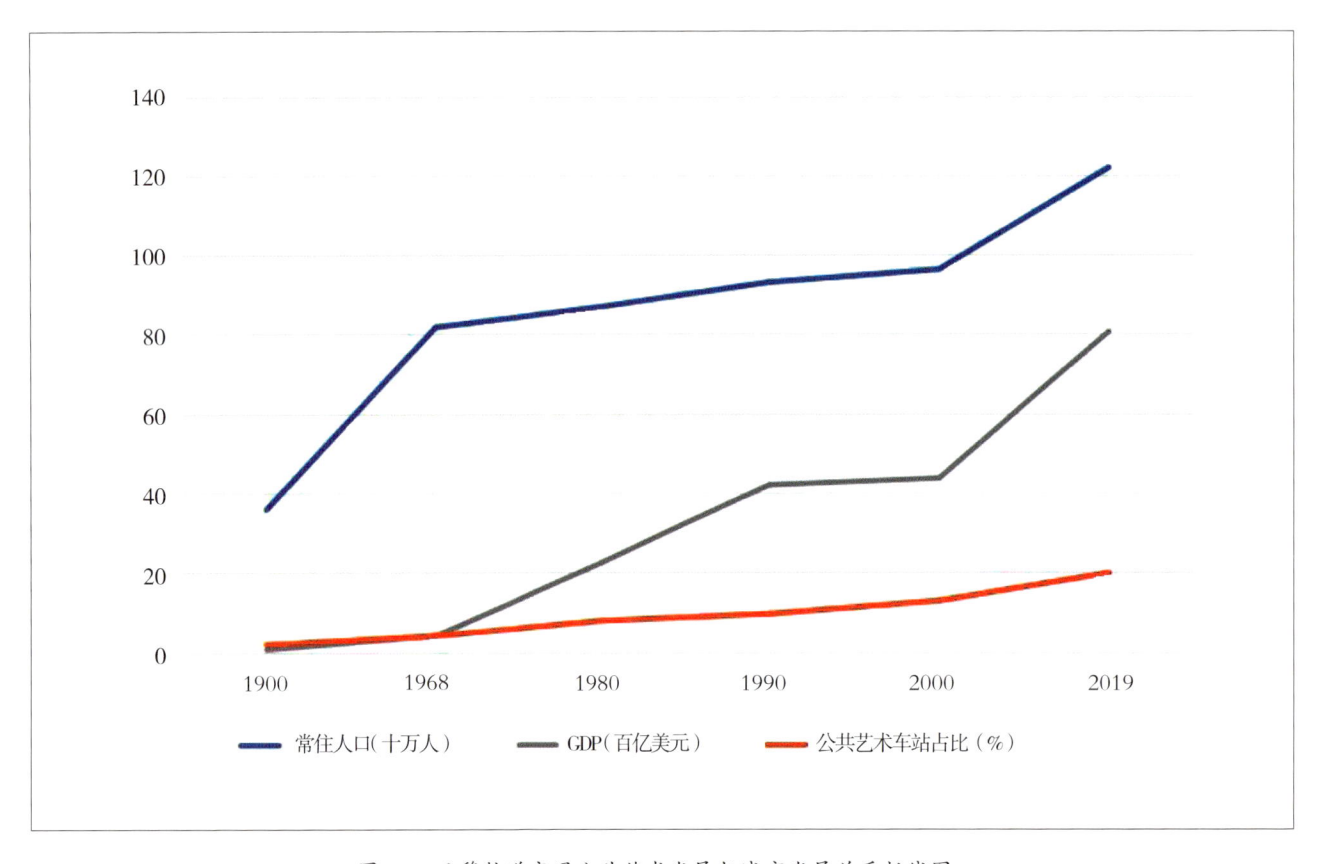

图34　巴黎轨道交通公共艺术发展与城市发展关系折线图

巴黎轨道交通艺术形式调研总结

巴黎地铁车站结合当地区域历史文化，透过平面、空间以及较多的装置类艺术品反映所在地的文化特性及历史渊源。一整个世纪巴黎地铁艺术形式的生成与转型，反映了人们对交通运输、公共艺术与公共空间看法的转变，以及对城市之美定义的改变（图35）。

年代 \ 艺术形式	平面类	空间类	装置类
1900—1968			
1968—1980			
1980—1990			
1990—2000			
2000至今			

图35 巴黎不同年代的艺术形式类型

城市文化
空间
样本考

斯德哥尔摩

斯德哥尔摩轨道交通

斯德哥尔摩是瑞典首都，第二次世界大战时期瑞典作为中立国，免受战争所带来的破坏，社会稳定，人口快速增长，城市用地急速扩张，因地理环境的特殊性，斯德哥尔摩市区分布在14座岛屿和一个半岛上，70多座桥梁将这些岛屿连为一个整体，跨海交通不便，居民的交通需求得不到满足，市政府开始重新考虑城市的基础交通设施问题和城市土地利用规划问题。目前斯德哥尔摩市有100多个车站正在运营，其中有90多个车站都装饰着不同艺术家创作的雕塑、绘画、立体装置及立面浮雕等作品。全地铁线路网共有七条线路，被分成三种颜色组别：红、蓝、绿。所有颜色的线路共同经过斯德哥尔摩市中心站。在总线路网中公共艺术站点的比重总计约为71%，其中蓝线公共艺术站点比率为100%，在整体城市轨道交通发展脉络中，可将其站点公共艺术建设大致分为5个阶段（图1）。

图1　斯德哥尔摩地铁线路图

斯德哥尔摩轨道交通公共艺术发展现状及趋势（图2）

城市发展概况	时间	地铁发展趋势
· 第二次世界大战时期因瑞典作为中立国家，免受战争的破坏，人口快速增长，城市用地急速扩张，跨海交通不便，居民的交通需求不断上升。斯德哥尔摩市开始重新考虑城市的交通基础设施和土地利用规划。1945—1952年的城市总体规划中已明确了发展公共交通的战略。	1950年	1941年斯德哥尔摩市决定建造地铁。有些线路以类似地铁标准建成，但却以电车营运。 1950年，斯德哥尔摩地铁第一条线路绿线开通。1955年，斯德哥尔摩市议会通过了用艺术装点地铁的议案，所有站内的艺术设计都纳入统一的环境集成设计中。截止到1959年，47个站点开放运营，约43.8%车站空间投入了公共艺术设计。
· 20世纪50年代斯德哥尔摩城市飞速发展，已成为一个现代化、技术先进、工业发达、种族多元化的城市。20世纪60年代开始，保护自然环境的理念在世界范围内传播普及，促使斯德哥尔摩市民环境意识觉醒。	1960年	1960—1974年，新建25座车站，新建车站48%的车站空间设置了公共艺术车站。 红线于1964年开放运营。自然环境、未来主义、人与环境可持续和谐发展等公共艺术主题置入地铁空间环境中。
· 城市继续扩大，新区成立，移民人口比例很高。与此同时，内城重建规划，一系列规划策略促进城市发展。这一时期，艺术服务行业迅速发展，涌现了大批举世闻名的作家、艺术家。	1975年	到1975年第三个系统蓝线也开通运营。 蓝线车站空间内公共艺术品车站为100%。
· 城市经济、社会、人口发展保持稳定。 · 1992年在里约热内卢举行的联合国环境与发展会议影响了斯德哥尔摩市的长期发展战略，在一定程度上指导了1999年的"向内发展"的空间发展战略。		地铁发展缓慢，呈现少量增补形式。
· 20世纪90年代初，瑞典受世界性经济危机影响出现衰退。1994年经济开始回升，经济一直保持2%—4%的增长速度。	1994年	1994年新建两站地铁站。 1995—2014年未建新的地铁线路。 斯德哥尔摩市共建成了3条线路，设100多个车站。 100多个车站超过90%的地铁站拥有各种绘画、雕刻、雕塑和其他艺术。
· 斯德哥尔摩城市增长迅速，以长期可持续的方式继续发展，公共交通系统需要更多的能力支持。2013年斯德哥尔摩谈判小组签署了关于扩大地铁和增加住房建设的共同协议。	2014年	2014年，成立扩展地铁管理局，计划扩建新地铁。计划建设开始时间约为2018年、2019年。

图2 斯德哥尔摩轨道交通发展趋势调研时间轴

1950—1959年初步发展时期：城市化发展，居民交通需求上升

1941年，斯德哥尔摩市决定建造轨道交通，有些线路以类似轨道交通的标准建成，但却以电车方式营运。1945年至1952年的城市总体规划中明确了发展公共交通的战略，斯德哥尔摩轨道交通第一条线路——绿线则在此契机下建成，1950年正式开通。1955年，两位瑞典艺术家向市议会提交了议案，"尽管把每一个轨道交通车站都变成童话似的城堡可能没有必要，但艺术家、雕刻家和手工艺人应与建筑师、工程师合作，创造优美的空间和有感染力的站台环境。"这份"用艺术装点轨道交通"议案得到了市议会很多党派的认同，市议会通过了该项议案，政府愿意为艺术品增加投资，艺术家成为轨道交通建设团队的一部分。希望能将所有站内的公共艺术设计都纳入统一的环境集成设计中，轨道交通不仅用来连接城市，也将为人们带来艺术享受（图3）。

斯鲁森（Slussen）地铁站—红线
1950年运营

老镇（Gamla stan）地铁站—红线
1957年运营

乐队花园（Bandhagen）地铁站—红线
1954年运营

路德曼大街（Rådmansgatan）地铁站—绿线
1958年运营

卡尔托罗（Kärrtoro）地铁站—绿线
1958年运营

图3　斯德哥尔摩轨道交通红线和绿线公共艺术站

这一时期，共有 48 个站点运营，约 43.8%车站空间投入了公共艺术设计，大部分公共艺术设置于墙面等空间界面，以雕塑、壁画等表现形式展现出来。红线上的斯鲁森站（Slussen）以马赛克壁画丰富墙面空间；老镇站（Gamlastan）通过暖色调的抽象几何图案建立地上车站立面，在暖红色的夕阳下相映成趣；还有绿线上的 Bandhagen 站以著名艺术家的雕塑装置，在增加空间美感的同时引导乘客出行方向；路德曼大街站（Rådmansgatan）以及卡尔托普（Karrtorp）站也都根据各站点的站域特色进行了不同的装饰，公共艺术和建筑结构相结合，实现实用、美观的空间效果；标准站也在色彩、导视、结构等方面进行标准化设计，例如冰岛广场站（Islandstorget）、钩环站（Hokarangen），等等。

1960—1974 年快速发展：城市化进程加快，居民环境意识觉醒

这一时期斯德哥尔摩城市继续扩张，新区成立，移民人口比例很高。与此同时，内城重建规划，一系列的规划策略促进了城市发展，同时城市交通问题严峻。艺术服务行业迅速发展，涌现了大批著名的作家、艺术家。这一时期开始新建轨道交通，新增了 24 个站点开放运营，约有 41.6%车站空间投入了公共艺术设计。轨道交通建设者开始采用一种新技术，地下爆破，并在自然爆破的岩石壁表面喷洒一层混凝土，混凝土紧贴着开凿壁面，反映出岩石的肌理，让整个地下轨道交通空间犹如一个巨大的洞穴。并与此同时，结合着开放的艺术氛围，在车站建造之初就介入艺术家的力量，将艺术作品与交通站内空间环境融为一体，而不是孤立的进行艺术创作和建筑建造。

红线上的技术研究所站（Tekniska Högskolan）的公共艺术创作，以周边站域内著名的瑞典皇家理工大学为背景，以"元素与自然规律"作为创作内容，通过精美的墙体绘画让人联想到"金木水火土"自然元素，线状灯带将低矮的天花板打破，整体营造一种神秘、未知的空间感，充满了几何与流动。体育场站（Stadion）在天然洞穴空间中铺设天蓝色的背景，整座车站都被明亮的天蓝笼罩着，而绚丽的彩虹则横跨于拱形岩壁之上，无论地上世界纷纷扰扰如何变化，这里永远是充满活力的具有积极感染力的空间场所（图 4）。

图 4 技术研究所站（Tekniska Högskolan）、体育场站（Stadion）洞穴艺术

1975 年顶峰时期：城市交通问题加重，蓝色线路系统开通

在前期的一系列城市发展所显现的问题下，1975 年，斯德哥尔摩市第三个轨道交通系统蓝线也开通运营，在艺术家和建筑师紧密合作下，蓝线车站空间内公共艺术品车站占比100%，选一天置身于斯德哥尔摩地下蓝色线路中，享受不同主题车站空间所带来的美好时光，也是一种不错的选择。

红线上的大学站（Universitetet）站内的公共艺术品由比利时和巴黎艺术家联手创作，以旅行和生态学作为车站主题，在原始岩石天花板背景下，采用深蓝色和深绿色的墙面带给整个车站一种静谧、深思的感觉，同时紧急疏散通道采用明亮的正红色铺设，安全门上以绿色与红墙进行对比，紧急疏散信息直观清晰地表达出来（图5）。

图5　大学站（Universitetet）紧急疏散出口

蓝线上的腾斯塔站（Tensta）是一座充满童趣的站点，周边站域是众多居民区，其中也聚集了大量的移民。乘客步入其中，可以感受到艺术家阿内塞德尔（Arne Sedel）和她的哥哥Lars花了一年多时间所精心创造的犹如蜡笔画装饰的森林、动物插画所带来的生态、绿色、轻松幽默的氛围。站台轨道墙面上设有团结一家亲为主题的艺术壁画，中间墙面上的驯鹿、海豹、大象在岩壁上静静守望，与漫步其中的乘客相映成趣，整体车站空间表达了生机盎然、团结友爱的城市生活氛围，艺术家们希望在有限的交通建筑空间中，创造这种方式来欢迎五湖四海的朋友们（图6）。

图6　充满童趣的腾斯塔站（Tensta）

负责该站点的日本艺术家打破了蓝线上索尔纳海滩站（Solna strand）空间的局限，一个个明亮的蓝天白云方块从天花板、地面、墙面钻了进来，抑或将他们"埋"进了幽黑的站内岩壁中，通过他惯用的阴阳对比手法，在沉闷的地下站台空间创造了"方块儿的天堂"的乐趣（图7）。

图7　索尔纳海滩站（Solna strand）"方块儿的天堂"

—481—

蓝线市政厅站（Rådhuset）于1975年开通。艺术家奥尔森（Olsson）将整个地下空间塑造成一个原始未被装饰的深棕色洞穴，透露着天然的气息。而粗犷的岩壁与天花板下，局部空间也塑造着精美的艺术，巨型的烟囱柱、从中世纪市场中淘来的篮子，都可以营造地下洞穴新颖空间（图8）。

图8　市政厅站（Rådhuset）新颖空间

蓝线弗里德姆计划站（Fridhemsplan）是蓝色、绿色两条线路的换乘枢纽站，绿线弗里德姆计划站于1952年开通，蓝线于1975年开通。蓝色线路上的该站空间以海洋为主题，在地下30米左右。身临其中，可以欣赏有关海洋、航海的主题创作，包括墙面壁画，以及陈列在蓝色橱窗内犹如缓缓漂荡的帆船，而在两线换乘的空间中则像是蝙蝠侠的地下洞穴，具有幽暗的神秘感。

蓝线索尔纳中心站（Solna centrum）红色背景蔓延在天花板、墙体之上，像英国作家J.R.R.托尔金小说中的火热巢穴，经典的"红配绿"，让乘客尤为印象深刻。最初的整个车站空间设计只有红、绿色彩，在完成效果中，艺术家觉得有些单调，开始一点点的加入叙事情节和刻画细节，墙体下半部分以绿色为主，整体刻画红色天空下的绿森林环境，并在有些画面中展现20世纪70年代的瑞典国家重大事件，在这样强烈的色彩碰撞的车站中，非常具有纪念意义，并且乘客记忆深刻（图9）。

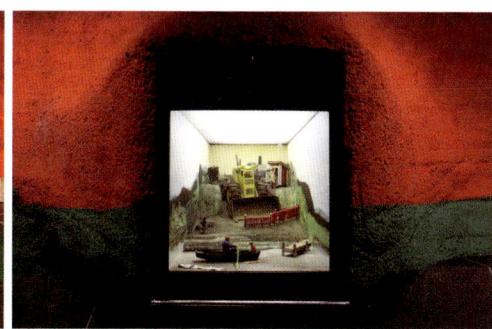

图9　索尔纳中心站（Solna centrum）红色与绿色强烈色彩对比

蓝线国王花园站（Kungsträdgården）地上站域坐落着斯德哥尔摩最古老的公园——国王花园（Kungsträdgården），17—19世纪这里曾经是皇家花园。因此同名的轨道交通车站站内的故事与氛围充盈着绿色、生态、植物感。红、白、绿相间的主色调与当时的国王花园以及19世纪初被烧毁的别致的宫殿（Makalös Palace）相契合，置身于地下交通空间中，留心的乘客会发现藏匿在站点各个角落的精美雕塑，而它们则是皇宫外墙装饰的一些复制品。站内的地面同样以红、白、绿三色相配的大理石进行铺设，在地面以及出入口的位置设计了与地上社会事件相关联的小设计。20世纪70年代在建造车站出入口时，因为各方面的原因，建造者与政客们提议砍掉周边13棵上了年纪的榆树。然后这项提议遭到了民众的强烈反对，最终榆树被成功的保留了下来，艺术家为了纪念这次的"榆树之战"，在车站出入口的地方放置了一个树桩；因为斯德哥尔摩很特殊的洞穴车站，凿石所带来的一大难题是如何排水，因此在改造车站设计中考虑到这一难题，顶部渗下来的水顺着岩壁流走，形成一个小小的生态园；国王花园站大到建筑空间，小到车站配套设施，都形成了统一的红、白、绿设计，而在这一配套设计背后，是艺术家与市政府周旋了将近12年的结果：过去突兀的垃圾桶是为了"图方便"，线路整体采用清一色铁桶。直至今日，乘客们可以看到，国王花园站站内的电梯、座椅、垃圾桶等都讲求统一配套，每隔几年就会进行的翻新工作让这个车站生命不息，随着时间的流逝，伴随着步履匆匆的乘客度过每一个平凡的时光（图10）。

图10　国王花园站（Kungsträdgården）配套设计风格

城市文化空间样本考／斯德哥尔摩

城市 文化 空间 样本考

斯德哥尔摩市最重要、最中心的交通枢纽站 T 中心站（T-centralen）总是人潮涌动，永不停歇。它是红、绿、蓝三条轨道交通线路的交汇站点，被公认为世界上最美的车站之一。整体车站的站台和轨道均是从地下岩石中挖凿出来的，走进去就像是进入了原始洞穴。为了纪念古代雅典奥运会，整体车站主色调是鲜明的深蓝色与白色相间，墙壁上画满了精美的巨型蓝色橄榄叶，这些元素共同构成犹如从深蓝梦境中伸出的藤蔓。而在局部空间中艺术家还

将最初建造轨道交通的劳动者的身影印画在了岩壁上,并且融入了自己的身影,增加了趣味性。美不胜收的T中心(T-centralen)车站站内的公共艺术品不胜枚举,特别是在站台轨道一侧的墙面上有铺满整个墙面的彩色瓷砖镶嵌画,这是由厄兰·梅兰顿和本·艾登夫在1958年所设计的艺术装饰,整体车站空间氛围可以使步履匆匆的乘客得到暂时的情绪抚慰和些许宁静温馨的氛围(图11)。

图11 T中心站(T-centralen)美不胜收的设计

1976—2013年平缓发展时期：城市经济、社会、人口发展保持稳定

这一阶段前期城市经济、社会、人口的发展保持稳定。1992年，在里约热内卢举行的联合国环境与发展会议影响了斯德哥尔摩市的长期发展战略。与此同时，20世纪90年代初的世界性经济危机影响了瑞典国家经济发展，20世纪70年代至90年代轨道交通发展缓慢，20世纪80年代艺术家的创作风格开始偏向于后现代主义。整体呈现少量增补形式，艺术的重点转向了改善交通线路尽头，稍显偏僻，被遗忘的车站；蓝线继续增加公共艺术车站建设。20世纪80年代初，蒲公英医院站（Danderyds sjukhus）作为红线的延长线部分，以统一模式的大理石在靠轨道一侧的墙壁上创作铺设白色艺术壁画，鲜明的几个绿色小人仿佛在寻找什么（图12）。

1994年城市经济开始回升，保持2%—4%的增长速度，轨道交通方面新建了少量车站。截止到2013年，超过90%的站点拥有各种绘画、雕刻、雕塑和其他艺术。1997年开始，城市公共交通局每周都会为游客提供导览服务，讲解轨道交通车站建筑以及艺术作品背后的故事，只要有一张车票，就可以免费听到讲解。

图12　蒲公英医院站（Danderyds sjukhus）20世纪80年代初设计风格

2014年至今新公共艺术时期：城市增长迅速，以长期可持续的方式继续发展

2013年，斯德哥尔摩谈判小组签署了关于扩大轨道交通发展协议，宣布了9个新轨道交通站点项目。2014年，斯德哥尔摩城市发展迅速，市政府贯彻长期可持续的方式继续发展，在此目标上，公共交通系统需要以更多的能力支持城市发展。同年，成立扩展轨道交通管理局，专职推进扩建轨道交通，规划和开展站点项目和实施阶段工作。自此，介入轨道交通的艺术家们也不仅是用静态的画面和雕刻装饰车站，一些艺术影片等多媒体形式也被呈现在轨道交通站点中。同时，市议会注重民众参与度，在新项目建造之前，举办投票活动，让民众有机会通过投票来决定新线路的色彩（图13至图15）。

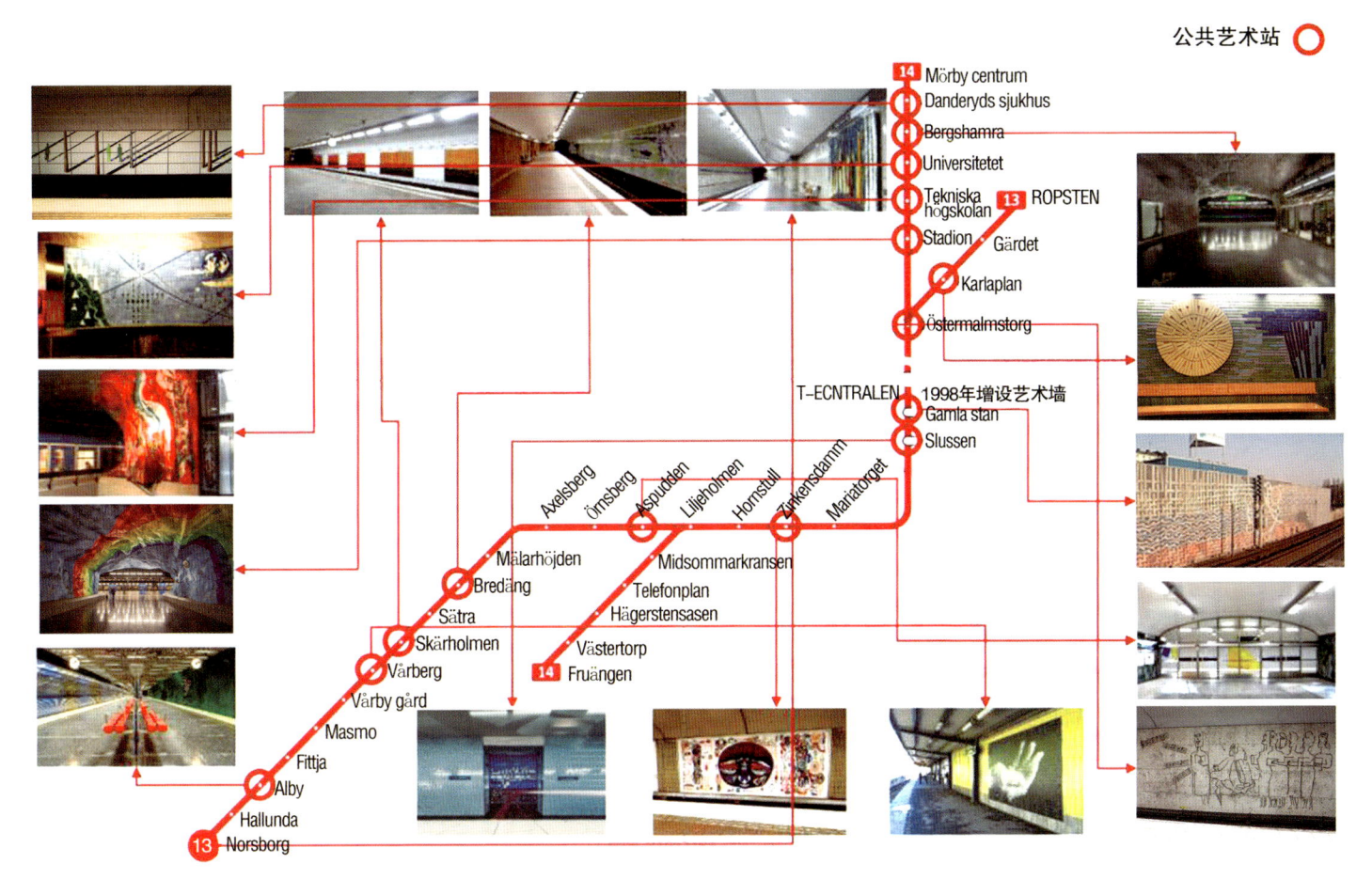

图13 斯德哥尔摩轨道交通公共艺术发展概况红线图

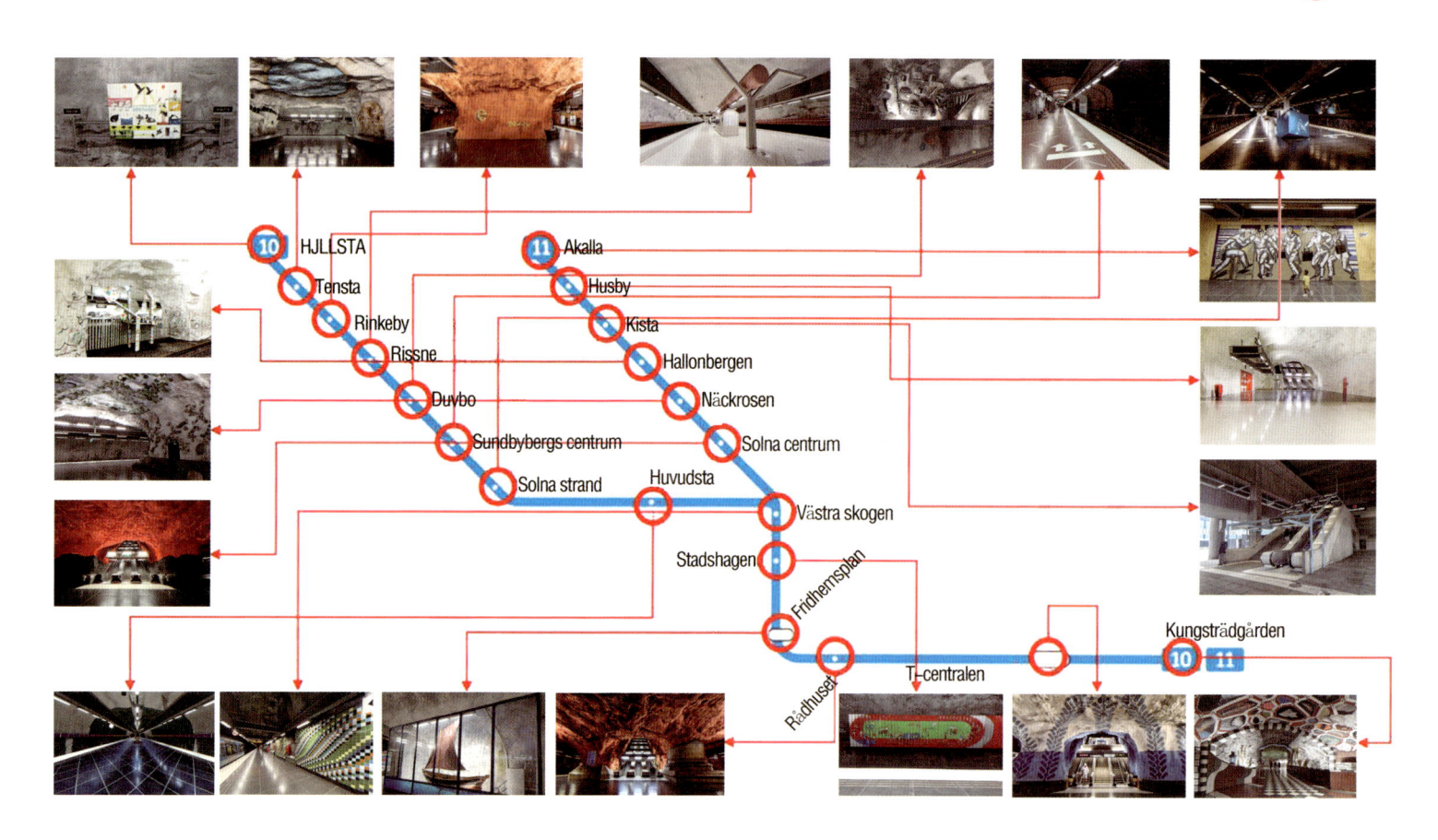

图 14　斯德哥尔摩轨道交通公共艺术发展概况蓝线图

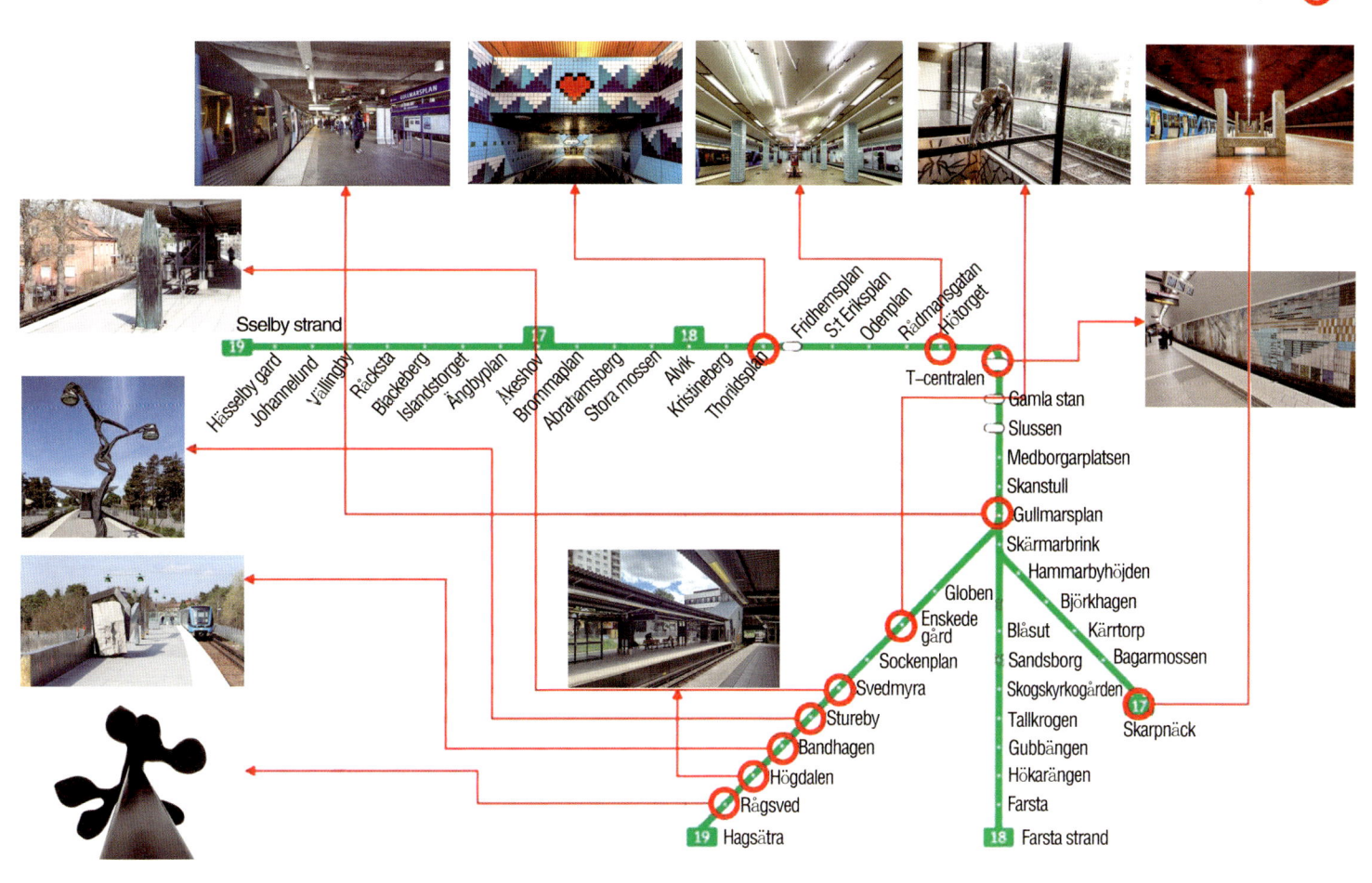

图 15　斯德哥尔摩轨道交通公共艺术发展概况绿线图

在斯德哥尔摩城市不同发展时期新建的车站统计中，可以看出，公共艺术车站占比在稳步提升，最后达到近乎100%的状态，新建14个车站全都介入了公共艺术。而轨道交通的发展脉络也是与城市发展相辅相成的，在城市化进程加快、人口增多的时期，轨道交通建设也加快步伐，同步缓解城市所带来的地面交通压力，地铁站内公共艺术发展也随之加快，形式也更加多元化，展现多样的城市魅力；在人口增长、社会发展稳定的情况下，轨道交通建设也随之稳定发展，以少量增补的形式完善路网（图16、图17）。

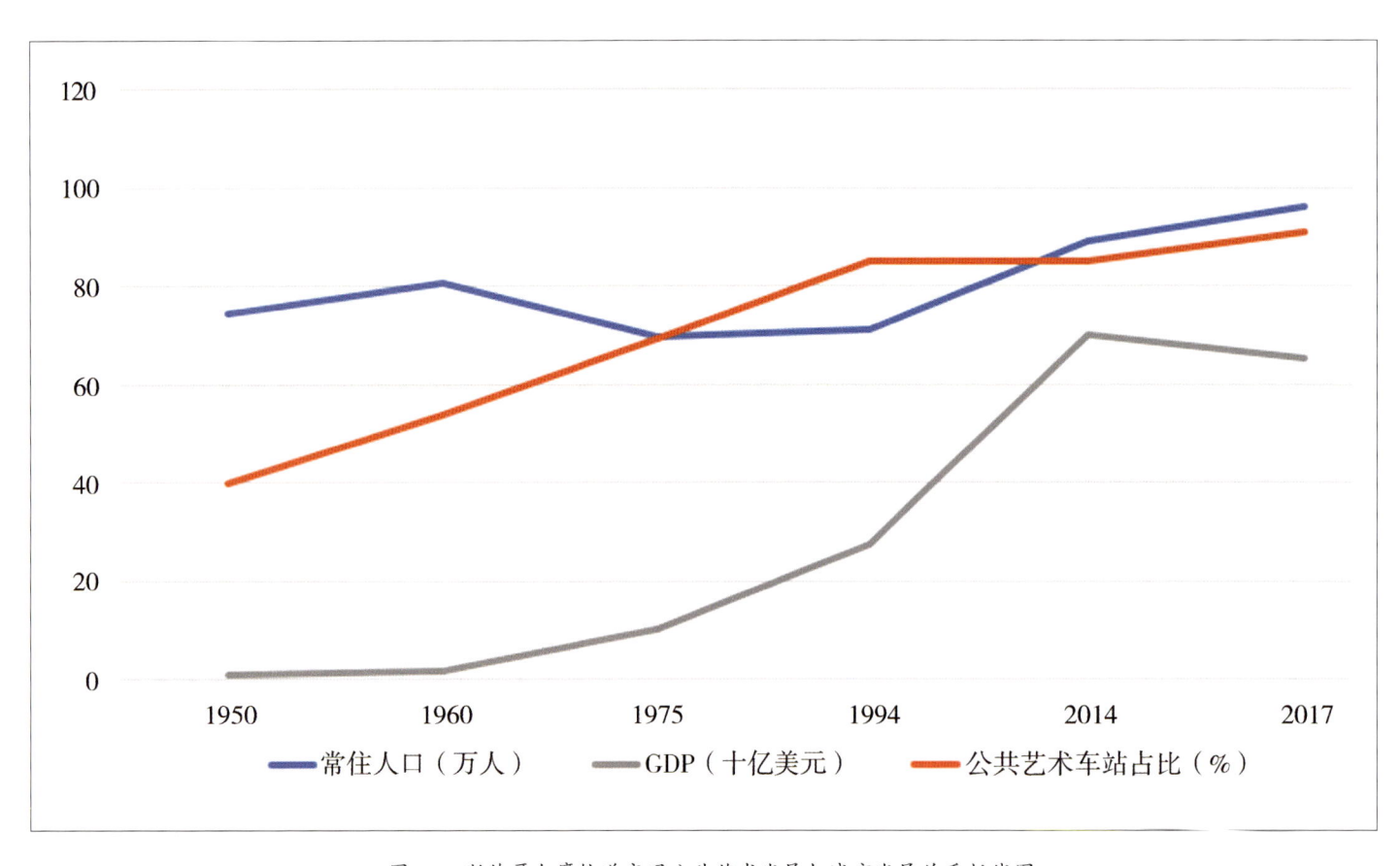

图16　斯德哥尔摩轨道交通公共艺术发展与城市发展关系折线图

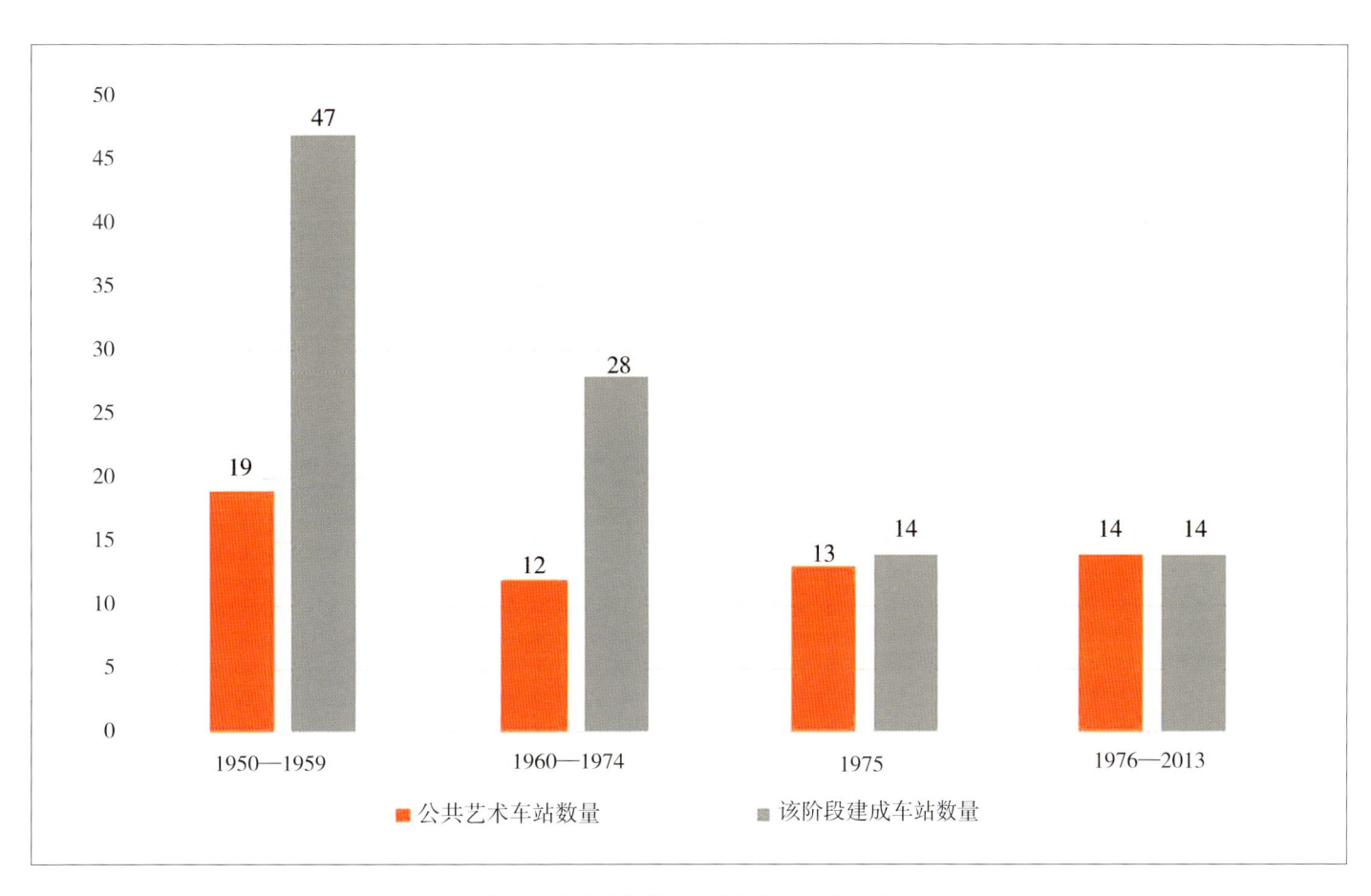

图 17　斯德哥尔摩公共艺术车站数量统计图

斯德哥尔摩轨道交通艺术形式调研总结

斯德哥尔摩在不同年代的轨道交通站点，注入了不同的艺术设计主题，100多处车站中超过90%的站点拥有各种绘画、雕刻、雕塑和其他艺术形式。因地理环境等原因，部分车站保留了天然洞穴的状态，整体公共艺术形式是以空间类居多，地面车站会采用装置艺术进行设计。2014年后公共艺术形式不再受限于静态的画面和雕刻，一些艺术影片等多媒体形式也被呈现在地铁站中（图18）。

艺术形式 年代	平面类	空间类	装置类
1950—1959			
1960—1974		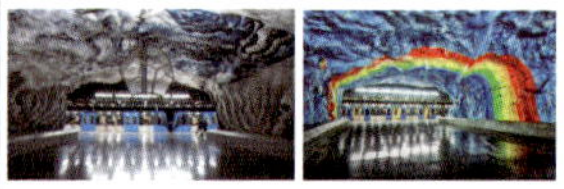	
1975	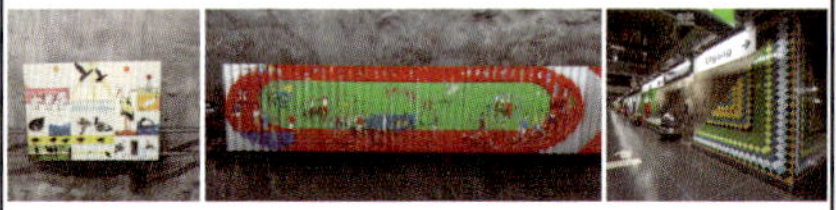		
1976—2013	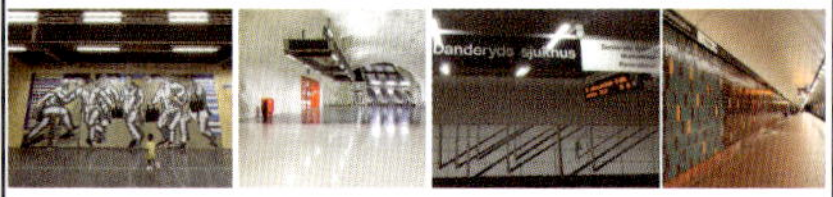		

图18　斯德哥尔摩不同年代的艺术形式类型

结 语

城市轨道交通作为一种全新的交通模式，具有便捷、快速和大众化的特点，在世界范围内迅速推广开来。中国的城市轨道交通事业起步相对较晚，但发展速度非常快。为了提升我国城市轨道交通公共空间设计的美学水平，可以借鉴各个国家现有的成功案例。

在当前的城市轨道交通公共艺术和空间设计中，乘客从进入城市轨道交通空间到乘坐、换乘、离开的整个过程都能够处于具有文化和艺术氛围的环境中。因此，城市轨道交通公共艺术和空间设计成为重要的公共文化服务载体，比其他类型的文化艺术服务更加普遍、直接且易于实现。基于其公共性、公平性和易实现等特点，城市轨道交通的公共艺术和空间设计在改善城市公共交通环境、促进公共艺术创作、进行文化宣传、塑造城市形象以及展示价值观等方面具有独特的魅力和优势。研究国内外城市轨道交通空间风格和设计趋势，对于我们研究中国城市轨道交通空间设计新趋势具有重大的参考价值。

尽管世界各国城市地铁站的风格和理念各不相同，但在空间环境设计方面，它们都注重将自身文化融入城市环境中，传达城市的文化和思想理念，以提供更好的乘坐体验，实现城市与地铁的和谐有序共存。我们可以预见，城市轨道交通站内空间设计将成为未来公共文化服务体系的重要组成部分，也是表达一个国家当代社会意识的重要场所。城市轨道交通的公共性和文化性已经成为当前公共文化传播的重要途径，同时传播内容也更加多样化和优质化。我们相信，在未来的五到十年中，随着国内外城市轨道交通的快速发展，一种强大而新颖的公共文化服务系统将逐步成熟并快速传播。今天的研究将为这一发展提供部分前瞻性的理论基础和信息梳理。

北京市轨道交通建设管理有限公司、北京市轨道交通设计研究院有限公司、北京城建设计发展集团股份有限公司、深圳市利德行投资建设顾问有限公司、深圳市杰恩创意设计股份有限公司、深圳广田集团股份有限公司、北京央创空间艺术设计有限公司为本书的完成做出了重要贡献。希望我们能够保持长期的合作关系，共同促进我国城市轨道交通事业的发展与进步。在此，我代表全体编著者向以上公司表示最诚挚的感谢。

最后，对于本书中部分来自网络的照片，我们尽力找到版权所有人并与其联系。如有侵权之处，请予以告知，我们将立即采取相应措施进行处理。